노승의 추억

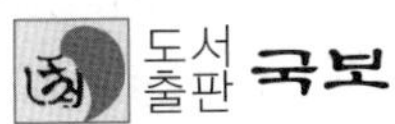

『노송의 추억』수필집을 펴내면서

쏜살같은 세월은 내 삶의 연수를 70대 중반으로 넘기게 한다. 문단에 등단한 지 벌써 18년째다. 그동안 틈틈이 써놓았던 시조와 수필을 정리하여 발간한 책자가 시문집 1권, 기행문집 1권, 시조집 2권 등 4권을 출판했다.

이제 다섯 번째로 수필집을 정리하여 발간하려 한다. 지나온 세월을 생각하고 잊혀져가는 희미한 추억들을 회상하며 내가 경험했던 일들을 기록해 보았다.

그동안 문공회, 문학 단체, 동호인 취미 생활 등, 여러 단체 회원들과 문화재 답사와 문학 기행을 하면서 느낀 점 등을 정리했다.

매주 월요일 수업에는 수필반 동호인인 '광나루문학회' 회원들이 일주일 간 자기가 쓴 작품을 가져와 발표한다. 이제 수년을 지내고 보니 한 가족같이 친밀하다.

개인 각각의 살아온 과거와 취미, 가족 상황까지 다 알게 되어 서로간 흉허물이 없다.

이같이 사람은 평생에 누구와 만나고 친하게 지내는가에 따라 인생의 진로를 결정하게 된다. 필자도 수필반을 찾아가서 박도영 선생을 만난 것이 얼마나 다행인지 모른다. 야생마 같이 길들어지지 않은 문장을 정리해주고 이끌어주신 선생님이 고마울 뿐이다.

필자는 시간만 나면 서점에 들려 시 · 시조 · 수필집 등을 살펴보고 필요한 책을 구입하여 숙독한다. 아이들이 출가하고 떠난 빈 방마다 책들로 채워져 내게는 책이 한 가족이며 친구들이다.

좋은 글을 읽으면 무척 즐겁다. 20대 청년부터 기독교를 믿어 매일 성경을 읽고 설교를 들은 지 60년이 넘었다. 책 중에 으뜸인 성경책은 몇 번이나 정독했는지 모른다. 고전은 물론 현대 시와 수필, 저명한 학자들의 책을 읽으면 지식의 축적은 물론 정서 또한 풍부해진다.

이처럼 책에 대한 취미를 가진 게 얼마나 다행인지 모른다. 사물을 보면 그냥 지나치지 않고 그 사물에 얽힌 사연들을 살펴보고 느낀 점을 기록하니 앎의 분량이 쌓여 자신감이 생기며 기쁨 또한 배가된다. 하나님이 부르시는 그날까지 시와 수필 을 쓰고 서예와 문인화를 계속할 것이다.

이 책을 발간할 수 있도록 건강과 여건을 주신 하나님께 감사한다. 또한 문장을 수정해주고 방향을 이끌어 주신 박도영 선생님께 거듭 감사를 드린다. 평생 묵묵히 남편을 내조하며 뒷받침해준 아내와 노년의 아버지와 할아버지를 격려해주는 자녀와 손주들에게 나의 사랑을 듬뿍 주고 싶다. 애정 어린 책자를 예쁘게 발간해준 출판사 관계자들에도 나의 마음을 고맙게 전한다.

노송 박철구

Contents

1장 소중한 추억들

Contents

2장 사랑하는 내 조국

Contents

3장 아름다운 내 조국

Contents

4장 강변에 살으리라

Contents

5장 새해의 각오와 대회 참가기

Contents

6장 중국여행기

松老不變葉
仁松

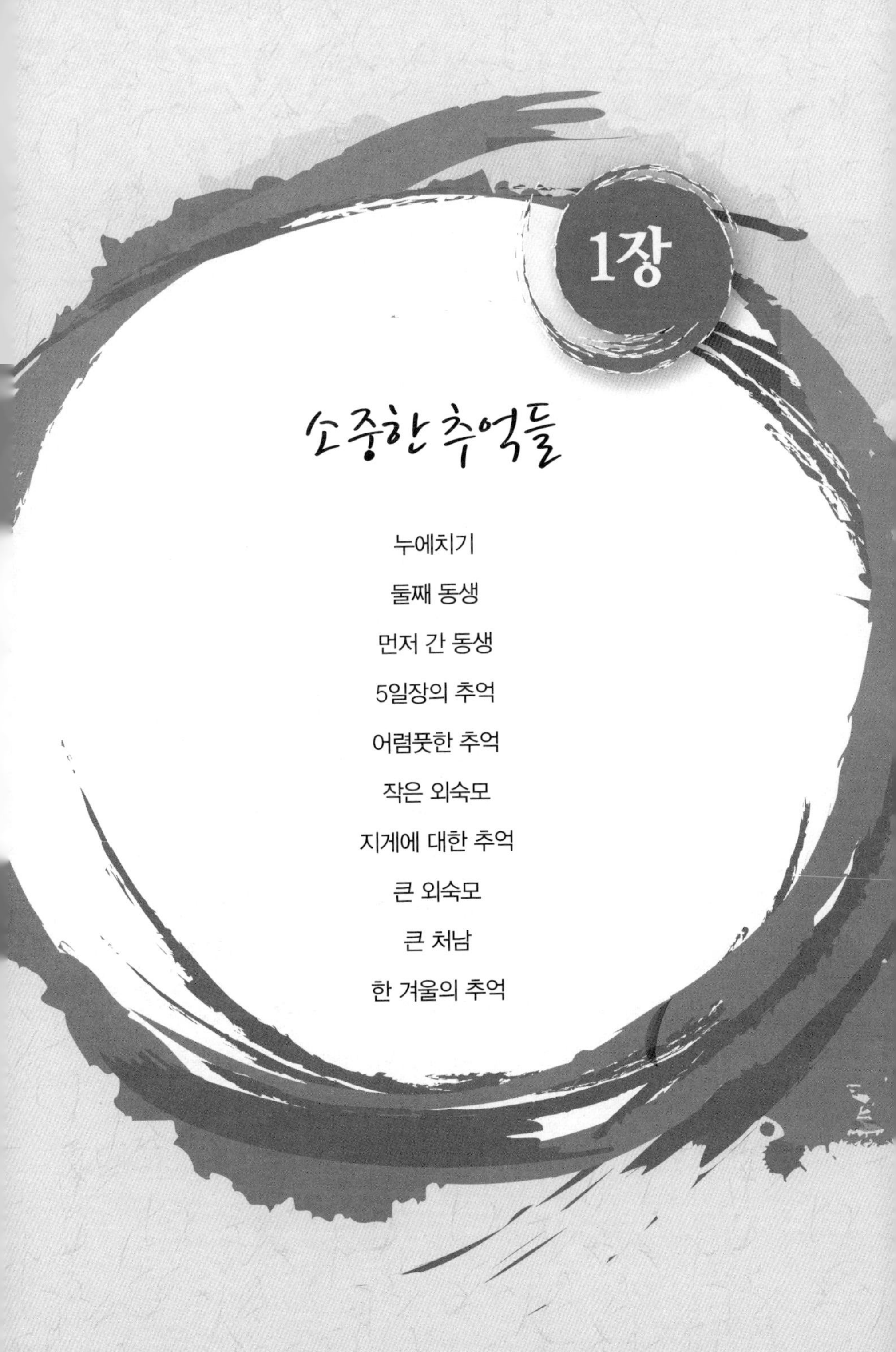

1장

소중한 추억들

누에치기

잠사업은 누에를 길러 고치를 생산하고 생사를 만드는 산업이다. 뽕나무 묘목 키우기, 잠종, 고치, 생사 생산, 잠사 가공 등으로 나눈다.

누에는 본래 야생 곤충인데 사람이 치게 되면서 점차 진화했다.

양잠에 관한 가장 오랜 기록은 고대 중국 황제의 원비(元妃)인 서릉(徐陵)이 궁내를 산책하다가 우연히 뽕나무에 매달린 누에고치를 발견하여 섬유로 사용하기 시작한 것으로 그 시기는 BC 2,600년경이라 한다. 처음에는 야생 뽕을 이용하여 원시적 방법으로 누에를 치다가 점차 뽕나무를 재배하여 집약적인 방법으로 누에를 치게 되었고 고치의 품질도 향상되어 왔다.

우리나라 양잠은 약 삼천년 전 고구려 시대에 중국을 통하여 들어왔다. 그 후 백제 시대에 오(吳) 씨 자매가 일본으로 건너가 명주 짜는 일을 전하여 지금까지도 일본의 옷감 상점이 오복점(吳服

店)으로 부르게 되었다.

한편 중국의 명주는 로마제국과 물물 교환되어 유럽에 전파되었고 당시의 상인들이 산적들의 습격을 막으려고 떼를 지어 명주를 날랐으므로 명주가 운반된 길을 실크로드(silkroad)라 이름 지었다 한다.

필자는 누에치기와 인연이 있다. 1964년 34개월의 군복무를 마치고 고향에 돌아왔다. 원래는 복학하여 학업을 계속해야 하나 가정형편이 허락되지 않았다. 선친은 우리 8남매에게 부채만 가득 남기고 돌아가셨기 때문이다. 집에 오니 어머니와 어린 여동생 셋이 집을 지키고 남동생 넷은 대구로 부산으로 흩어져 주경야독으로 고생을 하고 있었다.

집에는 농협에 부채 담보로 잡힌 삼천여 평의 밭에 보리와 콩을 심어 연명하고 있었다. 농협에 근무하는 선친의 친구가 우리 가정의 딱한 사정을 알고 경매에 넘기지 않고 자립할 때까지 부채를 연기해 주었다. 나는 새벽마다 교회에 나가 진로를 위해 간절히 기도했다.

그 때는 혁명정부가 1962년부터 제1차 경제개발5개년 계획을 수립하여 수출산업과 농어민 소득사업에 총력을 쏟을 때였다. 경상북도는 산지가 많아 예로부터 과수와 잠업을 많이 했다.

잠업 진흥을 위해 대대적인 뽕나무 심기 운동을 벌이던 때였다. 경산군 농촌지도소의 K잠업지도원이 지나다가 집에 들여 뒷밭에

뽕나무를 심어 잠업을 한번 해보자고 한다. 원래 뒷밭은 야산을 개간하여 과수원을 하다가 노목이 되어 뽑아내고 보리와 콩을 심고 있었다.

필자는 누에치기에는 전연 백지 상태였다. 어머니가 보리와 콩보다는 낫지 않겠느냐며 한번 시도해 보자고 하신다. 그 때부터 나는 K지도원으로부터 잠업에 관한 책을 빌려 공부했다. 밤낮으로 책을 보며 몇 번이나 정독했다.

어머니도 젊었을 때 누에를 길러 명주실을 뽑고 비단을 짜던 경험이 있어 적극 격려해 주었다. 보리를 베어내고 가을에는 농촌지도소 직원들이 총동원되어 그 당시 제일 좋은 품종의 뽕나무를 심었다.

해가 바뀌고 그해 봄에는 경상북도에서 각 시군마다 잠업직 공무원 1명씩을 정규직으로 선발한다는 신문 공고가 있었다. 경산군에도 1명을 뽑는데 응시자가 무려 100명이 넘었다. 그때나 지금이나 취직하기가 어려웠다. 특히 공무원에 대한 선망이 높았다. 나는 잠업에 대한 책들을 외울 정도로 숙독하고 있었기에 내친 김에 한번 도전했다. 뜻밖에도 많은 경쟁자를 물리치고 나는 합격했다. 이일을 계기로 나의 공무원 생활이 시작되었다.

집에서 군청까지는 두 시간 가량 버스를 타고, 또 걸어가야 했다. 어머니는 새벽잠을 설쳐가며 뒷바라지를 했다. 신설된 산업과 잠업계에는 필자와 열 살 위인 K계장 둘 뿐이었다.

매일 아침 산업과 직원회의를 마치고 현장 지도에 나섰다. 그 당시는 도로 사정이 좋지 않고 교통수단도 열악했다. 버스를 타고 열한 개 읍 · 면사무소에 찾아가 자전거를 빌려 타고 현장으로 갔다. 자전거가 못 들어가는 산골짝에는 걸어서 갔다.

정부에서도 잠업에 대한 투자가 집중되었다. 우량 잠종 배부, 질 좋은 뽕나무 보급, 개량 잠업기구 공급, 잠실 건립비 보조 등 큰 관심을 가졌다. K계장과 나는 낮에는 현장 지도, 밤에는 새벽 2시까지 행정 업무를 처리했다. 20대의 젊은 청년인 필자도 과로와 수면 부족으로 건강이 악화되어 입원할 때도 있었다. 운동화는 한 달 신으면 밑바닥이 들어나고 자전거도 몇 대나 갈아치웠다. 그뿐 아니라 집에 심어놓은 뽕나무도 점점 자라고 누에치기 규모가 차츰 커지자 어머니와 여동생들이 힘들어 하였다. 휴일에는 집의 잠업도 도와야 했다.

필자는 새마을 사업, 경부고속도로 건설 사업, 통일벼 장려 등이 본격화되면서 잠업뿐 아니라 다른 사업에도 투입되어 더욱 바빴다. 집에는 심어놓은 뽕나무가 무성한 숲을 이루고 엄청난 양의 누에를 기르게 되고 잠실을 두동이나 신축하여 그야말로 잠업 전문 농가가 되었다. 시작은 내가 해놓고 어머니와 여동생들이 고생이 많아 객지에 나간 두 남동생을 불러오기도 했다. 농가 수입도 점점 많아 연장 받았던 농협 부채도 다 청산하고 차츰 안정을 되찾았다.

필자는 잠업직에서 농업직, 재무직, 행정직으로 전보되어 신설된 새마을과에서 일하다가 국가공무원으로 전직하여 문공부로 특채되었다.

세계에서 양잠을 하는 나라는 약 50개국이고 생산량이 많은 주요 국가는 중국, 일본, 인도, 한국 등 4개국이며 중국이 절반을 차지한다. 우리나라의 잠사업은 80년대부터 급격히 줄어들었다. 우리나라의 주요 수출국가인 일본이 인조견 생산보급으로 잠사의 수입량이 크게 줄었고, 또 산업화의 영향으로 농촌 인구가 급격히 빠져 나갔으며, 다른 농사보다 노력에 비하여 수익이 적고, 봄 양잠은 다른 농작물의 농번기와 겹쳐 힘들었기 때문이다. 또한 질 좋은 화학섬유가 싼값으로 대량생산 보급되어 생사로 만든 비단의 수요를 급감시켰다. 그러나 생사로 만든 비단은 나름대로 고급스러움과 장점이 많다.

누에는 최근 남성 정력제로 각광을 받고 번데기도 단백질이 많은 기호 식품이다. 뽕나무는 뿌리부터 열매까지 버릴 것이 없다. 뿌리는 한약재, 줄기는 펄프 재료, 잎은 양양가가 많아 나물과 뽕잎 차 재료로 쓰인다. 뽕나무 열매는 영양이 많아 고급 약주와 음료를 만드는 데도 사용된다.

지금 한국은 농촌 인구의 감소와 노동력의 노화로 잠업뿐 아니라 농업과 어업의 앞날이 큰 걱정이다. 이제 잠업은 중소기업가가 뽕나무를 대량 생산하여 누에치기부터 비단을 만드는 전 과정을 진행하든가 아니면 인도, 중국, 동남아 등 기후 조건이 맞는 국가에 자본과 기술력을 투자하여 협동으로 생산하는 방안을 연구해야 하리라.

누에치기

인간을 사랑하사 하늘이 내린 선물
찬란한 물감 들여 부드러운 감촉으로
지구촌 가는 곳마다 칭송이 자자하다

알에서 시작하여 고치가 되는 과정
곤충의 한평생을 모범으로 보이고
인간에 큰 사랑받는 벌레 중 으뜸이다

넘치는 화학 섬유 시장을 휩쓸어도
수많은 인조견이 제아무리 날뛰어도
천연산 비단 섬유엔 미치지 못하리라.

둘째 동생

우리 동기(同氣)는 5남 3녀로 필자가 장남이다.

8남매 중 위로 3형제는 경북 경산군 자인면 남신리에서, 나머지 2남 3녀는 어머니의 고향인 자인면 단북리에서 태어났다. 남신리와 단북리는 4km 정도의 거리다. 3형제가 태어난 남신리는 자인면 소재지에서 서북쪽으로 6km 떨어진 넓은 들과 작은 하천이 흐르고 이웃 압량면 백안동과 인접해 있다.

지금은 운문댐으로 인하여 소하천이 건천으로 돼버렸지만 필자가 태어날 때는 물이 제법 많아 징검다리와 목재 다리가 있어 이웃마을인 백안동으로 건너갔다.

둘째 동생이 태어난 해는 8 · 15 광복 일 년 전, 1944년이다. 그때 어머니는 25세, 아버지는 23세의 나이로 혈기왕성한 청년이었다. 태어난 아기도 가장 건강하고 총명하였다. 조부는 필자가 돌이 막 지난 해 40세 젊은 나이로 돌아가시고 증조부모와 조모가 손자들을 돌보았다. 증조부는 꿈속에 봉황이 춤을 추며 하늘에서 내려오는 꿈을 꾸고 태어난 아기의 이름을 봉구(鳳求)라 지었다.

동생은 태어날 때부터 건강한 아기로 무럭무럭 잘 자랐다. 동리 사람들은 귀한 아들이 태어났다고 부모님께 칭찬을 아끼지 않았다. 동생이 태어난 해에 우리가족은 어머니의 고향인 단북리로 이사를 갔다. 남신리는 저지대로 홍수가 나면 항상 큰 피해를 입었기 때문에 소나무가 울창한 산골 마을 단북리로 이사를 갔다. 앞에는 해파리 같이 생긴 큰 연못이 있어 집에서 보면 큰 호수 속에 사는 것처럼 보인다.

우리 형제들은 연못을 수영장 삼아 여름이면 물속에서 헤엄을 치며 살았기에 모두가 수영 선수 못지않다. 그중 둘째 동생은 힘이 좋아 넓은 연못을 자유자재로 헤엄치며 수영 선수 못지않은 실력을 쌓았다. 동생은 인근 마을뿐 아니라 면소재지까지 힘센 소년으로 이름이 났다. 어느 해 추석 명절을 당하여 면소재지를 지나 삼촌이 사는 집으로 아침 일찍 찾아갈 때였다. 학교에서 늘 동생을 괴롭히던 불량배들이 동생이 지나가는 것을 목격하고 시비를 걸기 시작했다. 우리 삼형제는 10여 명의 불량배들에게 포위되어 봉변을 당할 처지에 놓였다. 그때 둘째 동생은 앞으로 나오면서 한 놈씩 나오라고 호통을 쳤다.

제일 키 가 크고 힘깨나 쓰는 자가 덤볐다. 동생은 작은 체구이지만 자기보다 배나 큰 자를 공중에 번쩍 들고 하수구에 내동댕이

치니 둘러선 무리들이 깜짝 놀라며 한꺼번에 덤비기 시작했다. 우리 삼형제는 뭉쳐서 달려드는 자들과 싸우기 시작했다. 흥분한 둘째 동생은 손바닥에 침을 바르더니 한꺼번에 두 놈, 세 놈씩을 하수구에 처박아 놓으니 어른들이 몰려와 싸움을 말리고 경찰까지 출동했다. 파출소로 간 불량배들과 우리 형제는 처음부터 목격한 어른들의 증언을 듣고 불량배 리스트에 오른 깡패들의 난동인 줄 알고 경찰은 그들을 꾸중하고 우리 형제들을 위로해 주었다.

세월이 지나고 필자가 20세, 둘째동생이 15세 되던 해, 사라호 태풍이 몰아치던 해였다. 홍수와 폭우로 인한 재난과 선친의 과오로 집안에 큰 풍파가 일어나서 형제들은 학업을 중단하고 뿔뿔이 흩어지게 되었다. 필자는 군문으로 입대하고 동생들은 대구로 가서 주간에는 남의 집 가게를 돌보고 야간 학교에 다니게 되었다.

외사촌 누나의 소개로 둘째 동생은 규모가 꽤 큰 양조장에서 일하게 되었다. 그때만 해도 큰 자전거에 술통을 네 개씩 싣고 배달을 하던 시대였다. 15세 소년이지만 힘이 장사인 동생은 큰 자전거로 배달 일을 잘했다. 주인의 의중을 잘 살피고 입의 혀같이 모든 일을 처리하니 주인의 큰 신임을 얻게 되었다. 야간에는 피곤한 몸을 이끌고 고등학교 교육을 받았다.

몇 년 후 동생의 나이가 차서 군 입대할 시기에 월남 전쟁에 한국군을 파견하게 되었다. 제일 먼저 파견된 맹호부대에 동생이 자원하여 월남으로 갔다. 동생은 펜글씨를 잘 썼다. 맹호부대 부관

실에서 근무하게 되어 인사와 병참을 맡았다. 군 복무 때도 체력을 꾸준히 단련하여 태권도, 합기도, 유도 등 무술의 달인으로 유단자가 되고, 사병들에게 무술을 지도하는 사범이 되었다. 제대일이 닥치자 병참 지원 관계로 알게 된 미군의 무기와 병참을 지원하는 미국 군수 회사인 '빈넬회사'에 지원하여 제대와 더불어 근무하게 되었다. 그때부터 한국에 많은 돈을 송금하여 선친이 남기고 간 부채를 청산하고, 잃었던 부동산을 되찾으며 그때까지 미혼인 필자도 결혼을 할 수 있게 도와주었다. 동생도 월남에 있으면서 현직 고등학교 영어 교사인 규수를 맞아 국제결혼을 하게 되었다. 마침 월남에 함께 있던 셋째 동생이 가족 대표로 참석하여 결혼식을 치르고 월남인 처를 맞게 되었다.

근무하던 회사가 미국으로 철수하게 되자 동생은 한국으로 오지 않고 캐나다로 이민 신청을 하여 처를 데리고 이민을 갔다. 영어가 능통한 동생과 제수는 캐나다 이민 생활도 어렵지 않았다. 수많은 호수와 록키산맥 빙하에서 생산되는 생수를 세계에 수출하는 회사를 설립하여 생수 판매를 하게 되어 20여 명의 직원까지 두며 호황을 누렸다. 월남이 공산화 될 처지에 이르자 동생은 처가 식구들을 캐나다로 이민 초청하였다. 10여 명의 대식구가 이민을 오게 되어 동생의 어깨가 무거웠다. 다행이 모두 영어, 불어를 구사할 수 있는 가족들이라 취직은 어렵지 않았다.

처가를 안전한 곳에 정착하게 한 동생은 우리 가족을 초청할 계획을 세우고 제일 먼저 어머니와 막내 여동생을 초청했다. 필자는 경산군청에서 공무원 생활을 하다가 국가 공무원으로 전직되어 국립국악원에서 근무하던 때다. 어머니와 여동생이 정착하면 필자의 가족들도 이민 가려고 필자는 전자기기 수리 기술을 속성으로 배우고 아내는 경험 있는 편물 기술을 익히고 배웠다.

그러나 캐나다로 간 어머니와 여동생은 언어와 풍속 관계로 월남 제수와 관계가 벌어졌다. 일 년을 지나다가 도저히 견디지 못하고 고국으로 돌아왔다. 필자의 가족도 이야기를 듣고 이민을 포기하고 말았다. 동생은 이 일로 인하여 제수와 틈이 벌어지고 상당 기간 어려움을 겪었다. 동생은 캐나다에서도 한인 교회를 섬기며 장로 직분까지 받으며 충성 봉사했다.

그러나 제수는 월남에서부터 불교 가정에 태어나 불교에 심취되어 남편이 믿는 기독교로 쉽게 전향하지 않았다. 동생은 온갖 수단을 동원하여 제수와 그 가족들을 기독교로 전향하는데 심혈을 기울었다. 지금은 제수와 그 가족들이 기독교를 이해하고 동생의 선교를 돕는다.

동생은 한인교회에 봉사하면서 신학을 공부하여 목사 시험에 합격하고 선교사 자격까지 얻었다. 회사도 아들에게 인계하고 세계 선교에 눈을 돌리게 되어 영어권인 필리핀으로 선교사역을 가게 되었다. 금년에 70세가 되는 동생은 선교를 시작한 지 5년이 되었다. 캐나다와 미국, 한국에서 10여 개 교회가 지원을 하고 있으며 필자의 가족과 동생의 가족, 다른 동생들과 조카들도 정성껏 도와준다.

지금은 20여 개 교회를 개척하여 운영하며 1,000여 평의 지하 일층, 지상 3층 선교 센터를 건립 중이고 자체적으로 신학교를 설립하여 목사, 전도사를 양성하는 경지에 이르게 되었다. 선교 센터가 완공되면 유능한 후계자에게 물려주고 캐나다로 돌아가겠다고 한다. 동생은 일년에 한 번씩 캐나다로 가서 선교 보고를 하고 필리핀으로 갈 때는 반드시 한국에 들려 필자의 집에서 잠시 쉬면서 선교의 성과를 전해준다. 선교 지원을 해준 관계 기관과 가족들에게도 보고하고 감사하며 떠난다.

필자는 동생을 생각할 때마다 하나님께서 우리 형제를 택하여 하나님의 백성으로 삼아주신 은혜에 감사한다. 동생을 통하여 수많은 필리핀 사람들이 구원을 받게 되니 모두가 하나님의 섭리이고 뜻이라 생각한다. 동생은 하나님이 부르는 그 시간까지 선교를 계속하겠다고 한다. 정말 자랑스러운 동생이다. 필자도 최선을 다해 선교 활동을 도울 생각이다. (2014년 2월 15일)

먼저 간 동생

금년은 나의 바로 아래 동생이 하늘나라로 간 지 10년이 경과했다.

나의 동생은 남동생 넷, 여동생 셋을 두었다.

우리 형제 자매는 8남매로 나와 동생은 두 살 차이다. 동생은 마음이 착하고 순한 성격의 소유자로 항상 형을 의지하고 형이 시키는 데로 잘 따랐다.

동생이 태어났을 때 어머니가 논에 가서 우렁이를 잡아와 불에 구워 나에게 먹였다. 그런데 며칠 지나자 어린 동생의 배에 우렁이 모양의 혹이 생겼다.

깜짝 놀란 어머니는 삼신할머니께 빌면서 잘못을 뉘우치고 침놓는 동네할아버지를 불러 혹을 제거하였다. 그러나 동생의 배에 우렁이 모양의 흰 흉터가 생겼다. 그 후부터 어머니는 임신 중이나 애기가 돌을 맞을 때까지 모든 행동에 조심하였다.

동생은 어릴 때부터 손재주가 있고 모내기, 벼 베기 등 농사일에

능하였다. 한번은 나와 같이 소에게 먹일 풀을 베어와 작두에 썰다가 어린 내가 익숙지 못하여 동생의 무명지 손가락에 상처를 내고 말았다. 손가락이 잘려나가고 엄청난 피가 흘렀다. 놀란 나는 밭에서 일하는 어머니를 불렀다. 달려온 어머니는 된장을 바르고 수건으로 감아 응급조치를 했다.

지금 같으면 잘린 손가락을 갖고 병원에 가서 봉합수술을 하면 되는데 그 당시는 대구까지 가야했기에 사정이 여의치 않아 가지 못했다. 결국 동생은 무명지 끝부분을 잃고 말았다.

나는 동생에게 늘 미안한 마음이 있었다. 그 후부터 나는 작두에 무엇이나 썰기를 두려워했다. 동생은 어머니를 도와 농사일을 잘했다. 어머니는 나보다 동생을 데리고 일터로 갈 때가 많았다. 동생은 중학교는 자인에서 다니고 고등학교는 대구로 유학을 갔다.

나와 둘이서 방을 얻어 자취생활을 하면서 학업을 계속했다. 그러나 가정 사정으로 우리 형제들은 학업을 계속할 수가 없어 나는 군문으로 가고 동생은 부산에 있는 부친의 친구인 초량 경찰서장의 도움으로 낮에는 경찰 업무를 도와주고 야간에는 못다 한 고등학교 교육을 계속하여 졸업을 했다.

동생은 대학 진학을 포기하고 군문에 들어가 훈련을 마치고 월남으로 자원하여 월남전에 참전하였다. 동생은 군수 업무를 보면서 셋째와 넷째동생까지 월남으로 불러 삼형제가 월남에서 근무하면서 생사고락을 함께했다.

삼형제가 적은 봉급을 아껴 집으로 송금하여 부친이 남겨놓은 부채를 다 갚고 전당 잡힌 농토를 되찾아 막내 남동생이 농사를 지었다.

제대한 동생은 군청에서 근무하던 나의 추천으로 통계청 임시 직원으로 근무하다가 지방공무원 시험에 합격하여 면사무소 직원으로 근무했다. 글씨가 달필이라 호적 사무와 병사 업무를 주로 보았다.

동생은 나의 전도로 기독교 신자가 되어 신앙생활도 잘했다. 그러나 지방공무원으로 근무하면서 직원들과 어울려 술자리를 자주 했다.

동생은 같은 교회에 다니는 피아노를 잘 치는 아가씨와 결혼했다. 그 녀는 내 친구의 동생이다. 얼굴은 예쁘나 성격은 아주 깔끔했다. 술을 먹고 들어오는 동생을 못마땅하게 여겨 어머니와 나에게 고자질을 하면서 자주 다투었다.

동생은 세 아들을 두었다. 모두 총명하고 착했다. 학교 성적도 좋아 과외 한번 하지 않고 국립대학에 들어가 좋은 성적으로 졸업하여 모두가 은행에 취직을 하였다.

동생은 면사무소에서 병사 업무를 보면서 징계를 받아 감봉 처분을 받았다. 정년을 일 년 앞두고 퇴직하였으나 그 건으로 연금을 받지 못하고 자기가 부은 적금만 퇴직금으로 받았다. 너무나 억울하여 행정소송을 했으나 패소하고 말았다.

동생은 이 일로 너무 상심하여 우울증에 시달리고 제수씨는 매일같이 신경질을 부리며 동생을 핍박하였다. 동생은 조그마한 농토를 마련하여 복숭아와 포도를 심고 회갑이 다 된 나이에 농사를 지었다. 오랫동안 손을 놓았던 농사일이고 심신이 피로하여 동생은 제대로 일도 못 했다. 많은 스트레스가 쌓여 어깨가 아프고 음식이 잘 넘어가지 않아 정밀 진찰을 하니 식도암이었다. 대구에 있는 대학병원에서 수술을 하였다.

수술 결과가 좋아 조금씩 활동하며 농사일도 했다. 퇴직금은 큰아들의 결혼 비용과 빌린 학자금 상환에 모두 쓰고, 농사일은 힘에 부쳐 제대로 하지 못해 생활고에 시달렸다. 제수씨는 더욱더 동생을 원망하게 되니 호전되던 식도암이 재발하였다. 두 번째 수술을 받고 심신이 극도로 피곤한 동생은 수술 후에도 마취에서 빨리 깨어나지 않아 수술을 집도한 의사까지 걱정했다.

동생은 몇 시간 후에 깨어났지만 기진맥진 하여 말도 하지 못하고 음식도 먹지 못했다. 서울에 떨어져 살던 나는 2차 수술을 한다는 소식을 듣고 대구로 달려갔다.

수술을 끝내고 누워 있는 동생을 볼 때 회복이 어렵다는 생각이 들었다.

나는 동생이 쾌유하기를 하나님께 간절히 기도하며 동생 귀에 대고 예수님을 찾으며 확고한 믿음을 가지고 꼭 낫겠다는 신념을 가지라고 말했다. 그러나 동생은 고개를 흔들며 눈물을 흘렸다.

아마 자기도 회복이 어렵다는 것을 알고 있는 모양이었다. 나는 조카들을 불러 격려하고 착잡한 마음으로 서울로 올라왔다.

그때 나는 충현교회 장로로 피택 되어 장로고시를 앞두고 있었다. 장로 고시를 치르는 날 아침 전화가 왔다. 동생이 하루를 넘기지 못하겠으니 빨리 내려오라고 했다. 나는 어두운 마음으로 시험을 치르면서도 마음이 불안했다. 오전 한 시간 시험을 치르고 나니 동생이 소천 했다는 전화벨이 울렸다. 착잡한 마음으로 시험을 다 치르고 서둘러 달려갔다. 마지막 가는 길을 보지 못한 아쉬움이 아직도 마음속에 남아 나를 슬프게 했다. 교회장으로 장례를 치루고 먼저 간 어머니 곁에 묘지를 마련했다.

두 아들을 결혼시키지 못하고 회갑을 일 년 앞둔 시기에 하늘나라로 갔다. 둘째와 막내 결혼식에는 형인 내가 혼주가 되어 결혼을 시켰다. 제수씨는 농토를 다른 사람에게 위탁하고 서예를 익히고 가야금을 배우면서 노년을 보내고 있다. 부모님 산소를 찾을 때 같이 누워있는 동생을 보면 어릴 때 같이 지내던 모습이 눈앞에 어른거린다. 금년에 소천한 지 십 주년을 맞으니 더욱 더 감회가 새롭다. (2011. 4. 15,)

5일장의 추억

내 고향 경산 자인지방에는 면마다 5일 간격으로 장날이 개장되었다.

지금은 인구 감소와 상설시장의 설립으로 명목만 유지하고 있으나 필자가 어릴 때의 장날은 축제가 벌어지는 날같이 번화하고 규모가 컸다.

1950년대는 산업화가 되지 않아 공산품 수준이 낮고 생산도 적으며 유통과정도 발달되지 않아 생필품 구하기가 쉽지 않았다.

5일장은 농민들의 생필품을 공급하고 물물교환을 통한 유통과정을 원활하게 해결했다. 5일장이 서는 날이면 우마차를 이용하여 상품을 공급하는 고정 상인들이 몰려온다. 많게는 30대가 넘는 우마차가 새벽같이 모여든다. 상품 이동만 전문하는 우마차 부대다.

상인들은 시장이 끝날 무렵 자신의 상품을 잘 정리 포장해 놓으면 우마차를 가진 사람들이 자기의 달구지에 물건을 싣고 다음 개장되는 시장으로 이동한다.

옷가지와 신발류가 많고 주방 기구, 화장품, 생활 기구, 농기구 등이 대부분이다.

그러나, 농민들이 직접 생산한 물건들을 시장에 가지고 와서 판매하는 사람도 많았다. 대부분 수공업으로 만들거나 손수 짠 비단, 면포, 죽세공품, 짚 세공품 등을 갖고 와 판매했다.

그 때만 해도 농촌은 너무 가난하여 장날이 되어도 내다 팔 물건이 부족했다.

가장 큰 상품이 소와 송아지였고 그 외 돼지, 개, 염소, 닭을 비롯한 어미와 새끼 등 집에서 기른 가축이나 쌀, 보리, 콩 등 곡류며 채소, 과일 등을 지게에 지고 머리에 이거나 또는 어깨에 둘러메고 가져왔다.

부지런한 농민들은 산에 가서 나무를 정성들여 장만하여 우마차나 지게에 지고 가서 판매할 때도 있었다.

그 시대의 5일장은 만남의 장소였다. 교통망이 발달되지 않고 운송수단이 부족한 때라 시집간 딸이나 일가친척들의 소식 등을 시장에서 만나 듣거나 회포를 풀 때가 많았다. 시장에는 음식점이나 주막집이 있어 만난 사람들이 함께 식사나 술을 마시며 환담하곤 했다.

5일장은 시집 장가보낼 아들딸의 중매 장소가 될 때도 있다. 이곳은 여러 사람이 만나고 헤어지는 곳이라 정보를 교환하는 데 도움을 주며 새로운 소식을 제공하는 데도 큰 역할을 했다.

지금처럼 홍보 수단이 발달되지 않은 시대라 그곳에서 소식이나 정보를 얻는다. 선거 때가 되면 입후보자들이 제각기 후보 연설을 하는 소리에 시장이 떠들썩해질 때도 있다.

그때만 해도 농촌인구가 많아 시장이 서는 날이면 흰옷을 곱게 차려입은 농민들이 아침 일찍부터 물건을 구입 또는 판매하거나, 사람을 만나거나 구경하기 위해 길을 메운다.

시장에는 상품별로 지역이 구분되어 있다. 가축, 어물, 곡류, 피복, 농기구, 신발, 잡화상 등으로 상점이 진열되어 있었다. 그중에 가축시장은 거리를 두고 넓은 지역을 차지했다. 예나 지금이나 소와 돼지 등 가축은 농가의 큰 재산이었다. 소를 제외한 다른 가축들은 몇 시간 내에 거래가 끝난다. 소는 몰고 오는 시간상 오후 늦게까지 거래가 계속된다.

약장수와 화장품 상들은 농민들이 호기심을 끄는 이상한 동물이나 마술을 하며 사람들을 모아놓고 선전하며 상품을 판매한다. 순진한 농민들은 달콤한 선전에 넘어가 한두 가지 약이나 화장품을 구입한다.

장날 오후가 되면 음시점이나 주막집이 손님으로 가득하다. 주로 쇠고기국밥과 막걸리로 오랜만에 만난 사돈이나 친척들, 친구들이 왁자지껄 지난 이야기를 하면서 술잔을 기울인다. 해가 서산에 넘어갈 때가 되어서야 자리를 뜨며 비틀거리며 집으로 향한다.

필자의 할머니 오빠 되시는 할아버지는 장에 갈 때면 거쳐야 하는 여동생 집에 들려 "동생 잘 있었나?" 안부부터 묻는다. 할머니는 뛰어나가 손을 잡고 마루로 안내하며 반가와 어쩔 줄 모른다. 장에 갔다 돌아올 때도 동생을 찾는다. 거나하게 취한 모습으로 비틀거리며 집에 오실 때는 온가족이 나와 양팔을 잡고 마루로 안내한다. 할아버지는 장에서 있었던 일을 일장 연설하고 일어선다. 그러나 너무 취하여 중심을 잡지 못할 때가 있다. 동생들과 나는 같이 양팔을 잡고 반시간이 넘게 실랑이를 하며 집에 모셔 드릴 때도 있었다.

장에서 사오는 물건은 생활에 필요한 생필품이 대부분이고 제수용품도 만만치 않았다. 그 당시에는 자녀들이 많아 옷가지와 신발, 학용품도 큰 부담이었다. 어떤 때는 농협이나 사채를 빌려 시장을 볼 때도 있었다.

필자도 어릴 때는 5일장이 기다려졌다. 다양한 물품들과 사람들을 구경하고, 국밥, 찐빵, 과자류 등 먹고 싶은 먹을거리가 있었고, 옷가지와 신발 학용품 등도 떼를 쓰며 사달라고 할 수 있었기 때문이었다. 부모님은 자식을 사랑하는 마음으로 대부분 구입해 주었다.

장날 저녁에는 쇠고기 국이나 생선구이를 먹을 수 있어 좋았다. 그때만 해도 장날이 아니고는 먹을 수 없는 처지였다.

추억이 담긴 내 고향 5일장은 지금은 상설시장이 되었다. 농촌 인구가 줄어 상점 규모도 작고 도로와 운송수단이 발달하여 시골 구석까지 여러 상품을 실은 차량들이 왕래하며 물품을 공급하여 편리하다. 그러나 끈끈한 인정미를 풍기며 시끌벅적하던 추억 속의 옛 정취는 찾을 길 없어 못내 그립기만 하다. (2011. 1. 13.)

5일장의 추억

5일마다 열리는 축제의 시골장터
한민족 배달정신 고스란히 베었던 곳
아련한 추억 속에서 영상만이 남았다

찢어진 가난 속에 허리띠 졸라매고
훈훈한 정 나누며 물물교환 하던 곳
백의의 착한 임들은 찾을 길이 없구나

오랜만에 만나서 안부를 물으면서
장국밥 앞에 놓고 정담을 나누던 곳
찬바람 휘몰아치는 적막강산 되었다.

어렴풋한 추억

새해가 되면 나는 먼 조상에 대한 어렴풋한 기억이 떠오른다.

필자가 첫돌을 맞는 해에 조부가, 5살 때 증조모, 8세 때 증조부가 별세했다.

필자가 첫돌을 맞는 해에 조부가 별세하셨기에 조부에 대한 기억이 없다. 어머님께 들은 바로 조부는 복수가 차서 산같이 부른 배 위에 돌 지난 맏손자를 올려놓고 눈물을 흘리시며 내가 못다 산 생명까지 다 살고, 내가 이루지 못한 소원까지 다 이루기를 빌면서 돌아가셨다고 한다.

아들을 먼저 보낸 증조부모는 가슴이 내려앉았으리라 상상된다. 증조부모는 어린 증손들에 대한 사랑이 지극하셨다 한다.

내가 5살 때 돌아가신 증조모에 대한 어렴풋한 추억은 모내기가 한창인 어느 초여름 정오 경 논갈이를 하고 돌아온 황소가 먹이를 주러간 증조모에게 달려들어 해치기 시작한 일이다.

다른 가족과 머슴은 집 앞 들에서 모내기를 하고 집에는 증조모와 어린 내가 있었다. 나는 깜짝 놀라 집 밖으로 뛰어나가 사람 살려달라고 외쳤다.

모내기 하던 가족 모두가 집으로 달려와서 그때까지도 행패를 부리는 황소를 끌어내었으나 증조모는 온몸에 피를 흘리며 만신창이가 되었다. 황소는 하루 종일 높이 매달려 벌을 받다가 도축장으로 끌려가고, 증조모는 후유증으로 두 달간 앓다가 여름날 저녁에 운명하셨다. 증조모가 소에게 봉변을 당한 그날, 어린 나는 너무나 놀라 피투성이가 된 할머니를 보고 많이 울었던 기억이 난다. 내가 밖으로 뛰어나가 사람들을 불러오지 않았으면 소의 행패로 증조모는 즉사할 뻔했다.

그 때는 일제강점기 시대라 공동묘지제도가 처음 도입되어 사람이 죽으면 공동묘지로 모셔야 했다. 선산이 있어도 매장을 허락하지 않았다. 조부님은 살아계실 때 동장 일을 맡았기 때문에 공동묘지 구입과 정비작업에 앞장섰다.

조부는 돌아가실 때 선산이 있으면서도 제일먼저 자기가 마련한 공동묘지에 묻히게 되었다. 친척인 지관이 새로 마련한 공동묘지에서 제일 명당자리에 묘 터를 잡아 모셨다. 지금도 보는 사람들마다 명당자리라 일컫는다.

증조모가 별세하자 가족들은 애써 장만한 선산에 대한 미련이 컸다. 의논 결과 밤 중 몰래 선산에 모시기로 결정하고 무더운 여름 한 밤 중에 가까운 상주들만 따라가고 두 사람이 들것에 시신을 모시고 가서 장례를 치렀다.

어린 나는 들것에 실려 나가는 증조모의 시신이 집 앞 오목천 징검다리를 건너는 것을 보고 절하며 울면서 작별하던 기억이 난다.

아내와 아들을 먼저 보낸 증조부는 그때부터 우울증에 시달리고 때때로 하늘을 쳐다보며 정신 나간 사람처럼 울 때도 있었다고 한다.

조모님과 부모님은 각별한 효도로 정성을 다해 섬겼다. 연달아 태어나는 증손자들에 대한 사랑으로 그나마 위로를 받고 알뜰살뜰 돌보아 주셨다.

간식거리가 별로 없었던 때라 증조부는 집안에 심어 놓은 몇 그루 감나무에서 떨어진 감을 장롱 위에 일렬로 진열해 놓고 익도록 기다렸다가 증손자들에게 주었다.

우리는 증조부 방에 가면 장롱을 쳐다보며 감이 익었는가를 확인한다. 증조부는 손자들을 안아주며 익은 감을 내려준다.

홍수에 시달리고 아내와 아들을 먼저 보낸 증조부는 필자의 외가가 있는 인근 남촌동에 야산을 구입하여 과수원을 만들고 집을 새로 지어 이사 가기로 했다. 산을 개간하고 집을 새로 지을 때 필자와 동생을 데리고 현장으로 갈 때가 많았다.

현장으로 가려면 직선거리 2km가 넘는 들을 지나야 한다. 중간에는 넓은 농수로와 갈대밭도 있었다. 갈대 속에는 사람이 먹을 수 있는 갈대 순이 있다. 증조부는 손자들을 위하여 물속에 들어가 갈대 순을 뜯어와 먹인다. 우리는 막대과자 같이 생긴 갈대 순을 먹으며 집을 짓는 곳으로 따라갔다.

새집을 완공하고 이사 간 후에 개간한 과수원을 손질하는 일로 온 가족이 많은 시간을 보내고 무성하게 자란 김을 매기도 했다.

증조부도 가족들과 이웃 아주머니와 같이 김 매기 하다가 점심을 먹고 일하던 호미를 곁에 두고 낮잠을 잤다. 이웃 아주머니는 증조부가 자는 것을 보고 별 생각 없이 증조부 곁에 둔 호미를 가지고 재초작업을 했다. 그러나 낮잠을 깬 증조부는 곁에 둔 호미가 없자 큰 소리로 "내 호미 어디 있느냐" 고 큰소리로 야단쳤다. 아주머니는 깜짝 놀라 달려가 호미를 드렸다.

그러나 증조부는 호미를 허락 없이 가져갔다고 몹시 화를 내면서 야단쳤다. 아주머니는 잘못했노라고 빌었지만 증조부는 머리를 나무에 부딪치면서 자기를 무시한다고, 내가 이제 죽어야 한다며 계속해서 머리를 떠받으며 화를 멈추지 않았다.

할머니를 비롯한 온가족이 달려들어 할아버지를 말렸다. 아주머니는 울면서 다시는 그런 행동을 않겠노라고 사과했다.

그러나 머리를 부딪친 것이 뇌출혈을 일으켜 반신을 못 쓰게 되었다. 나중에는 언어장애를 가져오고 대소변을 조절하는 자율신경까지 장애를 일으켰다.

이웃 아주머니는 너무 미안하여 수시로 찾아와 병간호를 해 주었다. 증조부는 온 가족의 정성스런 간호에도 불구하고 2년 동안 고생하다가 별세하셨다. 어머님은 내 얼굴 모습이 증조부와 제일 많이 닮았다고 늘 말씀하셨다.

증조부가 돌아가실 때는 7일장을 하였다. 증조부가 생전에 많은 덕을 베푼 탓인지 문상객이 7일 동안 그치지 않았다. 상여가 나갈 때는 100장이 넘는 만장이 긴 행렬을 지어 상여 뒤를 따르는 모습이 아련하다.

고향에 내려가 선산을 찾을 때마다 증조부모님에 대한 아련한 추억들이 되살아나고 그 분들의 크나큰 사랑이 잊혀 지지 않는다. (2011. 1. 20)

작은 외숙모

나의 둘째외숙모는 경북 경산시 진량면 안촌리에서 태어났다.

밀양 박씨로 필자와는 동성동본이다. 큰외숙모와도 성이 같고 인근 마을에서 같이 자라 잘 아는 사이였다. 안촌리에서 큰 산을 하나 넘으면 자인면이다. 자인 5일장이 서는 날이면 산을 넘어 시장에 오는 사람이 줄을 잇는다. 오가는 길에 거쳐야 하는 동리가 남촌리다. 그 시절에는 대부분 중매로 결혼하기에 과년한 처녀가 있으면 중매자가 활동한다. 둘째외숙모도 큰외숙모와 친척들이 중매하여 둘째외삼촌과 결혼 하였다.

처음에는 집도 없이 남의 집 사랑채에 신혼살림을 꾸렸다. 약 600평의 논을 큰외삼촌으로부터 받아 손수 농사를 지었다. 둘째외삼촌은 키가 작은 편이나 다부지며 힘이 세고 농사 일을 두루 잘하였다. 부지런히 일하는 모습을 본 외조부는 일천 평의 밭을 더 마련하여 주어 과수원을 하기 시작하고, 과수원 북쪽에 새집을 지어 주었다. 외삼촌은 더욱더 부지런히 일을 하여 해마다 농토를 불려나갔다. 외숙모도 누구보다 부지런하고 착한 마음으로 내조를 잘하였다.

그 당시는 산아제한이 없고 피임도 할 줄 몰라 7남 1녀의 많은 자녀를 두게 되었다. 그 중 넷째아들은 어릴 때 소아마비에 걸려 두 다리를 못 쓰는 지체장애자가 되었다. 외숙모는 이 아이 때문에 울 때도 많았고 부처님께 빌기도 많이 하였다. 농사 일, 가정 일을 하는데도 애를 먹었다. 아이를 업고 다니며 일을 해야 했고 먼 곳에는 잘 가지 못했다.

그때부터 외숙모는 이마에 주름살이 늘기 시작하고 짜증을 부리는 신경질 여인이 되었다. 자녀들에게도 칭찬보다는 꾸중이 더 많았고 작은 잘못에도 매를 들고 엄하게 다스렸다. 남편에게도 신경질과 불평이 자연히 많았다. 마음 착한 외삼촌은 달래기도 하고 타이르기도 하며 자식들을 잘 키우도록 참았다.

어느 해 가을 추수가 끝나고 외삼촌은 초가지붕을 덮기 위해 짚으로 이엉을 만들고 있었다. 아침 열시 경 한마을에 사는 친구가 찾아와 소와 우마차를 빌려 달라기에 외삼촌은 손수 우마차를 챙겨 빌려주었다. 그러나 저녁이 되고 하루가 지나도 소와 우마차는 돌아오지 않았다. 사방에 수소문하고 경찰서에 신고하며 연고가 있는 곳에 사람을 보내어 알아보아도 찾을 길이 없었다. 이틀이 지난 오후에 인근 압량면 오목천 하천가에 우마차만 발견되었다. 사람과 소는 여전히 행방이 묘연하였다. 온 동리 사람과 가족이 동서사방으로 찾아 나서고 경찰도 수배령을 내렸다. 우선 우시장과 소 도살장을 찾아가 최근에 팔린 소들과 도살된 소를 점검한 결과 잃어버린 소가 도살된 것을 알게 되었다.

범인은 소를 팔고 잠적한 상태였다. 그러나 진작 가장 앞장서서 범인을 잡아야 할 외삼촌은 소극적이었다. 수상히 여긴 경찰이 외삼촌을 문책한 결과 범인과 짜고 자기 소를 판매하여 경비를 나누는 일을 저질렀다. 교활한 친구의 유혹에 넘어가고 외숙모를 두려워하여 연극을 꾸민 결과였다. 며칠 후에 범인도 잡히고 공모한 사실이 백일하에 다 드러났다. 외삼촌은 공범죄로 죄과를 치루고 동리 사람 보기에 창피하여 부산으로 이사 갔다.

시골 작은 농토를 처분하고 부산 아미동 산골짝 비탈길에 판잣집을 마련하여 아홉 식구가 도시생활을 시작하였다. 높이 50미터가 넘는 산으로 그 당시는 집으로 올라가려면 돌계단을 따라 꾸불꾸불한 산길을 올라가야만 했다. 제일 큰 문제는 먹는 음료수였다. 길이 좁아 물지게도 소용없고 동이에 물을 길러 머리에 이고 50미터가 넘는 산비탈을 올라 가야했다. 식구는 많고 빨래며 목욕이며 물 사용량은 많으나 물을 길어오기가 무척 힘들었다.

다 큰 아이들은 학교에 가고 외삼촌은 부산항에 하역노무자로 일을 하였다. 키는 작아도 힘이 센 외삼촌이었으나 무거운 물건을 하루 종일 운반하는 작업에는 무리였다. 나중에는 골병이 들어 허리도 아프고 척추에 무리가 와서 다리를 못 쓰게 되었다.

그러나, 공부하는 학생들은 많고 달리 돈이 나올 데가 없어 아픈 몸을 가지고 일을 계속하였다. 보다 못한 외숙모도 지체 부자유한 어린 것을 집에 두고 시장 한 모퉁이에서 국수장사를 시작하였다. 시장에서 국수재료를 구입하여 산꼭대기까지 머리에 이고 와서 밤이 새도록 국수를 삶고 반찬을 장만하고 빨래하면서 깊은 잠을 자지 못할 때가 많았다.

장애자를 비롯한 동생들은 어려운 환경 가운데도 잘 적응하여 열심히 공부하고 근검절약하는 습관을 가지고 성장하였다.

그러나, 외삼촌과 외숙모는 많은 무리가 따랐다. 결국 외삼촌은 병원신세를 졌다. 외숙모의 국수 판매로 생활을 꾸려나가고 병원비와 학비도 담당하게 되었다. 건강하고 외모도 아름답던 외숙모는 힘든 국수장사로 심신이 피곤하였다. 그러나 억척같은 마음으로 하루하루를 버티었다.

장애자 동생은 홀로 집을 지키며 불편한 몸으로 음식을 챙겨먹고 어머니를 대신하여 집안 청소며 살림살이를 했다. 그뿐 아니라 시장에서 필요로 하는 봉투를 만들어 가사를 도왔다. 맏아들은 머리가 좋고 수학을 잘하여 고등학교 때부터 인근 학생들에게 가정교사를 하고, 둘째 셋째도 신문배달과 우유배달을 하고 나머지 동생들은 봉투 만드는 일을 도왔다.

동생들이 자라고 나니 식구가 많은 것이 오히려 재산이 되었다.

동생들도 하나같이 심성이 착하고 열심히 노력하여 어려움을 이겨내는 인내력과 근면을 터득했다.

필자는 군생활 3년 동안을 부산에서 보냈다. 토요일과 휴일 외출허가를 받으면 달리 갈 데가 없어 외갓집을 찾았다. 모두 돈벌이 나가고 장애자 동생 홀로 남아 봉투를 만들고 있다가 형이 왔다고 반기며 손수 국수를 삶는다. 나는 동생과 같이 국수를 삶아먹고 봉투 만드는 일을 도와 주었다. 밤이 되면 시장까지 가서 외숙모의 짐을 대신 짊어지고 산비탈을 올라올 때도 있고 동생들과 같이 식수를 길러 올 때도 있었다. 식구는 많고 방은 적고 동생들과 한방에 엉켜 잠을 잘 때도 많았다.

외삼촌은 다리를 절면서 일을 하다가 회갑을 2년 앞두고 별세하였다. 한평생 고생만 하다가 가신 분이다. 장례식 날에는 둘째아들이 소속되어 있는 부산 오토바이 동호인들이 약 50대의 오토바이를 몰고 나와 장례차 가는 길을 호송하여 부산시민이 놀랄 정도로 장관을 이루었다.

세월은 흘러 자식들도 하나 둘 결혼하여 가정을 꾸려나가고 외숙모는 장애자 아들과 집을 지키며 살았다. 나이가 많아지니 고생한 몸이 병이 나기 시작하여 50이 넘고 부터는 산비탈을 오르내리는 일도 못하고 집에만 있게 되었다.

그때부터는 자식들이 벌어 외숙모를 부양하였다. 시계 수리공으로 일하던 장애자 동생도 결혼하여 집을 나갔다. 그러나, 장애자를 이해하지 못한 새댁은 시집온 지 일 년도 못 되어 집을 나가고 외로움과 장애에 시달리던 동생도 시름시름 앓다가 40세가 못 되어 저 세상으로 가 버렸다.

애지중지하던 넷째아들을 잃은 외숙모는 더욱 더 외로웠다. 몇 년이 못 되어 오토바이를 좋아하던 둘째아들이 위암으로 세상을 떠나게 되었다. 큰 충격을 받은 외숙모는 잠복했던 질병이 나타나기 시작하여 일어나지 못하게 되었다.

막내아들이 결혼할 때는 휠체어를 타고 식장에 가야만 했다. 다섯째아들이 집을 지키며 병든 외숙모를 보살피다가 너무나 힘이 들고 맞벌이를 해야 할 형편이라 변두리 요양원에 맡기게 되었다.

말을 하지 못하여 전화도 못하고 동생들에게 안부만 묻다가 지난 9월 30일 운명했다는 소식을 듣고 달려 가보니 생전에 찾아뵙지 못한 후회가 막급하였다. 동생들 보기가 미안했다. 팔남매 중 둘은 먼저가고 육남매와 자손들이 가득 모여 평시에 신봉하던 불교의식으로 장례를 마쳤다. 금년 86세로 장수를 한 셈이나 한평생을 돌이켜 보면 그야말로 고생과 수고가 가득한 한평생이었다. 고속철도로 귀경하는 필자는 어릴 때 외가에 가면 친자식 같이 반가와 하며 맛있는 음식을 마련하여 주고 명절 때는 옷가지며 신발을 구입하여 주던 일, 도시생활의 고생하던 모습이 떠올라 눈시울을 붉혔다. 인생의 한평생이 고해와 같다는 사실을 다시금 느꼈다. (2010년 10월 3일)

지게에 대한 추억

지게는 우리나라 고유의 운반 기구 중 하나다. 몸체의 재료로는 주로 소나무가 쓰인다. 가지가 약간 위로 뻗어난 자연목 두개를, 위는 좁고 아래는 벌어지도록 나란히 세운 다음 그 사이에 서너 개의 가로질러 박은 나무, 즉 세장을 끼우고 탕개로 죄어서 몸통을 고정시켜 놓은 기구다. 아래 위로는 멜빵을 걸어 어깨에 메게 되어 있으며, 등이 닿는 부분에는 짚으로 짜인 등태가 달려있다. 지게를 세울 때는 작대기를 세장에 걸어서 받쳐 놓는다.

지게는 어깨에 걸어 지기 때문에 짐의 무게를 온통 몸으로 지탱해야 한다. 평지는 물론 경사진 곳을 오르거나 내려올 때는 무릎이 아프고 숨이 차다. 지게는 한 사람의 몸으로 지탱할 수 있을 뿐, 그 이상의 짐을 운반할 수가 없다.

옛날에도 우마차를 비롯한 수레가 있었다. 그러나 숫자가 제한적이고 너무 적었다. 그뿐만 아니라 수레가 다닐만한 넓은 길이 적었다. 우리 조상은 힘들여서 넓은 길을 닦지 않았다. 다니다 보니 저절로 생겨난 비탈길, 오솔길, 논두렁길 등 사람이 갈 만한 길이면 어디든지 갈 수 있는 것이 지게였다.

필자가 어릴 때 집에는 지게가 여러 개 있었다. 크기에 따라 어른용 어린이용으로 구분되었다. 필자는 키가 작아서 조금 크게 만든 어린이용 지게를 사용하였다. 휴일이나 방학 때면 집안일을 도울때 지게를 지고 심부름도 하고, 농토에 퇴비를 운반하며 추수한 곡식을 집으로 운반하기도 했다. 겨울철 산에 가서 나무를 해올 때도 지게를 이용했다. 무거운 짐을 지고 좁은 길을 걸을 때면 조심도 되고 숨이 찼다.

뚝심과 인내심이 없으면 엄두도 못 낸다. 어깨 힘뿐만 아니라 다리 힘도 매우 중요하다. 여름철 산에 가서 퇴비용이나 가축 사료용 풀을 한 짐 잔뜩 지고 내려와 이마에 땀을 씻고 푸른 연못에 뛰어들어 수영을 하던 때도 있었다. 이른 봄에는 땔나무를 한 짐 지고 그 위에 개나리 진달래꽃을 꽂고 내려오면 노랑나비 흰나비가 따라 오면서 춤을 추던 기억이 난다.

지게는 내려놓으면 경사가 약간 져서 심히 피곤하거나 졸음이 오면 지게에 기대어 양지쪽에서 달콤한 낮잠을 즐기던 기억도 잊히지 않는다.

고등학교 시절 농번기를 맞아 모내기를 도울 때가 있었다. 그때는 재래식 모내기 시절이라 이웃주민들이 서로 도와가며 품앗이로 일을 했다. 우리 농토는 집에서 상당히 먼 거리에 있었다. 할머니를 제외한 온 가족이 동원되고 이웃주민이 도와주어 20여 명이 모내기를 했다. 점심때가 되어 할머니가 장만한 식사를 필자가 지게에 지고 모내기 현장으로 갔다. 온 들이 바다처럼 물로 가득하고 논두렁도 물이 스며들어 물렁거렸다.

필자는 논두렁을 조심해 밟으며 모내기하는 논으로 갔다. 그러나 짐이 너무 무거워 잠시 쉬어가려고 논두렁에 지게를 받치고 쉬려는데 물이 스며든 논두렁이 내려앉으며 지게가 한쪽으로 기울기 시작했다. 지게에는 음식물이 가득하고 혼자 힘으로 바로 잡으려고 애를 써도 지게는 옆으로 엎어져 물이 가득한 논바닥에 음식물을 쏟고 말았다. 멀리서 바라보던 가족들이 달려왔으나 때가 이미 늦었다. 점심시간이 훨씬 지나서 모두 시장하던 참인데 난감하였다. 나는 집으로 달려가 할머니에게 자초지종을 이야기하고 국수를 삶아 늦은 점심을 먹던 기억이 난다. 지금 생각해보면 어려운 삶의 현장이 눈물겹도록 애처롭기도 하지만, 아련한 추억 속에 그 시절의 풍경이 아름답게 느껴지는 것은 아마도 향수 때문이 아닌가싶다.

6 · 25 한국전쟁 시에도 지게는 유용하게 사용되었다. 산 위에서 싸우는 국군과 유엔군에게 탄약과 포탄 보급품을 운반할 때도 보국대로 징발된 청년들이 위험을 무릅쓰고 지게로 신속히 운반하여 승리의 기틀을 마련했다. 적으로부터 노획한 무기들도 지게에

지고 내려왔다.

한국전쟁이 휴전으로 들어가고 전쟁의 폐허 위에 살아남기 위해 지게를 지고 서울역을 비롯한 기차역에 모여 다투어 가며 손님들의 짐을 운반하던 때도 있었다.

또 지게를 보면 고려 때 노인들을 고려장할 때의 일화가 생각난다. 어느 마을에 한 청년이 어머니를 고려장하기 위해 지게에 지고 산으로 가서 어머니와 지게를 버리고 집으로 돌아오려고 했다. 그때 따라갔던 어린 자식이 지게를 도로 짊어지고 내려오려 했다. 청년은 어머니를 지고 간 지게가 보기 싫어 버리고 왔는데 자식이 지게를 도로 가지고 가려하니 못마땅하여 꾸중을 했다. 그러나 어린자식은 지게를 챙기며 아버지가 늙으면 내가 이 지게를 이용해야 한다며 막무가내였다고 한다. 크게 깨달은 청년은 어머니를 도로 짊어지고 집으로 돌아왔다는 일화가 있다.

이와 같이 지게에는 우리 민족의 애환이 담겨있다. 우리 겨레의 정이 배고 피가 도는 도구다. 지금은 마이카 · 산업화 시대가 되어 각종 화물차가 넘친다. 국토 구석구석마다 고속도로와 철도가 거미줄처럼 깔리고 새마을사업과 농지정리사업으로 농촌마을과 논에도 도로가 잘 정비되었다.

농가에도 경운기, 트랙터, 화물차, 오토바이, 승용차가 집집마다 갖추어져 이제 지게는 민속박물관에 가야만 볼 수 있게 되었다.

고속도로를 비롯한 도로마다 화물차가 짐을 가득 싣고 달리는 모습을 볼 때마다 우리민족의 혼이 담긴 지게를 생각한다. 아울러 높아진 나라의 위상과 수출 국가로서의 자부심을 가지며 흐뭇한 미소가 얼굴에 퍼진다.

지게

지게 모양 나무베어 몇 군데 구멍 뚫어
쇠못 하나 박지 않고 운반수단 만든 조상
순박한 백의민족의 지혜가 배어있다

외로운 숲길에서 한적한 논두렁에서
지게목발 두드리며 장단 맞춰 노래하던
임들은 어디로 가고 그리움 만 남았다

도로가 넓어지고 운반수단 개량되니
괴로운 운반 기구 자취를 감추었다
임들의 다정한 친구 추억 속에 남았다.

큰 외숙모

나의 큰외숙모는 밀양 박씨로 필자와 동성동본이다.

외숙모는 경북 경산시 자인면 남촌리에서 1남 3녀의 막내딸로 태어났다.

위로 언니가 둘, 남동생이 있다. 연달아 딸만 셋을 낳자 딸을 그만 낳으라고 이름을 말숙이라 지었다. 다행이도 아래는 아들을 낳아 이름값을 했다.

필자의 외조부와 외숙모의 부친은 한마을에서 자란 친구였다. 외삼촌과 외숙모는 어릴 때부터 가족같이 친하게 지냈다. 양가 부모는 친구 집을 내 집처럼 출입하였으며 자녀가 결혼할 나이에 들자 사돈을 맺기로 하고 혼사를 치렀다.

큰외삼촌은 똑똑한 청년으로 마을의 이장을 맡아 지도하고 머슴을 두고 많은 농사를 손수 지었다. 큰외숙모는 양가의 규수로 바느질과 음식솜씨가 뛰어났다. 필자의 어머님은 여섯 살 위인 외숙모 밑에서 여성으로서 갖추어야 할 많은 것을 배웠다. 외숙모도 시누이 되는 나의 어머니를 끔찍이 사랑하고 사이가 좋아 이웃 동리까지 소문이 났다.

외숙모는 결혼하여 맏딸을 낳았다. 나에게는 외사촌누님이 되는 분인데 인물도 잘 생기고 남자처럼 씩씩한 말괄량이었다. 외숙모는 연달아 딸만 셋을 낳았다. 가족은 아들을 하나 얻으려고 간절히 바랐다. 외삼촌은 아들을 얻을까하여 다른 여인을 두었다. 그러나 그 여인도 딸을 낳았다.

외숙모는 죄책감과 질투심으로 고민했고 가까운 도천산에 올라가 산신령께 기도 하고 새벽이면 정화수를 떠놓고 북두칠성에 아들을 달라고 기도했다.

기도의 효험인지 40대 초반에 늦둥이 아들을 얻게 되었다. 인물이 잘 생기고 아주 튼튼한 아기를 얻어 온 집안은 물론 동리 전체가 기뻐했다.

외삼촌은 동장 일을 하면서 8 · 15광복을 맞았다. 해방되는 해 어느 초여름날 치안을 맡았던 일본 경찰서장이 외삼촌을 찾아와 연못가 큰 나무 아래 자리를 펴고 담소했다. 어린 필자가 옆에 보이자 외삼촌은 술심부름을 시켰다. 큰 칼을 차고 정복 입은 순사를 보니 신기하고 무서웠다.

외삼촌은 해방 후 혼란기에 친구의 꼬임에 빠져 남로당에 가입하여 자인면 부책임자가 되고, 1946년 10월 1일 대구에서 일어난 폭동사건에 연루되어 수배자가 되었다.

필자가 초등학교 일학년 때의 10월 1일이었다. 학교에서 일찍 하교시켜 집으로 가는 도중 장날이 아닌데도 장터에는 많은 사람들이 웅성거리고 낯선 사람이 강단에 올라가 연설을 하고 있었다. 외삼촌도 마지막에 연설을 하는 도중 서림 숲 신작로 쪽에서 총성이 울리고 정복을 입은 경찰관들이 트럭 두 대에 타고 폭동을 진압하러 달려왔다.

혼비백산한 대중들은 뿔뿔이 흩어져 달아나기 시작했다. 급습한 경찰관들은 몇몇 주동자들을 체포하고 폭도들이 점거한 면사무소에 들어가 남로당원 명부와 선전물 등을 압수했다.

외삼촌은 도망치는 무리 속에 휩쓸려 체포를 면하고 멀리 피신했다. 당원 명부를 입수한 경찰은 남로당에 가입한 사람들을 수배하고 체포하기 시작했다.

외삼촌은 산으로 달아나 이웃 용성면 깊은 산골까지 가게 되었다. 처음에는 호의적이던 주민이 나중에는 이상한 눈으로 보면서 신고할 조짐을 보이자 외삼촌은 장작을 마련하여 도시에 팔러가는 화물차 주인에게 돈을 주며 대구까지 실어달라고 간청했다.

땔감 장수는 짐 싣는 중간에 외삼촌을 숨기고 장작을 가득 실어 대구로 향했다. 이 광경을 멀리서 지켜 본 동리사람이 자전거를 타고 용성지서까지 가서 신고했다. 그러나 장작 차량은 이미 용성지서를 지나 자인으로 달리고 있었다. 경찰은 비상전화로 차량번호를 자인지서에 통보하고 체포토록 했다.

경찰은 자인지서 앞을 지나는 차량을 세우고 장작을 모두 내린 다음 숨어 있는 외삼촌을 체포했다. 외삼촌은 그 길로 대구로 압송되어 재판결과 3년 형을 언도받고 수감생활을 하였다.

외숙모는 외삼촌이 행방불명되어 노심초사하는 중에 자인에서 체포되었다는 소식을 듣고 기절했다. 감옥생활을 하는 동안에도 어린 막내아들과 큰딸을 데리고 토요일마다 면회갔다. 외삼촌은 1948년 8월 15일 대한민국 건국과 광복절 특사로 형기를 1년 남기고 출옥하였다.

출옥하는 날 저녁, 필자는 어머니와 같이 외삼촌을 찾았다. 텁수염이 가득한 외삼촌은 극도로 쇠약해져 있었다. 외숙모는 영양탕과 한약으로 극진히 간병하여 어느 정도 회복되었다.

혹독한 겨울추위를 넘기고 이듬해 봄이 올 무렵 경북 남부지역에 콜레라가 번졌다. 외가가 있는 남촌동에도 콜레라(호열자)가 유행하여 온 동리가 공포에 떨었다. 콜레라는 배가 몹시 아프고 고열과 설사를 심하게 하며 전염과 사망 위험이 높은 법정전염병이다.

당국에서는 즉시 방역에 들어가 주민들의 이동을 금하고 학교는 휴교하였다.

외삼촌은 몸이 약하여 제일먼저 콜레라에 걸렸다. 그 당시만 해도 방역 체계가 미비하고 약품이 적어 목숨을 잃는 사람이 속출하였다.

외삼촌은 제일먼저 생명을 잃고 말았다. 일가친척도 참석하지 못하는 쓸쓸한 장례식을 치르고 같은 날 별세한 십여 명의 마을 사람들과 함께 거적에 쌓인 채 우마차로 운반되어 공동묘지에 묻혔다. 외조부와 외숙모, 누님은 너무나 큰 충격을 받았다.

필자의 어머니는 오빠를 잃은 슬픔과 지척에 두고도 장례식에 못 가는 아픔에 몸부림쳐 울었다. 이 전염병으로 외가가 있는 남촌리는 30여 명의 동민이 목숨을 잃었다. 한 동리에 십여 가구씩 같은 날 제사를 지내는 비극이 벌어졌다.

외숙모는 약한 몸으로 외조부를 모시고 아이들을 키우며 많은 농사일을 감당했다.

6 · 25 전쟁과 계속되는 한발로 닥친 춘궁기와 보릿고개도 끈질긴 인내로 이겨내고 버티었다. 외숙모는 두 사람의 머슴과 작은외삼촌의 도움으로 많은 농사를 지어 동리에서는 그래도 부잣집으로 분류되었다.

필자의 가정도 춘궁기와 보릿고개 때는 외숙모의 도움을 많이 받았다. 식량과 반찬류를 손수 가지고 와서 많은 조카들을 돌보아 주었다.

설과 추석 명절 때도 찾아온 조카들에게 맛있는 음식을 준비해 두었다가 내어 주고 옷가지 신발 등도 선물로 줄 때가 많았다.

동성동본의 친척, 외척으로 끈끈하게 맺어진 인연의 외숙모는 어머니 다음으로 나와 가까운 여인이었다. 좋은 성적을 얻은 성적표를 보이면 춤을 덩실덩실 추면서 좋아하던 모습이 눈에 선하다. 부모님께 잘못하여 매를 맞고도 외숙모에게 달려가 하소연하면 맞은 곳을 싸매주며 위로하고 필자의 부모를 야단치며 조카들 편을 들었다.

맏딸의 순탄치 않은 결혼생활과 셋째딸의 조기 사망으로 말년에는 마음고생도 많았다. 맏딸의 전도로 독실한 천주교 신자가 되어 말년에는 깊은 신앙생활로 여생을 보냈다.

회갑을 지난 이듬해 봄, 하나님의 부르심을 받았다. 필자는 공무원 재직 시절이라 휴가를 얻어 장례식에 참석했다. 아들내외와 같이 다니던 부산 초량성당에서 주관하여 천주교식으로 장례식을 마치고 성당에서 관리하는 묘지에 잠들었다.

지난해 작은외숙모 장례식에서 외사촌동생을 만나보았다. 부산 천주교 대표 시인(詩人)이기도 한 동생이 담배와 술을 많이 하여 폐암에 걸렸다. 두 차례 수술을 받고 병약한 몸으로 누워있는 모습을 보니 인생의 무상함에 마음이 울적했다. 이제는 모두가 아련한 추억이 되어 남아 있을 뿐이다. (2011. 2. 17)

큰 처남

올해는 손위 큰처남이 하늘나라로 간 지 15주년이 된다.

처남은 나보다 한 살 아래이고 경북 경산시 자인면 남촌리에서 태어나 한 동리에서 자랐다. 초등학교 시절은 같은 학교에서 한 학년 차이로 다녔다. 처남은 키가 큰 편은 아니지만 몸이 단단하고 힘이 세며 성격이 온순하여 많은 친구들이 따랐다.

학교 성적도 상위권에 속하여 고등학교는 기독교 계통으로 유도 명문교인 k 고등학교에 입학하여 누구나 이름을 알 정도로 학업성적도 좋았고 유도도 잘 하였다. 처남은 유도와 겸하여 씨름도 잘 하여 격년마다 행하는 자인면 단오놀이 씨름대회에 출전하여 경량급 최강자로 입상도 하였다.

처남은 2남4녀의 장남으로 위로 누님 한분과 여동생 셋, 남동생 한명을 두었다.

바로 아래 여동생이 필자의 아내다. 그 당시는 남존여비사상이

강하고 집안 형편도 어려워 여자들은 특별한 경우를 제외하고는 상급학교 진학이 어려웠다. 처남과 필자의 아내는 학업 성적이 뛰어났다. 큰처남이 대구로 유학 가서 공부하는 관계로 여동생들은 중학교도 보내기 어렵게 되었다. 필자의 아내는 중학교 교사인 친척의 배려로 자인중학교에 장학생으로 입학하여 공부하였다.

필자와는 거리가 먼 친척이고 친구이기도 한 처남이지만 중학교 때부터 다른 학교에서 공부하게 되어 자연히 소원했다. 그러나 방학 때는 한마을에서 수영과 낚시를 하며 나무 그늘에서 장기를 두기도 하고 소 몰고 산에 가서 풀밭에서 씨름도 하며 지냈다.

처남은 기독교 집안에서 자랐지만 술 담배를 좋아하는 많은 친구들과 어울리다 보니 부모님의 꾸중과 동료 운동선수들의 타이름에도 불구하고 쉽게 끊지 못했다.

그러나 고등학교 졸업 후 지방 국립대학 법학과에 입학하였다. 유도를 하는 친구들의 간곡한 요청에도 술과 담배를 끊지 못하여 운동을 계속하지 못하였다. 유도 3단까지 딴 실력자인데 유도를 계속했더라면 상당한 실력자로 명성을 날리고 건강한 몸을 유지했을 텐데 지금 생각하면 안타깝기만 하다.

처남은 우수한 성적으로 대학을 졸업하고 지방 병무청 공무원시험에 합격하여 근무하게 되었다. 예나 지금이나 병역은 국민의 3대 의무 중 하나인데 유력한 일부 지도층 인사들의 자녀는 모든 수단을 동원하여 병력을 기피하려고 한다.

그 당시만 해도 병무청 직원들에게 중요한 업무를 많이 이양하여 부정의 소지를 남겼다. 친척과 지인들, 상관의 지시 등으로 청탁을 외면할 수 없었다. 그러나 수많은 사람의 요청을 다 들어줄 수는 없었다. 요청에서 제외된 사람들은 처남을 협박할 때도 있었고 심지어는 투서하여 모함을 하기도 했다.

처남은 신중을 기하며 공무를 수행하였으나 투서의 그물에 걸리고 말았다. 감사원 감사에서 중징계를 받아 직위를 해제 당하는 수모를 겪었다.

경력과 업무 추진 능력이 뛰어나 상관들의 배려로 임시직원으로 다시 채용되어 계속 근무하게 되었다.

그러나 처남은 그 일로 말미암아 극심한 스트레스를 받고 술 담배로 마음을 달랬다. 자연히 과음을 하게 되고 세상만사가 귀찮아지며 불평불만이 가득하였다.

건장하던 신체는 차츰 속으로부터 병들기 시작하여 피로가 쌓였다. 구토 증상이 일어나던 어느 날 병원에 가서 진단하니 간암이 진행된 상태였다.

깜짝 놀란 가족들은 서둘러 입원시키고 한약과 양약으로 병을 다스렸다. 그러나 심신이 너무 피곤하여 병세는 호전될 기미가 보이지 않고 자꾸만 깊어져 갔다.

처남은 이 모든 사실을 모친과 형제들에게는 알리지 않고 처수와만 고민하고 있었다. 우리 부부는 고향 친척으로부터 처남이 위독하다는 소식을 듣고 서둘러 입원하고 있는 대구 k대학병원으로 달려갔다.

처남은 복수가 찬 모습으로 누워 눈물을 흘렸다. 그 자리에는 옛날 고등학교시절 유도부의 건장한 친구들이 병 위문 차 와 있었다. 그들은 이구동성으로 처남이 술 담배를 끊고 운동에 전념했으면 하는 아쉬움을 말했다.

처남은 1남 3녀를 두었다. 장녀는 머리가 좋아 경북의대에 들어가 의사가 되어 동료 의사와 결혼했다. 장녀 결혼식 때만 해도 직장에 탈 없이 건강한 모습으로 혼주 역할을 했다. 처남은 결혼한 지 삼 년 만에 부친상을 당하고 호주 역할을 하며 조모 상을 치르고 동생들을 결혼시켰다.

처남은 지금 98세 된 장모님이 83세가 되던 해에 먼저 하늘나라로 갔다. 처남은 병원에 입원 시, 어릴 때 신앙을 찾아 하나님을 의지하고 신앙생활을 잘해야 함에도 그렇지 못한 점을 뉘우치며 목사님께 눈물로 회개하였다.

처남은 1996년 10월 중순 하나님의 부르심 받아 교회장으로 장례를 치르고 경산 공원묘지에 잠들고 있다. 처수는 남은 자녀들을 결혼시키고 백세를 앞둔 시모를 봉양하며 맏딸이 경영하는 병원 일을 도와주며 손자들을 돌보고 있다.

금년 처남이 하늘나라로 간 지 15주년을 맞아 한 동리에서 뛰놀며 놀던 추억과 기쁘고 슬픈 일들이 주마등처럼 떠오른다. 인생의 무상과 세월의 빠름을 다시 하번 생각나게 한다. (2011. 5. 11.)

먼저 간 처남

한 마을에 자라면서 깊은정이 들었구나
처남 매부 인연 맺고 어려운 일 도와가며
30년 끈끈한 정을 주고 받고 살아왔다.

떨어져 살다보니 소원(疎遠)함도 많았으며
분주한 세상살이에 자주 찾지 못했더니
그토록 중한 신병이 있는줄을 몰랐구나

83세 노모(老母)두고 앞질러서 가야만 하나
아직도 할일들이 태산같이 남았는데
훌훌히 먼저 가 버리니 못내 서운 하구나.

한 겨울의 추억

금년 겨울은 유난히 춥다. 눈도 비교적 많이 왔다.

70대 중반인 필자는 문명의 혜택으로 추운 겨울을 따뜻하게 보내고 있다. 독서와 T V 시청, 신앙 생활과 취미 활동 등으로 보람찬 노후를 보낸다.

조용한 시간이 날 때면 어릴 적 고향의 겨울 시절을 떠올린다. 필자의 고향 생활은 학창 시절과 군 입대 전까지이다. 중학교 때부터 유학 가서 고향에는 방학 중에만 거주하고 군대에서 제대한 후 공무원이 되어 고향을 떠났다.

겨울철의 가장 인상 깊었던 일은 짚을 이용한 가마니 짜기, 새끼 꼬기 등이다.

오륙십년 대만 해도 고향에는 전기는 물론 라디오와 TV도 없었다.

긴긴 겨울철을 농가 부업으로 짚 가공품 생산으로 보냈다. 그 당시 벼는 알갱이는 적으나 볏짚은 질이 좋았다. 지금은 품종 개량으로 볏짚은 보잘 것 없으나 대신 벼 알갱이가 많은 품종으로 대체되었다.

볏짚이 길고 질긴 재래종은 짚 가공품 생산에 적합했다. 지금은 민속박물관에 가야만 볼 수 있는 가마니틀, 새끼틀이 그때는 집집마다 있었다. 할머니와 어머니는 겨울철이면 가마니 짜기에 몰두했다. 선친은 시간만 나면 새끼틀로 새끼를 꼬고, 가마니를 짜놓으면 굵은 쇠바늘로 가마니포대를 만들었다. 우량 상품을 만들려면 가마니도 매끄럽게 잘 짜야 함은 물론 만들기도 잘해야 했다.

필자가 기억하기론 우리 집에서 만든 가마니와 새끼는 상등품에 속하여 공동 출하할 때는 좋은 가격을 받았다. 할머니와 어머니는 물론 선친의 손재주는 마을 사람들이 칭송했다. 8남매의 형제자매는 방학 때엔 서툰 솜씨로 새끼도 꼬고 가마니 짜는 일을 도왔다. 나와 아래로 세 동생은 제법 잘 도와주어 칭찬도 들었다.

그러나 이 부업도 필자가 고등학교 2학년 때 조모님의 별세와 선친의 건강 악화로 그만두게 되었다. 지금은 바로 아래 동생을 포함하여 모두가 고인이 되어 겨울철이 되면 추억으로만 남는다. 이제는 볏짚의 질이 좋지 않아 짚 가공품 생산은 부적격하고 대신 가축 사료와 퇴비로 이용한다. 가마니 대신 대량 생산이 가능한 마대로 대체되어 편리한 세상이 되었다.

겨울철 추억 중에는 땔나무를 장만하는 일이었다. 그 당시는 연탄과 석유, 가스가 보급되지 않았다. 난방과 취사용 연료는 대부분 땔나무를 이용하였다.

젊은이들은 남녀 모두 산으로 들로 가서 땔감을 장만하는 것이 중요한 일이었다. 눈이 와서 산에 못 갈 것을 예측하고 날씨가 좋은 날이면 추운 겨울에도 산으로 간다. 해가 질 때까지 산을 헤매며 썩은 나무뿌리와 마른 가지는 물론 잡목들을 꺾어 나무 동을 만들어 지게에 지고 내려온다. 소나무가 많은 산에는 솔방울과 솔가리를 긁어온다. 땔감으로는 질이 좋은 편에 속한다. 어린이와 부녀자들은 가마니에 솔방울과 솔가리를 잔뜩 채워 어깨에 메거나 머리에 이고 내려온다. 콩 잎이나 김치 깍두기 반찬이 대부분인 도시락을 준비해 가지고 가서 하루 종일 산을 헤매다가 무거운 짐을 지고 내려오면 젊은이들도 탈진할 때가 많다. 필자도 방학 때는 친구들을 따라 동생들과 같이 산으로 갈 적이 있었다. 서툰 솜씨로 나무를 해 내려오면서 맞바람에 못 이겨 계곡에 떨어져 고생하던 생각이 난다. 지금은 시골이라도 연탄이나 석유, 프로판가스 등으로 아주 편리한 생활을 한다. 산에는 질 좋은 땔감들이 썩어가도 대부분 연로한 농촌 사람들은 채취할 엄두를 못 낼뿐 아니라 필요도 없게 되었다. 낙엽과 썩은 나무는 자연의 비료 역할을 톡톡히 한다. 그러나 적당한 간 벌과 낙엽 채취는 수목이 잘 자라는 환경을 만들어 준다.

지금은 폐목을 이용한 펄프 생산 공장이 생겨 고목과 간벌한 나무를 처리하여 다행이다. 우리나라 산들이 푸르고 울창한 자원이 된 것은 정부의 산림녹화사업과 연탄 · 석유 · 가스 등의 연료 대체가 성공한 사례라 할 것이다. 앞으로 전기를 비롯한, 더욱 질이 좋고 편리한 연료들이 농촌에도 보급될 것이란 기대도 해본다.

겨울철이 되면 썰매 타기와 각종 겨울 놀이가 생각난다. 필자의 집 앞에는 작은 호수만한 연못이 있었다. 겨울이 되면 연못이 꽁꽁 얼어 빙판이 된다. 이웃 마을 청소년들은 썰매와 스케이트, 팽이치기 등으로 마치 운동회처럼 겨울 놀이를 한다.

변변한 방한복을 입지 못해도 손을 호호 불면서 추운 줄 모르고 놀던 생각이 난다. 같이 뛰놀던 친구들도 고인이 되거나 고향을 떠나 이제는 찾아볼 수가 없다.

며칠 전 고향에 가보니 두껍게 언 큰 연못에는 흰 눈만 소복이 쌓여 있어 마음에 쓸쓸함을 더했다. 예전 연못이 비좁게 북적이던 아이들은 이제 찾을 길이 없다. 대부분 60이 넘은 노인들만 마을을 지키고 있어 앞으로 우리 농촌이 어떤 길을 갈지 걱정이다.

기상 이변으로 인한 세계적인 식량부족에 대비하여 좋은 기후 조건과 비옥한 땅을 갖춘 우리 농촌의 보존과 발전이 매우 중요하다. 장수 시대를 맞아 조기 퇴직한 유능한 인력들이 귀농하여 생산적인 활동과 전원 생활로 여생을 보내는 사람이 많았으면 한다. 또한 취업을 하지 못한 젊은이들도 도시나 대기업만 찾을 것이 아니라 무한한 잠재력을 가진 농촌으로 눈을 돌려 소득이 많은 화훼, 채소, 과일 등 기술 농사로 승부를 걸어 겨울에도 쉬지 않고 생산하는 지혜를 얻었으면 싶다.

비닐하우스의 난방 연료 문제를 해결하기 위해 겨울에도 견딜 수 있는 작물의 연구와 품종 개량도 풀어야 할 숙제다. 겨울철을 보내며 지난 일들을 생각하며 우리 농촌을 살리는 방안을 생각해 본다. (2013. 2. 1.)

한 겨울의 영상들

가마니틀 씨줄 앞 모친과 마주 앉아
익숙한 손놀림이 날줄을 몰고 날아
인생을 짜고 있었다 온 정성을 다하여

연약한 어깨에다 지게를 둘러메고
잔솔 밭 헤매면서 솔가지 채취하며
사는 건 가난했어도 마음은 부자였지

널따란 앞마당에 흰 눈이 쌓일 때면
눈 쓸고 곡식 뿌려 참새 떼 유인하여
새잡고 노래 부르던 소년은 어디 갔나.

진리를 알찌니 진리가

너희를 자유케 하리라

요한복음 팔장삼십이절 인중 박철구

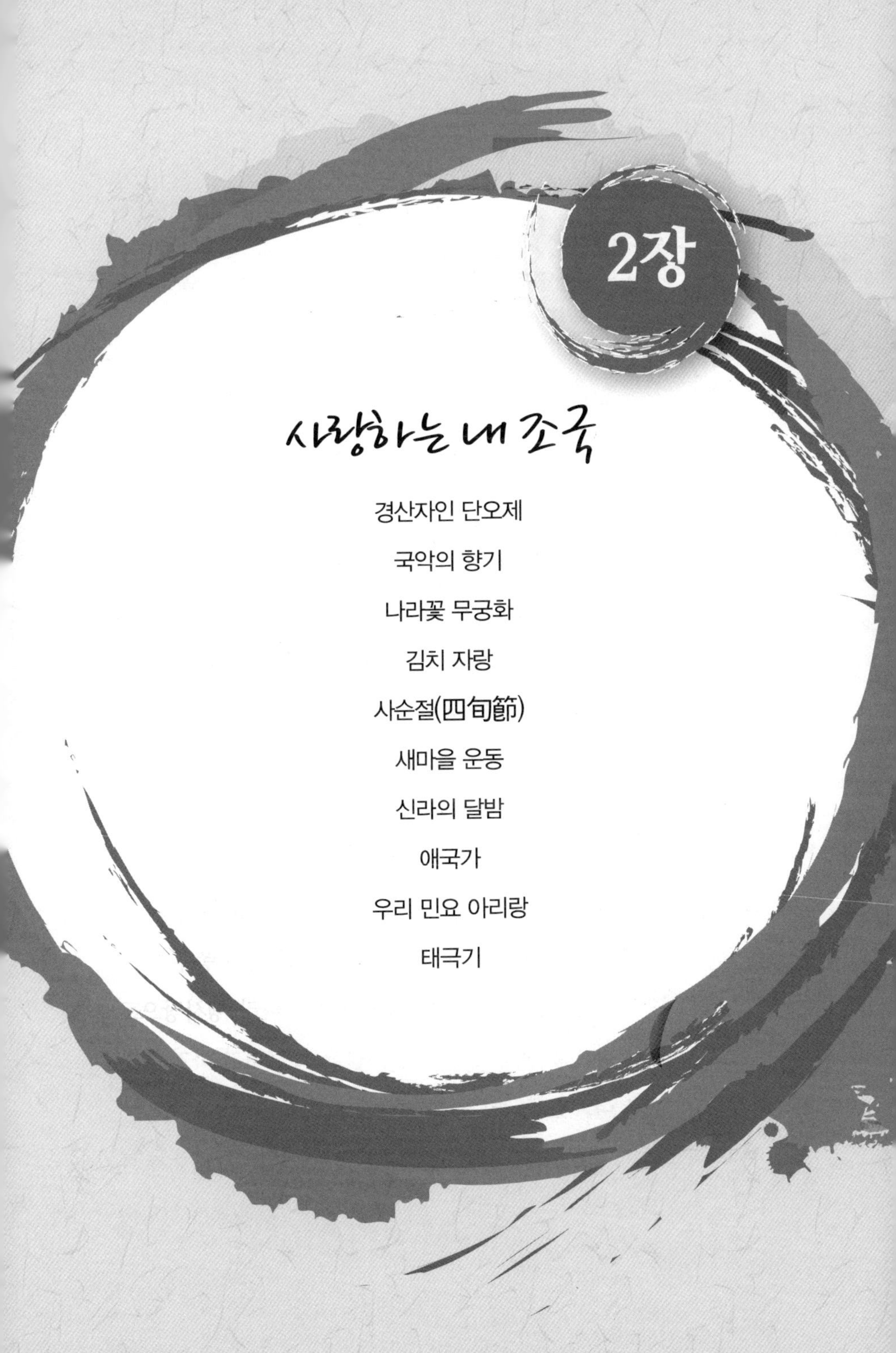

2장

사랑하는 내 조국

경산자인 단오제

국악의 향기

나라꽃 무궁화

김치 자랑

사순절(四旬節)

새마을 운동

신라의 달밤

애국가

우리 민요 아리랑

태극기

경산자인 단오제

재경경산향우회는 제37회 경산자인단오제를 다녀왔다.

2012년 6월 24일 오전 7시 잠실종합운동장 앞에서 32명이 모여 출발했다. 43명이 신청했으나 11명이 불참했다. 출발 하루 전에만 못 간다고 연락했어도 다른 희망자로 대체할 수 있었는데 당일 출발 전에 못 간다고 하니 상식에 어긋난 행동 같다. 기본 예의가 없는 것 같아 마음이 아프다. 특히 자인 출신 향우들이 많이 빠져 나는 향우회를 대신하여 정중히 사과했다.

오랜 가뭄에 비를 간절히 기다리고 있으나 하늘에는 구름만 덮여 있다. 향우회장은 고향으로 먼저 내려가고, 오늘은 총무가 모든 일정을 맡기로 했다. 우리는 중부고속도로를 따라 행사장으로 내려갔다. 차창 밖으로 보이는 들판은 가뭄으로 모내기 하지 않은 논이 많고 산천초목이 시들어 매우 안타까웠다.

오전 열한 시경 행사장에 도착하니 차량과 인파가 길을 가득 메웠다. 임시 주차장에 차를 세우고 한참 걸어서 행사장에 도착하니 개막 행사를 시작하려고 한다. 행사 안내원의 지시에 따라 정해진 좌석에 자리 잡고 우리는 열렬한 환영을 받았다.

이 축제는 신라시대부터 전승되어 오는 우리나라에서 가장 오래된 전통 민속 축제다. 경북 경산시 자인면 지역 주민들의 고을 수호신인 한(韓) 장군에게 행하는 유교적 제례로 고래의 명절인 수릿날, 즉 단오절에 한묘제(韓廟祭)를 올린다.

자인 단오굿, 호장 장군 행렬, 여원무, 자인 팔광대, 계정들 소리, 씨름, 그네 등의 각종 민속 행사를 곁들이는 방대한 형태의 고을 굿이다. 단오 행사는 오랜 기간 행해졌던 제례의식과 충의 정신 그리고 다채로운 민속놀이로 독특한 장르의 예술성을 엿볼 수 있으며, 자인면 전체 주민들의 마음이 응집된, 신라시대부터 전승되어 오는 중요 무형문화재 제44호이다.

제37회 경산자인단오제는 6월 9일 신주 빚기 행사로 시작된다. 즉 제례에 사용할 술을 담그는 일이다. 일주일 후에는 서부동에 있는 신목(神木)에서 도당 당산제를 행하고, 일주일 후 토요일과 일요일에는 여러 곳에 흩어져 있는 한 장군과 한 장군 누이의 묘소에서 신위 모시기 당제를 올린다. 이어 월요일에는 호장 장군 행렬 행사가 경산시 일원에서 행한다.

본격적인 주요 행사는 6월 22일 금요일부터 24일 일요일까지 3일 간 집중적으로 행한다. 계정숲에 마련한 열린 문화 마당과 무대에서 펼쳐지는 행사로 금요일에는 뮤지컬 '구름빵', 풍물놀이, 영남 민요공연, 춤사위를 주로 한 축제 한마당, 시민 노래자랑, 좌수영 어방놀이, 시립합창단 공연과 색소폰 연주가 있다.

토요일에는 아침 일찍 북사동에 위치한 제석사(帝釋寺)에서 원효성사 탄생 다례제가 있고, 무대에서는 경기민요, 계정들 소리, 석문 건강기공 시연이 펼쳐지며 열린 문화마당에서는 국궁 시범단의 전통 활쏘기 시연과 송파산대놀이가 진행된다. 오후 무대에서는 국악공연과 가야금병창, 한국무용, 소고춤, 소리향 가야금 연주 등이 진행되고 열린 문화 마당에서는 전통 상여 행렬 시연, 여원무 및 팔광대 놀이가 진행된다. 한 장군 말 묘가 있는 버들연못과 계정숲에는 호장 장군 행렬과 유제제(柳堤際) 제사가 별도로 진행된다.

마지막 날인 일요일 오전에는 진충묘에서 한 장군 제를 지내고 열린 문화마당에서는 풍물놀이, 창포 머리감기 시연, 선비춤, 개막 퍼포먼스, 여원무 공연이 진행되고. 오후에는 팔광대놀이, 마당극, 대학생 동아리 페스티벌이 펼쳐지고 저녁에는 단오음악제가 무대에서 진행된다. 이와는 별도로 시중당에서는 오후 한 시부터 여섯 시까지 자인단오굿이 진행된다.

각종 체험 행사로는 윷놀이, 제기차기, 투호놀이, 널뛰기, 그네뛰기 등 민속놀이와 창포 머리감기, 단오떡, 엿치기, 단오 비누 만들기, 천연 염색 체험, 전통 다도 체험 송림한지 공예, 서예 ·

문인화 체험, 짚풀 공예 체험 등이 3일 간에 진행된다. 이와 같이 경산자인단오제는 이제 종합예술축제가 되었다.

우리가 도착하니 개막 퍼포먼스가 막 시작되었다. 경산시장 직무 대리를 하는 부시장과 경산 · 청도 출신 국회의원을 비롯한 기관장들과 행사관계 요원들, 향토 문화 지킴이들, 지역 주민들과 관광객들로 행사장은 대성황을 이루었다. 국민의례, 개회인사, 축사, 격려사 등으로 진행되고, 행사에 참여한 각 단체들이 고유 복장 차림으로 농악대를 앞세우고 행사장을 한 바퀴 돌았다. 운집한 관람객들은 박수와 환호로 격려하고 홍보 기관들은 사진 촬영에 바쁘다.

오전 행사를 마치고 점심시간으로 이어졌다. 우리는 별도로 준비한 야외 식당에서 전통식인 자인 국밥으로 식사했다. 경산 부시장과 국회의원, 행사 관계 요원들이 찾아와 “날씨가 더운데 내려와 이 자리를 빛내주어 고맙다”라고 인사했다.

우리는 오후 4시에 상경키로 하고 자유 관람 시간을 가졌다. 모처럼 고향을 찾은 회원들은 고향집을 찾는 이도 있고, 전화로 친지를 불러내어 만나기도 했다.

나는 동생내외에게 안부 전화를 하고 장모님은 찾아 갔으나 외출 중이라 만나지 못해 메모지만 남기고 돌아왔다. 동기생 7명은 초등학교 시절 뛰어놀던 계정숲 잔디에 앉아 쌍그네를 매어놓고 뛰는 광경을 관람했다. 생각 같아서는 우리도 한번 뛰어 보고 싶으나 칠십 넘은 나이에 부상을 입을까 염려되고, 어린이와 젊은이들이 줄지어 기다리고 있어 구경만 했다.

인근 씨름장에서는 체급별, 면별 대항전이 벌어져 환호성이 숲을 뒤흔든다.

동행한 친구 가운데는 20대 젊은 시절에 씨름에 입상한 친구도 있다. 이제는 옛날을 회상하며 흘러간 세월을 영상으로 떠올릴 뿐이다. 잔디에 앉아 쉬고 있는데 의용소방대에 근무하면서 행사장에 자원봉사로 나온 친구의 조카가 우리를 알아보고 푸짐한 음식을 마련하여 인사를 한다. 준비한 음식이 너무 많아 관람온 이웃에게 나누어 주고 친구 조카에게 감사 표시를 했다.

기다리는 비는 오지 않아도 하늘은 구름이 덮여 더위를 식혀 주어 다행이었다.

상경 시간이 되어 일행은 경부고속도로와 중앙고속도로를 이용하여 서울로 올라왔다. 차 안에서 오늘 느낀 점을 서로 이야기하고 노래자랑과 퀴즈문제를 풀면서 화기애애하게 돌아왔다.

단오행사는 예산 관계로 2년마다 한 번씩 치러진다고 한다. 이번에도 와서 보니 잠간 지나가는 행사에 경비가 너무 많이 든다고 느꼈다. 지금 지방자치단체는 고유한 수입은 적은 데 앞다투어 각종 개발 사업을 하다 보니 적자 예산에 시달리고 있다. 한 장군 제향 행사는 검소하게 일 년에 한 번씩 지내고, 종합예술행사는 3년이나 5년에 한 번씩 치르도록 했으면 하는 생각이 든다.

이제 향토고유문화행사에 몇 번이나 더 참석할지 흘러가는 세월 속에 날로 쇠약해지는 몸을 느끼며 회상에 잠긴다. (2012. 6. 26)

한 장군의 여원무

굿거리 흥겨운 장단 두 그루 꽃 춤춘다
여원무 화려한 춤사위 왜구들 넋을 잃고
칡 그물 사로잡힌 적 낙엽처럼 뒹굴었다.

꽃 속의 오뉘 장군 두 눈을 부릅뜨고
긴 칼을 휘두르며 남은 적 몰살하니
버들못 맑은 못 물이 핏빛으로 물들었다.

해마다 단오절엔 연못물 붉어지고
검흔석 바위에는 핏방울 맺혔으니
한 장군 애국충절이 하늘에 사무친다.

국악의 향기

필자가 국가 공무원으로 처음 발령받은 날은 1974년 4월 20일이다.

1965년 10월 지방공무원 발령을 받아 경산군청에서 9년 간 근무했다. 제1차 경제개발5개년계획과 새마을운동으로 주야에 눈코 뜰 새 없이 바쁘게 근무했다. 어느 날 과로로 인해 몸이 약해져 장티푸스에 걸리고 말았다. 보름 동안 물만 먹으며 병원에 누웠는데 직장 상사가 찾아와 공무원 생활을 하려면 전직 시험을 쳐서 국가공무원으로 근무해 보라는 충고를 한다. 나는 시험을 치기로 하고 원서를 제출했다. 시험과목이 새마을운동이 주가 된 지역사회개발에 관한 내용이 많아 나는 우수한 성적으로 시험에 합격하여 국가 공무원이 되었다.

첫 발령지가 문화공보부 산하 기관인 국립국악원이었다. 그 당시 국악원은 유명한 건축가 김수근 씨가 설계하여 지은 남산 기슭

장충동 국립중앙극장에 사무실 4개와 소극장을 빌려 사용하는 처지였다.

필자는 문공부 총무과에서 발령장을 받고 장충동을 찾아갔다. 시골 촌놈이 장충동이 어디 있는지도 모르고 총무과에서 일러준 대로 버스를 타고 지금 장충체육관 근처에 내려 남산을 올라갔다. 4월 하순이라 온산이 초록으로 변하고 개나리 진달래가 산을 덮었다. 너무나 좋은 풍광에 감탄하며 준공한 지 6개월 된 국립극장 내의 국악원을 찾았다.

그 당시 국악원은 장악과 20명, 서무과 5명, 연주단 30명의 아주 작은 기관이었다. 직제가 개편되어 서무과가 생기고 행정직이 필요하여 내가 처음으로 서무계장으로 발령 받아 온 것이다. 군청에서 밤낮으로 일에 쫓기다 여기 오니 하늘과 땅 차이였다. 깨끗한 환경에 적은 인원으로 작은 기관을 운영하니 일도 단순했다. 건물관리는 극장에서 하고 국악원 일은 장악과가 주관이 되어 진행했다.

국악원은 우리 전통 음악과 춤의 맥을 잇고 널리 보급하기 위해 설립된 대표적 음악 기관이다. 신라시대 '음성서'로 출발하여 고려시대의 '대악서' 조선시대의 '장악원' 근대의 '이왕직 아악부'로 이어온 국립 음악 기관의 전통을 계승하고 있다.

유구한 역사 속에 면면히 전해 내려온 국악에는 우리 역사의 문화와 숨결이 고스란히 담겨 있다. 필자는 그때만 해도 국악을 듣고 전통 무용을 대할 기회가 없어 처음 대하는 국악이 어색하기만 했다. 그러나 노련한 인간문화재들이 연주하는 국악연주를 매일 들으니 국악의 매력에 푹 빠졌다. 대금, 피리, 가야금, 거문고, 아쟁 등의 음률이 그렇게 우아하고 깊은 줄을 몰랐다. 궁중 음악의 대표인 '수재천'을 비롯한 우리 조상이 작곡한 유명한 국악들은 우리 국민뿐 아니라 세계인의 심금을 울렸다. 특히 보름달이 중천에 뜬 정자에 홀로앉아 유명한 '청성곡'으로 대금 연주를 할 때는 우리 민족의 정과 한을 그대로 표현했다. 1970년대 국제문화교류의 일환으로 국악 연주단이 유럽을 순방하여 국악을 연주하고 홍보할 때는 세계의 유명한 음악인들이 국악의 우수함과 한국인의 음악성에 감탄했다.

1951년에 개원한 국악원은 여러 곳을 전전하다가 현재 서초동 우면산 자락에 단독 청사와 대 · 소 공연장을 겸하여 현대식으로 잘 건립되어 명실상부한 국가 최고의 음악 기관으로 발전하고 있다.

국악원은 국악의 보급과 발전을 위한 창작과 학술 연구 활동이 활발하게 진행되고 국악의 보급과 진흥을 위한 교육, 공연 등을 다채롭게 추진한다.

국악원에는 국악 연주단으로 '정악단', '민속악단', '무용단', '창작악단' 등이 있고 공연 활동으로는 토요명품공연, 공감! 젊은 국악, 기획 · 절기공연, 국악 콘서트, 별별연회, 풍류신방 등이 있다. 국악 진흥을 위해 고문헌 자료 및 역사적 사료를 바탕으로 음향악적

고찰과 심도 있는 입체적 연구를 통해 국악기의 복원과 재현에 힘쓴다. 학술 연구로는 국악연보, 학술 논문집, 국악용어사전 발간, 국제 학술회의 등을 주관한다. 우리 국악의 역사와 변천사, 악기 등을 한눈에 볼 수 있도록 국악박물관을 운영하여 국악 자료 5천여 점을 소장 관리한다.

국악의 저변 확대를 위해 각 계층의 눈높이에 맞추어 다양한 교육 프로그램을 운영한다. 국악의 생활화를 위한 휴대폰 벨소리, 통화 연결음, 신호 음악, 생활 국악 교육용 음악 개발 등 다양한 음원 개발과 보급에도 힘쓴다.

또 국악의 세계화와 한국의 문화적 위상을 드높이기 위해 국제예술제 참가, 해외음악 학술대회 등을 통한 다양한 활동을 펼친다.

지방 국악원으로는 남원의 국립민속국악원, 진도의 국립남도국악원, 부산의 국립부산국악원 등이 있고 국악 전문 교육 기관으로 개포동의 국립국악고등학교와 서울대, 연세대, 한양대, 이화여대, 덕성여대, 경북대, 부산대 등에 국악 전문대가 있다.

필자는 국악원 3년 근무 동안 국악을 이해하고 사랑하는 국악 애호가가 되었다. 국악 연주단은 물론 같은 건물의 국립극장 전속 단체들의 공연 연습과 실제 공연을 매일 대하다 보니 시골 촌놈이 일등 문화인이 되었다. 주거지도 국립극장과 가까운 약수동으로 옮기고 인연을 맺은 국립극장의 경리계장과 서무과장을 거치면서 명실상부한 문화인으로 탈바꿈 되었다. 86아시안 개임과 88올림픽 때는 최고 수준의 전통 음악과 예술을 공연하여 세계에서 몰려온 관람객들에게 한국을 소개한 추억은 지금도 감개가 무량하다.

요사이 국악은 임신한 여성들의 태아 교육에 아주 좋다고 한다. 태아가 정서적으로 안전하게 자라 성격도 좋고 머리도 좋은 아이를 출산한다. 식물이나 화초에도 국악을 들려주면 잎이 싱싱하고 꽃도 예쁘고 오래간다.

현대 음악이 아무리 발달하고 좋다고 해도 민족의 숨결이 스며든, 유명한 음악가 들이 작곡한 국악에는 비교가 안 된다. 지금도 젊은 국악인들이 현대 국악으로 작곡하여 보급하니 새로운 현대 국악의 도약적인 발전이 기대된다. 매주 토요일 오후 KBS에서는 국악한마당 프로그램을 방영하여 다행이다.

아무쪼록 전 국민이 국악을 사랑하고 즐겨 불러 더 높은 국민 정서를 함양했으면 한다.

나라꽃 무궁화

'동해물과 백두산이 마르고 닳도록
하느님이 보우하사 우리나라 만세.
무궁화 삼천리 화려강산
대한 사람 대한으로 길이 보전하세'
'무궁화 무궁화 우리나라 꽃
삼천리 강산에 우리나라 꽃'
'무궁무궁 무궁화
무궁화는 우리꽃
피고지고 또 피어 무궁화라네'

애국가를 비롯한 위의 노래는 우리나라 꽃 무궁화에 대한 노래 가사다.

무궁화에 관한 가장 오래된 기록은 중국 동진(東晋)의 지리서 산해경(山海經)에 '군자의 나라에는 무궁화가 많은데 아침에 피고 저녁에는 진다'라는 기록이 있다.

또 중국의 고전인 〈고금기(古今記)〉에는 '군자의 나라에는 지방이 천리인데 무궁화가 많다'라는 기록이 있고, 〈예문유취(藝文類聚)〉에는 '군자의 나라에는 무궁화가 많은데 백성들이 그 꽃을 먹는다'라는 기록이 있다. 위의 문서를 보더라도 최소한 4세기 중엽의 한국에는 가는 곳마다 무궁화가 만발했던 것을 알 수 있다. 그런 사실로 미루어 보아 무궁화가 한국 자생인 꽃이란 것을 알 수 있다.

신라 최치원이 당나라에 보낸 국서에도 신라를 근화향(槿花鄕)이라 했고 〈구당서(舊唐書)〉에도 같은 기록이 있다.

또 강희안의 〈양화소록〉에는 중국에서 '한국을 근역(槿域)이라 한다'라고 기록하였고, 고려 예종은 고려를 근화향(槿花鄕)이라고 하였다는 기록이 있다.

이런 기록들을 보면 무궁화는 근대 이후부터 우리 민족의 꽃으로 선택된 것이 아니라 〈환단고기(桓檀古記)〉의 기록에서처럼 단군왕검이 나라를 세울 때 겨레의 영원한 표상으로 점지하신 꽃이며 오랜 역사를 두고 우리 민족의 구심점 위치에 있고 민족과 함께 끊임없이 피워 온 꽃이다.

애국가 가사에 '무궁화 삼천리'라는 구절이 아무런 저항 없이 계속 사용되어 온 것도 무궁화가 오랜 세월을 통해 우리민족과 인연을 맺어 온 때문이다. 다만 오얏나무를 중시한 근세조선 때에 와서 소외를 당하게 되었고, 일제 강점기에는 무궁화가 한민족의 상징적인 꽃이라는 것을 알고 전국적으로 뽑아 없애 버림으로써 큰 수난을 겪었다. 꽃나무가 한민족의 이름으로 이처럼 가혹한 시련을 겪은 사례는 일찍이 없었다.

일제 때에 애국지사 남궁억은 무궁화 묘목을 전국적으로 배부하여 심다가 형무소에 투옥되었고 동아일보 제호의 무궁화 도안도 삭제되었다. 무궁화가 태극기와 함께 한민족에게 조국을 상징하는 결속력을 키우는 강력한 존재임을 간파한 일제는 무궁화를 볼품없는 지저분한 꽃이라 경멸하면서 일본 꽃인 벚꽃을 많이 심도록 독려했다,

광복을 맞아 국권을 회복한 지 68년이 되었다. 진해를 비롯한 전국 각지에서 벚꽃 축제는 매년 열면서도 무궁화 잔치를 하지 않은 것은 일제에 의해 날조된 환국, 배달국, 단군의 역사를 아직 모르고 있는 것과 마찬가지다. 이런 현상은 일제 때 빼앗긴 민족혼을 오늘날까지 제대로 찾지 못하고 남의 정신에서 살고 있다는 증거다.

정부 규정상 무궁화가 나라꽃이 된 것은 1949년 8월 15일이지만 실제로 무궁화가 우리 민족의 마음속에 나라를 대표하고 상징한 것은 이미 수천 년 전의 일이다.

한국에는 사군자를 비롯한 수많은 꽃과 나무들이 많은 데 무궁

화가 나라꽃이 된 이유를 생각해 보면

첫째로 무궁화는 우리나라 토양에 맞는 꽃으로 원산지가 한국이며 전국에 긴 역사를 가지고 자생해 온 꽃이기 때문이다.

둘째로 무궁화는 한민족의 태극 철학과 일치하는 꽃이기 때문이다. 무궁화는 천지인 삼제와 음양오행의 형상을 두 개의 원줄기에서 부터 계속된다. 한 마디에서 세 갈래씩 갈라져 나가는 천지인(天地人) 삼제와 다섯 갈래로 갈라진 잎사귀와 다섯 장의 꽃잎은 목 화 토 금 수(木火土金水)의 오행(五行)을 뜻한다.

여러 가지 색깔의 무궁화 중에서도 가장 한국적인 아름다움을 지닌 무궁화로는 흰색의 꽃잎에 화심 깊숙이 붉은 색이 자리 잡고 있는 단심(丹心) 무궁화가 으뜸이다. 가운데는 붉고 가장자리가 흰 것은 빛의 음양을 나타내는 것으로 하늘과 신을 뜻하는 색깔이다.

셋째로 무궁화는 빛의 민족인 한민족의 정신을 나타내는, 태양과 함께 뜨고 지며 태양처럼 매일 새롭게 오랫동안 피우는 꽃이기 때문이다. 무궁화 꽃은 날마다 이른 새벽 태양의 광명과 함께 피어나 새로 피고 오후가 되면 오므라들기 시작하여 해질 무렵 태양과 함께 꽃이 진다.

무궁화는 화무십일홍(花無十日紅)이란 말이 무색할 만큼 '피고 지고 또 피어 무궁화라네' 라는 노래 가사 그대로 무궁한 생명력을 가지고 있다. 하루에 보통 작은 나무는 20여 송이, 큰 나무는 50

여 송이의 꽃이 피므로 100여 일 동안이면 한해 2천 내지 5천 송이의 무궁한 꽃을 피운다.

또한 무궁화는 질 때 꼭지가 송이째 빠지면서 떨어지는 것이 특징이다. 뒤가 어지럽지 않고 끝맺음이 깨끗하다. 무궁화는 화려하거나 요염하지 않고 짙은 향기도 없다. 그러나 순결한 영혼을 연상케 하는 고상하고 품격 높은 꽃이다. 무궁화는 그 속에 한민족의 역사와 정신, 겨레의 맥락이 도도히 흐르고 있다.

필자는 지방 공무원 시절 식목 행사가 있으면 무궁화 묘목을 동리마다 배부하여 식목을 장려하던 일이 생각난다. 그러나 주민들은 반가와 하지 않는 눈치다. 무궁화는 잎이 부드럽고 연하여 진딧물이 많이 달려든다. 다른 농작물까지 망가뜨린다고 기피하는 실정이었다. 그러나 지금은 농촌진흥청에서 진딧물에 강한 품종으로 개량하고 진딧물 예방약을 보급하여 다행이다. 그뿐 아니라 꽃 색깔도 다양하고 고운 품종으로 개량하여 보급한다. 1972년 광복절에는 약 60여 종의 무궁화를 전시 공개했다. 80년도부터는 뜻있는 사람들이 '무궁화 선양회'를 설립하여 꽃 전시, 영화 상영, 학술강연회 등을 열고 있다. 지금 우리나라에는 세계 각국의 관광객들이 몰려오고 있다. 고궁이나 박물관, 역사 유적지는 물론 전국토에 우수한 품종의 무궁화를 많이 심어야겠다. 뿐만 아니라 주요 국도나 지방도 도로변에도 형형색색의 무궁화를 많이 심고 가꾸어 무궁화 축제를 자주 열었으면 한다. 벚꽃 축제는 이제 점차

줄이도록 노력해야겠다. 서양에서는 무궁화를 '샤론의 장미'라 하여 '꽃 중의 꽃'이라 칭송한다.

무궁화는 꽃이 개화하면 여름 내내 무궁하게 피고진다. 끈기와 지구력과 아름다움을 보여주는 꽃으로 한민족의 정신을 그대로 표현하는 꽃이다.

무궁화는 천지인(天地人)의 이치에 부합하는 꽃으로 무궁히 뻗어나갈 우리 국력처럼 우리 곁에서 오늘도 내일도 묵묵히 꽃을 피운다.

무궁화

한반도 구석구석 지천으로 피어나
무궁화 삼천리에 화려한 강산으로
애국가 부를 때마다 떠오르는 복동이

이씨조선 오백년 오얏 꽃에 천대 받고
일제의 암흑기엔 모질게도 핍박 받던
흰 치마 댕기머리에 눈물짓던 복순이

나라는 찾았건만 무관심한 백의민족
벚꽃 축제 화려해도 나라꽃은 외면이니
고향을 잃어버리고 방황하는 길동이.

김치 자랑

김치는 한국 고유 염장 식품중의 하나다.

배추 · 무 · 오이 등을 소금에 절여 고춧가루 · 파 · 마늘 · 생강 · 젓갈 등의 양념으로 버무려 익혀서 먹는 반찬으로 한국 식탁의 중심 반찬이다.

김치를 담그는 것은 채소를 오래 저장하는 수단이다. 뿐만 아니라 미생물을 번식하여 유기산으로 발효식품을 만들어 건강을 지키기 위한 방법이다.

김치를 지방에서는 지(漬)라 하고, 제사 때에는 침채(沈菜)라 하며 궁중에서는 젓국지 · 짠지 · 싱건지 등으로 불렀다. 한국 특유의 풍속으로 해마다 11월 20일을 전후하여 김치를 담가 월동준비를 하는데, 이를 김장이라고 한다.

김치의 역사를 보면 상고시대에는 무 · 박 · 가지 · 오이 · 부추 등을 소금이나 술 또는 술찌끼 등에 절여 여러 가지 절이를 만들었는데 김치라기보다는 오늘날의 장아찌나 짠지에 가까운 것이었다. 김치가 등장한 것은 신라 · 고려시대로, 나박김치와 동치미가 시초라 할 수 있다.

향신료는 산초 · 귤피 · 생강 등이 쓰였으며 향신미가 있는 멧갓으로는 국물김치를 담가 먹었다고 한다. 그러나 일반적으로 김치의 주재료와 부재료의 구분이 모호한 시기였다. 향신료 산초가 고추로 바뀐 것은 18세기 이후의 일이고 그 전에는 붉은 색을 내기 위해 맨드라미꽃을 사용했다고 한다.

18세기 중엽 간행된 〈중보산림경제〉에는 여러 가지 김치 담그는 방법에 대한 설명이 있다. 나복함저(蘿葍醎菹) 즉 오늘날 나박김치는 무에다 고추 저민 것을 넣고 오이 · 호박 · 동아 · 미나리 · 산초 · 부추 등을 뿌리면서 항아리에 포개어 담으며 소금물과 마늘즙을 넣어서 봉한다고 기록되었다. 황과담저(黃瓜淡菹)는 오이를 주재료로 하여 나박김치와 같은 방법으로 담궜다. 초숙(醋熟)은 죽순 · 연뿌리 · 무 · 부들 뿌리와 순 등을 소금과 누룩, 또는 멥쌀밥과 소금, 누룩에 섞어 절인 것이라 하였다. 조해법(槽醢法)은 오이 · 가지 · 생강 · 마늘 등을 술찌끼, 소금, 식힌 백비탕에 담갔다 건져서 다시 술, 술찌끼, 소금에 섞어 담근다고 했다. 그 밖에 가지 · 동아 · 오이 등을 식초에 미리 절였다가 다진 마늘과 소금에 섞어 절이는 산법(蒜法)도 기록하고 있다.

김치를 크게 나누면 계절 구분 없이 담궈 먹는 보통 김치와 저장해 놓고 한겨울에 먹는 김장 김치로 구분할 수 있다. 보통 김치는 썰어 담근 배추김치 · 통배추김치 · 나박김치 · 열무김치 · 양배추김치 · 오이소박이 · 깍두기 · 총각김치 등이 있고, 김장 김치에는 통배추김치 · 보쌈김치 · 깍두기 · 총각김치 · 동치미 · 파김치 · 갓김치 · 고들빼기김치 · 섞박지 등이 있다.

김치는 기호 · 풍습 · 지방 · 계절에 따라 담그는 방법과 쓰이는 재료 및 양념 등이 다양하며 맛도 가지각색이다. 봄에는 나박김치 · 봄배추김치 · 미나리김치 · 들나무 김치 · 짠지, 여름에는 오이소박이 · 열무김치 · 오이지, 가을에는 햇배추김치와 통배추김치, 겨울에는 김장김치와 동치미를 주로 담근다.

김치는 열량과 단백질원으로는 부족하나 다음과 같은 장점을 지닌 식품이다.

첫째 특유한 향미 · 색깔 · 짠맛 등에 의하여 식욕을 증진시킨다.

둘째 인체에 필요한 식염 · 칼슘 · 규소 · 인 · 철분 등 무기질염분을 공급한다.

셋째 섬유질의 중요한 공급원으로 소화 촉진 및 정장 효과가 있다.

넷째 비타민 B와 C가 많아 비타민의 공급원으로 중요하다.

다섯째 여러 가지 효소가 함유되어 있어 소화를 돕는다.

여섯째 젖산균 등에 의한 정장 작용이 크다. 이러한 장점을 살리는 가장 큰 특성은 고추와 마늘, 젓갈 소금 등 양념을 김치에 섞는 일이다.

고추는 비타민 C의 함량이 밀감의 두 배에 이르며, 고추의 캡사이신과 비타민E는 비타민C의 산화를 막아주는 작용을 하고, 또 고추와 마늘은 김치를 발효시키는 젖산균의 번식을 촉진 시킨다.

김치는 소금의 삼투 작용과 미생물의 발효, 효소 작용이 복합적으로 이루어져 숙성되는데 소금물의 농도와 저장 온도에 따라 영향을 받는다. 따라서 소금의 농도가 높고 온도가 높은 여름철에는 삼투 작용과 숙성이 빨리 일어난다. 고추나 마늘 · 젓갈 · 기타 양념 등에 들어 있는 효소가 가수 분해 및 발효 작용을 일으키므로 산 · 알코올 · 에스테르 등의 조미 성분이 만들어지고, 이들이 소금과 함께 채소에 스며들어 독특한 맛과 향기를 지니게 한다.

이러한 분해 작용과 발효 작용은 소금의 농도가 높아짐에 따라 저하되어 숙성 속도가 늦어진다. 소금의 농도는 김장 김치용으로는 2~3%, 봄철 김치용으로는 4~5%, 여름철의 짠지나 오이지 김치용으로는 7~8%가 적당하다.

최근 연구 결과로 김치의 각 재료들에는 노화 방지와 암 예방에 도움이 되고 김치의 발효 성분은 대장암 예방 효과도 있다. 익은 김치는 요구르트보다 훨씬 많은 유산균이 들었으며 저칼로리 식품이라 체중 조절에도 좋다고 한다. 비만인 어른과 아이들은 김치를 많이 먹으면 좋겠다. 우리 민족은 긴 겨울 동안 밥과 김치의 조식(粗食)만으로도 젖산균과 비타민을 충분히 섭취하여 건강을 유지할 수 있었다.

김치냉장고가 없던 시절에는 큰 독에 김치를 담아두고 일찍 먹을 것은 장독대의 응달진 곳에, 겨우내 먹을 김칫독은 온도 변화가 적은 땅 속에 묻었다. 땅에 묻은 항아리 위에는 김치가 얼지 않도록 짚가리를 세웠는데 이를 김치광이라 한다. 김칫독으로 옹기가 사용되는 이유로는 옹기는 틈새가 많아 숨을 쉬는 그릇이기 때문이다. 필자의 어릴 때 기억으로는 별다른 반찬이 없던 때라 김치가 모든 음식의 밑반찬이 되었다. 집집마다 식구가 많아 김칫독이 보통 네다섯 개는 되었다.

지금 세계 각 나라의 식품 연구가들은 김치가 효용성이 높은 음식이라는 것을 알고 김치 연구와 보급에 열을 올린다. 지금 한국은 중국과 일본 · 인도 · 동남아시아 등지에 김치공장을 세우고 김치 보급에 힘을 쏟고, 김치통조림을 만들어 세계 각국에 수출하고 있다. 이제 김치는 세계적인 명 식품이 되었다. 이제 우리는 세계인의 입맛에 맞도록 다양한 김치를 만들고 보관 그릇도 간편하고 편리하게 만들었으면 한다. 무엇보다도 암 예방과 장수 식품의 특성을 살려 김치의 원조 역할을 다하고 각종 홍보 매체를 통하여 김치가 건강식품이라는 것을 널리 알렸으면 한다.

특유한 입맛으로 식욕을 증진하고
인체에 꼭 필요한 무기질 공급하니
배달의

맛을 풍기는
선조들 깊은 지혜

섬유질 공급하여 장기를 청소하고
젖산을 발효시켜 소화를 촉진하니
무궁화
향기 내뿜는
동방의 전통 식품.

기나긴 겨울 동안 비타민 공급하고
고추 마늘 젓갈로 건강 체질 만드니
지구촌
자랑거리다
한민족의 김치 맛.

사순절(四旬節)

사순절은 예수님의 부활을 준비하기 위해 회개하는 절기이다.

이 절기는 참회의 수요일에서 시작하여 부활절 전날 해질 때까지의 40일간으로 주일은 제외된다. 처음에는 40시간이던 것이 3세기에 성 주간의 6일간으로 되었다가 현재의 40일로 바뀌었다.

사순절은 앵글로 색슨의 봄이라는 의미인 'Lento'에서 왔다. 이 절기는 부활절을 위한 신앙의 성장과 회개를 통한 영적 준비시기로 교회력 중에서 부활주일 40일 전 회개일인 참회의 수요일 즉 속죄일에 시작되어 성 금요일의 슬픔과 비극 가운데 끝난다. 이 기간에는 금식하며 자기회개의 기회로 삼는다.

부활절을 앞두고 40일의 금식기간 동안 하루나 이틀을 금식하는 것은 이레나우스에 의해 3세기에 있었던 관행으로 입증되었다.

사순절이란 이름으로 40일간의 기간을 처음 언급했던 것은 니케아 공의회(325년)의 제5법령에 나타난다. 로마교회의 사순절 미사는 물, 죽은 자들 가운데 일어남, 빛 등을 언급함으로써 세례와 금식이 관련 있다는 것을 보여준다. 오늘날 로마가톨릭교회는 재(灰)의 수요일과 성(聖) 금요일만을 금식일로 지키지만 사순절은 여전히 참회의 기간으로 남아있다. 공동기도서는 사순절을 금식으로 지킬 것을 규정한다. 이규정은 한동안 지키다가 19세기에 소책자 운동가들에 의해서 부활되었고, 오늘날은 개인의 재량에 준 참회의식과 개인 경건을 강조하는 형태로 성공회에 널리 퍼져 있다. 사순절은 루터 교회력에도 들어 있고, 다른 프로테스탄트 교단에서도 어느 정도 지켜지고 있다.

사순절의 유래는 에우스비우스에 의해 기록된 이레니우스의 진술에 의하면 초대교회로부터 3세기까지는 특별한 기간으로 정하지 않았다. 부활절 2~3일 전에 예수의 수난을 기억하였으며, 금식기간은 2~3일을 넘기지 않았다. 그 후 니케아 공의회(325년)에서 40일의 기간을 정하였고, 그레고리 교황 때 재의 수요일부터 사순절이 시작되었다. 사순절의 기간은 동방교회와 서방교회가 서로 달랐다. 동방교회에서는 600년경부터 7주간으로 하였는데, 토요일과 주일을 제외한 성 토요일과 성 주일을 포함하여 36일을 보내었고, 서방교회는 6주간으로 하여 주일을 제외하고 36일을 지켰다.

3세기까지 전 교회 안에서 가장 성대히 지내던 유일한 축제는 죽음을 이기고 영원한 생명으로 다시 살아나신 예수그리스도의 부활 축제였다. 이 부활절 축제는 가장 오래된 축제로 구약성경에 나타나는 빠스카(逾越節)에 근원을 두고 있다. 하나님의 섭리에 따라서 유대교의 유월절 축일과 연관을 맺게 된 신약의 빠스카인 부활축제는 인류 구원을 위한 새로운 내용과 차원을 갖고 그리스도 신자들로부터 계속 수행되었다. 유대교의 빠스카 축제와 신약의 빠스카인 부활 축제와의 연관성은 부활 축일을 정하는데 있어서 작용했다.

4세기부터 예수그리스도의 수난과 죽음, 무덤에 묻히심과 부활절을 포함하여 생각하는 신약의 빠스카(유월절) 축제를 위한 준비가 선행되어야겠다는 사상이 지배적이었다. 이러한 사상은 성스러운 준비 기간으로 성경의 여러 곳에서 증언하고 있는 40일을 끌어들이게 되었다. 모세의 시내산과 40일, 엘리야의 호렙산까지 40주야, 예수님의 광야 40일 금식, 부활 후 지상 40일, 노아 홍수 40주야, 이스라엘 백성의 광야 40년 등 성경의 기록을 준비 기간으로 설정하여 끌어들이고 성경적 40일의 시기를 정했던 것이다.

사순절 기간 동안에는 부활절 전날까지 이어지는 사순절의 마지막 수요일인 성회일이 있다. 이날은 부활절 한 주전 종려주일에 태운 종려나무 재(灰)를 애도와 회개의 표시로 목사와 평신도의 이마에 묻히고 예배드린다. 또 예수님이 십자가에 못 박혀 돌아가신 고난주간의 금요일을 성(聖) 금요일이라 부르고 기념한다. 예수님은 구약성경의 예언에 따라 인류를 구원하기 위해 온갖 수난을 당하시고, 그 당시 가장 혹독한 사형 도구인 십자가에 오전 9시에 못 박혀 6시간 동안 고생하다가 오후 3시에 운명하셨다. 정오부터 오후 3시까지 3시간 동안 해는 빛을 잃고 천둥번개가 치고 지진이 일어나 바위가 터지며 억수같은 비가 쏟아졌다 한다.

십자가에 못 박혀 돌아가시기까지 일곱가지 남기신 말씀을 가상칠언(架上七言)이라 한다. 사형집행자들을 위하여 “아버지여 저희를 사하여 주옵소서”라 기도하시고, 같이 사형을 당하는 왼편 강도에게 “오늘 네가 나와 함께 낙원에 있으리라”라 하시고, 육신의 어머니 마리아를 사랑하는 제자 요한에게 부탁하며 ”여자여 보소서 아들이니이다, 보라 네 어머니이시다”라 하시고, “엘리 엘리 라마 사박다니”라 했는데 번역하면 나의 하나님, 나의 하나님, 어찌하여 나를 버리셨나이까? 이다. “내가 목마르다” 하시고, “다 이루었다” “ 아버지여 내 영혼을 아버지 손에 부탁하나이다” 등이다. “다 이루었다”는 구약에 예언하신 하나님의 인류 구원 역사를 다 이루었다는 뜻이다.

예수님이 십자가에 돌아가실 때 성전 휘장이 위로부터 아래까지 찢어졌다. 그때 까지는 대제사장만이 하나님께 나아가 기도하고 양을 잡아 피를 흘리며 죄 사함을 받았다.

그런데 예수님이 돌아가심으로 예수를 구주로 믿는 모든 사람은 예수님의 보배로운 피와 어린양으로 오신 예수님의 이름을 의지하여 하나님께 나아가 직접 기도할 수 있게 하시고, 하늘가는 길을 환하게 열어놓으셨다.

사순절 기간 동안 대부분의 교회들은 특별 새벽기도회를 가지고 설교 방향도 예수님의 수난에 대하여 집중적으로 실시한다. 내가 봉사하는 충현교회도 40일 동안 특별 새벽기도회를 가지며 24개 교구가 월요일부터 금요일까지 매일 3개 교구씩 해당 교구 전교인이 참석하여 기도회를 가진다. 부활절 일주일을 앞둔 종려주일부터는 매일 새벽 전교인이 참석하여 새벽기도회를 가지고, 성 금요일에는 해가 떠 있는 동안 금식하며 저녁예배 시에는 성찬식을 거행하여 나를 위해 흘리신 예수님의 피와 찢기신 살을 기념하기 위한 포도주와 떡을 먹는다.

사순절 기간 동안 성도들도 성경의 4복음서를 집중적으로 읽고 묵상하며 특히 인류를 구원하기 위한 하나님의 크신 사랑과 오묘한 구원의 역사를 깊이 생각하며 감사와 찬송을 드리는 계기로 삼는다.

나는 매일 새벽 4시면 일어나 성경 읽고 기도하는 습관이 붙어 늦게 잠자리에 들더라도 4시만 되면 잠이 깬다. 이 시간은 가장 머리가 맑고 조용하여 하나님과 깊이 사귀는 시간이 된다.

이제는 장로직도 은퇴하여 교회를 위해 할 수 있는 일은 기도와 찬양뿐이다.

나라와 민족, 교회와 가정, 자녀들과 친척, 교회와 교인들을 위한 중보기도와 육신에 병든 교인들을 위하여 특별히 많은 기도를 한다, 그동안 열 번이나 세계를 다니며 복음을 전한 외국인들을 머리에 떠올리며 신앙의 열매를 맺도록 기도도 한다. 올해 99세인 장모님을 위한 기도도 쉬지 않는다. 장모님도 7순을 넘긴 사위를 위해 매일 기도하고 계신다. 지금은 나라를 위한 기도를 많이 한다. 총선과 대선을 통하여 정말로 나라를 위하여 일할 수 있는 일꾼들이 선출될 수 있도록 기도한다.

하나님이 나에게 찬송의 은사를 주셔서 지금도 70세 이상 노인들로 구성된 예루살렘 찬양대와 목사와 전도사들로 구성된 실로암 찬양대에서 봉사하고 있다. 사순절을 당하여 죄인 중에도 죄인인 나를 구원해 주신 하나님께 감사드리며 주님이 부르시는 그날까지 주님을 위해 최선을 다하여 봉사하며, 나라와 민족을 위한 기도를 쉬지 않을 것을 다짐해 본다. (2012. 3. 26)

새마을 운동

1969년 8월 4일 박정희 대통령은 수해 복구 현장 상황을 파악하기 위해 부산으로 향했다. 그 당시만 해도 한국은 가난에 신음하며 거지가 들끓었고 보릿고개를 넘기기가 힘들었다. 박 대통령은 '이 가난을 어떻게 해결할까' 생각하며 차창 밖을 보던 중 경북 청도군 신도1리 마을이 눈에 확 들어왔다. 대통령은 기차를 멈추게 하고 그 곳을 시찰했다. 산림은 울창하고 지붕은 말끔하게 개량되었고 마을 안길은 넓게 잘 닦여져 있었다. 더욱이 마을 사람들이 힘을 합하여 수해 현장을 복구하는 중이었다. 이장은 1957년부터 독자적으로 마을환경을 개선해왔다고 한다. 보고를 들은 대통령은 전국적으로 이 운동을 전개해야겠다는 결심을 하게 되었고 이것이 새마을 운동의 효시가 되었다.

1970년 4월 22일 전국 지방장관회의에서 박대통령은 청도군 신도 마을을 소개하면서 새마을운동의 당위성을 역설했다. "하늘은 스스로 돕는 자를 돕습니다. 농민들이 자발적으로 나서서 가난을 몰아내도록 의욕을 불러 일으켜야 합니다. 먼저 농촌의 생활환경을 바꾸는 '새마을 가꾸기 사업'부터 벌여 봅시다."

마침 그해 생산 과잉으로 시멘트 재고가 쌓이자 대통령의 지시로 전국 3만 5천개 부락에 마을마다 335부대의 시멘트가 무료로 지급되었다. 그리고 우리도 한번 잘 살아보자는 의미로 이 운동을 '새마을운동'이라 이름 지었다.

박 대통령은 그 자신이 가난한 농촌에서 태어났기 때문에 가난을 타파하겠다는 의지와 집념이 남달랐다. 그 당시만 해도 정부가 농민들에게 물자를 공급해 줄 정도로 사정이 좋은 편은 아니었다. 농민들 역시 스스로 가난에서 벗어나야겠다는 의지가 부족했다.

그러나 정부가 시멘트를 나누어주고 원조를 아끼지 않겠다고 하자 농민들은 기뻐했고 한번 해보자는 욕구가 일어나기 시작했다. 주민들 스스로 마을 주변 도로 확장, 소 교량 건설, 지붕 개량, 담장 개선, 우물 개선 등을 하기 시작했다. 적극적인 국민 참여가 이루어지자 대통령은 성공의 자신감을 얻고 즉시 '새마을운동 노래'를 직접 작사, 작곡해서 전국적으로 보급하여 농민들의 사기를 드높였다.

이 운동은 처음에는 환경개선운동으로 시작했으나 점차 소득증대운동으로 발전하면서 각 마을의 사업도 주민의 자치적 결정에 따르게 되었다. 의욕은 더욱 높아지고 추진 속도가 빨라져 만족도도 높아졌다. 전국 시 · 도 · 군청에 이르기까지 새마을 전담 부서를 조직하고 전 공무원이 이 운동에 앞장서고 주민들을 지원하게 되었다.

필자는 그 당시 경산군청 내무과 행정계에서 일하다가 새마을과가 생기자 이 부서로 차출되었다. 시멘트와 철근 등 자재 분배, 지붕개량자금 융자 알선, 각 마을 마다 올라온 새마을사업계획서 작성과 통합 보고, 새마을사업 모범 사례 홍보, 주말, 월말, 기말 보고 등 그야말로 눈 · 코 뜰 새 없는 나날이었다. 평일은 물론 휴일에도 새벽까지 일할 때가 많았다.

결혼한 지 얼마 되지 않은 신혼 때인데 신혼의 달콤한 꿈을 새마을운동에 바친 셈이다. 한 달 동안 서류와 싸우던 어느 날 군수가 자기 차를 타고 현장에 한번 가보자고 한다. 가장 가난하고 후미진 마을에 갔는데 초가지붕이 기와와 슬레이트로 바뀌고 꾸불꾸불한 마을길이 환하게 뚫리고, 허물어진 담장도 꽃나무 울타리로 대체되며 전 부락민이 하수구를 한창 보수하는 중이었다. 나는 깜짝 놀랐고 이 사업이 성공하겠구나 생각되었다.

전 지방 공무원이 낮에는 현장에서 부락민과 같이 일하고 밤에는 행정 처리업무가 계속되었다. 경부고속도로사업이 한창 진행되고, 벼 품종도 벼 알 생산이 많은 통일벼 보급 운동이 벌어졌다. 산림녹화 사업도 이때부터 본격적으로 실시했다. 고속도로 사업에는 완고한 마을 노인들이 마을 앞에 도로가 나면 마을이 망한다는 미신을 믿고 끝까지 반대하는 사례도 있어 군수를 비롯한 공무원들과 마을 이장이 몇 번이나 찾아가 무릎을 꿇고 사업을 설명하고 허락을 얻은 때도 있었다. 그 당시 공사를 담당한 고 정주영 회장은 작업복 차림으로 밀짚모자를 쓰고 새벽부터 도로를 달리면서 공사 현장을 독려하는 모습이 눈에 선하다.

통일벼 보급도 처음에는 잘 받아들이지 않아 농민들을 설득하는데 애를 먹었다. 통일벼 보급으로 보릿고개도 사라지는 실마리가 되고 농촌진흥청은 벼 품종 개량에 더욱 박차를 가했다.

정부는 새마을사업의 관심과 실적을 올리기 위해 참여도에 따라 기초마을, 자조마을, 자립마을 등 세 형태로 구분하고 경쟁을 불러 일으켰다. 자연히 서로 경쟁의식을 갖고 열심히 노력하게 되었다. 우수 마을에 대해서는 포상금을 두둑이 주고 마을 잔치나 TV를 설치하는 등 문화적인 혜택도 지원했다. 1975년에는 전국의 모든 농가들 지붕이 기와나 슬레이트로 대체되고, 정부는 호롱불 밑에서 고생하던 80% 이상의 농촌에 전기를 보급하였다. 1979년도에는 전국 농가의 상수도 시설도 개량되어 원활한 식수 공급은 물론 농작물 재배가 용이해지고 콜레라나 장티푸스 같은 질병도 사라졌다.

농민들의 잘 살기 운동으로 시작한 새마을운동은 해를 거듭할수록 농촌뿐 아니라 공장, 학교, 회사 등으로 번져 전 국민운동으로 확산되었다. 이 운동의 기본인 근면 · 자조 · 협동 정신은 국력 신장의 원동력이 되었고, 정신 개발, 생활 태도 개선 소득증대사업 및 사회개발사업 등으로 번졌다.

새마을운동의 성과를 보던 박 대통령은 1979년 10월 26일 서거하며 꿈을 이루지는 못했지만 그가 남긴 새마을운동의 유산과 수많은 새마을 지도자들은 새마을 운동의 정신을 전파하는 전도사가 되어 가난한 시대를 사는 국민에게 '나도 가난을 극복할 수 있다'는 의지를 심어주었다. 이 운동이 기폭제가 되어 '조국근대화' 사업과 '한강의 기적'이 이루어졌다고 해도 과언이 아니다.

최근에는 세계 도처의 개발도상국들이 우리나라의 새마을운동을 배우기 위해 공무원들과 마을 지도자들을 보내 현장을 시찰하고 이론을 배운다고 한다. 또 우리나라 새마을 지도자를 초청하여 현지에서 이 운동을 전개한다고 전해진다. 새마을운동이 이제는 수출 산업이 된 셈이다. 아직도 우리는 자만해서는 안 된다. 자국의 이해타산 만 따지는 강대국들에 둘러싸이고, 끝나지 않은 전쟁은 항상 긴장상태를 놓아서는 안 된다. 북한을 제압할 수 있는 길은 경제대국, 선진국으로 도약하여 경제적, 정치적, 사회적으로 월등한 우위를 보이는 길 밖에 없다. 주변 환경과 경기 불황으로 고도 경제 성장은 이제 어렵게 되었다. 이러한 때일수록 근면 · 자조 · 협동의 새마을 정신으로 재무장하여 난국을 헤쳐 나가야 할 때다. 끝으로 박 대통령이 작사 · 작곡한 새마을노래를 소개한다.

새벽종이 울렸네 새 아침이 밝았네
너도 나도 일어나 새마을을 가꾸세

초가집도 없애고 마을길도 넓히고
푸른 동산 만들어 알뜰살뜰 다듬세

서로서로 도와서 땀 흘려서 일하고
소득 증대 힘써서 부자마을 만드세

우리 모두 굳세게 싸우면서 일하고
일하면서 싸워서 새 조국을 만드세

(후렴)

살기 좋은 내 마을 우리 힘으로 만드세

신라의 달밤

문공회원 40명은 원자력안전위원회에서 주관하는 원자력 안전 체험학습으로 경주 일대를 둘러보았다. 월성원자력발전소가 경주시 양남동 해변에 소재하여 가는 길목이기도 하다.

대전에서 원자력 안전교육과 각종 시설을 둘러보고 경주로 향했다. 해가 길어 호텔에서 여장을 풀기가 일러 전통한옥과 민속자료가 많은 월성군 강동면 양동마을에 들렀다.

양동마을은 월성 손씨와 여강 이씨가 집단적으로 거주해오면서 양반촌의 전통을 잘 계승해 온 대표적인 민속 마을이다. 이 마을에는 많은 문화재가 있다. 지정 문화재로는 보물 3점, 중요 민속자료 12점, 지방유형문화재 3점 등이 있다.

지방문화재를 재외하고는 모두 고가옥(古家屋) 또는 정자(亭子)들이다. 이렇게 고가옥이 밀집된 이 지역은 안동의 하회마을과 함께 귀중한 한옥 전통 마을이다.

주요 건물로는 여강 이씨 대종가 소속으로 별당 건물인 무첨당, 회재 이언적 선생이 경상감사로 부임하였을 당시 건립한 여강 이씨 향단파의 종가인 향단, 월성 손씨 대종손의 소유인 관가정, 월성 손씨 대종가로 530여 년 전에 지은 손동만 씨 가옥이 있다. 이곳에서 이 마을의 입향조(入鄕祖)인 손소의 차자인 우재 선생 손중돈과 외손인 희재 이언적이 출생했다. 전설에 따르면 이 땅에 '삼현선생지지'(三賢先生支地)라 하여 앞으로도 또 한사람의 위인이 출생할 곳이라 전한다. 정원에는 그때 심은 향나무가 긴 세월을 견디며 웅장한 자태를 자랑하고 있다.

우리는 안내원의 설명을 들으며 마을을 한 바퀴 돌았다. 수학여행 온 많은 학생들이 북적거려 흙먼지가 자욱하다. 그러나 집집마다 옛 살림살이 도구들이 정리되어 있어 어릴 때 보던 고향 풍경을 떠올리게 했다. 해가 질 때까지 둘러보다가 숙소인 보문단지 코모도호텔에 여장을 풀었다.

보문관광단지는 경주를 배후 도시로 하고 보문호를 중심으로 개발된 국제적인 관광 휴양 단지로 고도 경주를 서쪽으로 하고 토함산을 마주보며 멀리 동북쪽으로 영일만을 끼고 자리한 한국의 디즈니랜드다. 60만평 규모의 패밀리 랜드를 비롯하여 골프장, 민속촌, 카지노 등을 갖춘 세계 굴지의 종합 위락 관광지다.

보문단지에는 경주도큐호텔을 비롯한 10여 개의 특급 호텔이 마련되어 있고 관광단지를 총괄, 운영하는 경주관광개발공사가 한식 건물로 들어섰으며 보문호텔학교도 설립되어 있다. 우리는 찬란한 조명으로 장식된 호반을 바라보며 저녁식사를 마치고 가까이에 있는 안압지 야경을 관람하였다.

안압지는 경주시 인왕동에 있는 신라시대 궁원지다. 삼국사기에는 문무왕 14년 궁 안에 못을 파고 산을 만들어 화초를 심고, 진기한 새와 짐승을 길렀다는 기록이 있다. 안압지는 그때 판 연못으로 추정된다. 1974년부터 발굴 조사되어 80년에 원형을 되살려 복원하였는데 조사 발굴 과정에서 무려 1만 3755점에 이르는 유물이 출토되었다. 안압지를 조성했던 동궁의 주 전각은 임해전이었는데, 현재 안압지와 임해전 주변의 경역은 약 7만 142㎡이고, 안압지의 둘레는 1005m, 수면은 1만5635㎡이다. 안압지는 절묘한 곡선과 직선을 이용하여 어느 지점에서 보아도 못 전체의 넓은 모습을 한눈에 볼 수 있도록 설계되었다.

나는 경주박물관 재직 시 가까이에 있는 안압지 유물 발굴조사 현장에 자주 갔으며 박물관 내 안압지 유물을 전시하기 위해 안압지 별관을 건립하고 유물을 전시하는 데 참여하였다. 함께 간 문공회 직원 대부분도 문화재복원사업에 참여한 분들이라 피곤한 몸을 무릅쓰고 야간 관광을 희망했다. 마침 수학여행 철이라 많은 학생들이 몰려들어 먼지가 자욱하고 통행로는 인파로 붐볐다. 조명 시설을 잘 하여 건물과 조경수들이 아름다웠다. 잔잔한 물 위로 비치는 영상은 신비로움을 더했다.

한 시간 가량 경내를 관람하고 벚나무 가로수로 잘 단장된 보문로를 따라 숙소에 도착했다. 보름을 하루 지난 보름달은 고도의 밤하늘을 밝게 비쳐주었다. 신라의 문화유산을 보고 달을 보니 '신라의 달밤' 이라는 노래가 흥얼거려진다.

새벽에는 석굴암과 불국사를 관람하기로 관계 기관에 협조를 구하고 당초에는 8명이 가기로 하였으나 회원들이 새벽 관람은 하기 어렵다는 것을 알고 너도 나도 참가를 희망하여 24명이 가게 되었다. 새벽 시간에 석굴암까지는 택시를 이용하는 수밖에 없어 택시 6대를 예약하고 잠자리에 들었다.

새벽 4시에 모두 일어나 잘 포장된 도로를 따라 석굴암에 도착하였다. 도로 주변 산에는 온갖 꽃과 수목이 향기를 발하고, 산새들이 각양각색의 소리로 합주곡을 연주했다. 주지스님이 우리가 오는 줄 알고 경내를 깨끗이 청소하고 반갑게 맞아주었다. 일반 관람객들은 석굴암 내부를 함부로 들어가 볼 수 없으나 석굴암 보수에 공이 많은 전직 문공부 직원들이라 특별 배려를 해 주었다. 은은한 불빛으로 조명을 받는 세계에 자랑할 국보급 불상들이 신비로운 자태를 드러내었다.

새벽에 보는 불상들은 더욱 더 신비감을 자아냈다. 우리는 정면으로 떠오르는 동해의 일출을 보려고 기다렸으나 날씨가 흐려 구름 사이로 솟아 오르는 해만 볼 수 있었다.

시원한 약수로 목을 축이고 불국사로 향했다. 낮에는 관람객들로 붐비나 새벽 시간에는 적막이 감돈다. 노승 한 분이 경내를 청소하다가 새벽에 우리들이 나타나니 놀라면서 어디서 왔느냐고 묻는다. 우리는 인사를 하고 그분이 열어주는 경내를 두루 다니며 새벽의 불국사를 관람했다. 다보탑과 석가탑, 청운교 백운교가 신비를 더하고 울창한 나무들이 위용을 자랑한다.

아침식사와 오전 행사 관계로 더 지체하지 못하고 호텔로 내려왔다.

우리는 이제 이러한 새벽 관광이 쉽지 않으리라 여기면서 잊지 못할 추억을 안고 돌아왔다. 보문단지 위락 시설과 안압지 등 야간 관람도 시간 조정과 관람 인원의 조정으로 혼잡을 피하는 방안도 마련했으면 싶다.

이번 여행은 우리나라의 훌륭한 문화유산을 자손만대에 이르도록 보존하기를 비는 마음이 더욱 컸다, 아마도 경주박물관에 재직하던 시절의 추억이 크게 작용했으리라. (2012. 5. 10.)

안압지 야경

보름 지난 달빛은 고도(古都)를 비치는데
찬란한 조명들이 불야성을 이루었다
관람객

홍수 속에서
먼지만 자욱하다

고요한 물속에는 누각 영상 선명하고
가득 찬 연못 위로 청둥오리 거니는데
옛 임은
찾을 길 없고
추억만 남아 있다

천년을 지나면서 흥망성쇠 겪으며
역사는 흘러가며 교훈을 남겨준다
역천자(逆天者)
사라지면서
순천자(順天者)만 남는다고.

애국가

1. 동해물과 백두산이 마르고 닳도록
   하느님이 보우하사 우리나라 만세
   (후렴)무궁화 삼천리 화려강산
   대한사람 대한으로 길이 보전하세
2. 남산위에 저 소나무 철갑을 두른 듯
   바람서리 불변함은 우리기상일세
3. 가을하늘 공활한데 높고 구름 없이
   밝은 달은 우리 가슴 일편단심 일세
4. 이 기상과 이맘으로 충성을 다하여
   괴로우나 즐거우나 나라 사랑하세.

애국가는 온 국민이 나라를 사랑하는 마음으로 부르는 노래다. 이 곡은 미국에서 안익태에 의해 1936년 작곡되었다. 애국가는 작곡자도 모르는 사이에 해외 각지 동포들 사이에서 구전되었으며 오늘에 이르기 까지 한국을 상징하는 노래다.

애국가가 처음으로 불렀던 것은 1896년 12월 21일 독립문 건립 정초식에서 배제학당 학생들이 스코틀렌드 민요 올드 랭 사인의 곡에 맞춰 윤치호가 지은 가사로 부른 노래라고 한다. 현재 부르는 가사는 오랜 세월과 여러 사람을 거치는 동안 다듬어진 것으로 추측된다.

1945년 8월 15일 광복 후 전국적으로 널리 애창되었고, 1948년 8월15일 대한민국 정부수립과 함께 애국가로 제정되었다. 애국가는 작사자 미상인 16마디의 간결하고 장중한 곡이다.

나는 해방된 후 한마을에 사는 외사촌 누나로 부터 애국가를 처음 배웠다. 누나는 초등학교 6학년이고 나는 입학하기 직전이었다. 일제 때는 애국가를 부르면 경찰서나 파출소에 붙잡혀가서 모진 고문을 받고 징역살이를 했다. 해방이 되자 온 국민이 감춰두었던 태극기를 꺼내들고 길거리를 쏘다니며 목이 터져라 애국가를 불렀다.

1919년 3월 1일을 기해 일제히 거사한 기미년 독립운동 때는 선조들이 대한독립 만세와 애국가를 소리 높여 부르며 거리를 행진하였다. 그러나 일제의 무자비한 탄압은 수많은 애국지사들을 검거하고 총칼로 위협하고 즉결처분으로 애석한 죽음을 당하기도 했다.

거사를 계기로 상해에서는 임시정부가 수립되고 하와이와 미국 본토에서도 독립협회가 조직되어 조국광복을 위해 본격적인 항일 투쟁이 시작되었다. 이때부터 독립운동 단체들과 독립군들은 매일 조회 때나 각종 회의 때 국민의례로 제일먼저 애국가를 4절까지 불렀다 한다.

해방 후 1948년 8월 15일 대한민국 건국 때부터는 정부기관이나 지방단체, 군부대, 학교, 기업체에 이르기까지 각종모임이나 회의 때마다 국민의례로 애국가를 불렀다.

특히 시무식과 종무식 때는 애국가 4절까지 불렀다. 나는 초등학교부터 고등학교까지 조회 때마다 애국가를 부른 기억이 난다. 군에 입대해서도 군대의식이 있을 때마다 애국가는 필수적이었다. 그 후 공무원 재직 시에도 시무식, 종무식, 기관장 이 · 취임식과 국경일 행사 때마다 애국가를 불렀다. 이와 같이 나는 애국가와 친숙하게 되었고 애국가를 부를 때마다 가사와 작곡을 잘했다고 느꼈다. 1절에는 동해물과 백두산이 마르고 닳도록 즉 영원무궁토록 하느님이 보우(保佑)하여 만세토록 나라가 무궁하리라는 것이다. 2절은 우리 민족의 끈질긴 인내력을 남산 위의 소나무를 비유하여 영원토록 변하지 않을 것을 표현했다. 3절은 우리 민족의 기상을 맑고 푸른 가을하늘에 비유하고 나라 위한 일편단심을 밝은 보름달에 표현했다. 4절은 이러한 우리의 높은 기상과 붉은 마음으로 괴로우나 즐거우나 나라를 사랑하라는 간곡한 부탁이다. 4절이야 말로 애국가의 진정한 뜻이 담겼다고 하겠다.

애국가를 부르며 가장 감격하는 순간은 올림픽, 아시안게임 때 금메달을 따고 태극기가 게양되고 애국가가 울러 퍼질 때다. 몇 년 전 월드컵 축구 경기 때도 16강, 8강, 4강에 치닫는 경기에 태극기를 흔들며 목이 터져라 애국가를 불렀다.

그 때 선수는 물론 수많은 시청자가 따라 부르며 눈물을 흘렸다. 그 때는 전 국민이 진정한 애국자가 되는 순간이었다.

나는 KBS 방송을 주로 시청한다. 아침 6시 정규 방송을 시작하기 전 애국가를 4절까지 영상으로 방영한다. 가사 내용에 따라 동해의 해가 떠오르는 찬란한 광경/ 장엄한 백두산을 위시하여 금수강산의 아름다운 자연 경관/ 산업 현장의 발전상/ 육 · 해 · 공군의 씩씩한 위용/ 각종 경기의 유명 메달리스트들의 얼굴을 영상으로 애국가와 함께 방영하는 것을 볼 때, 눈시울이 뜨거워지고 가슴 뿌듯할 때가 많다.

며칠 전 신문에 학생들에게 애국가 가사를 암기해 기록하는 조사가 있었는데 대부분의 학생들이 정확하게 기록하지 못한다고 안타까워하는 기사를 본 적이 있다.

요사이 학교에서는 옛날처럼 단체조회를 하는 일도 별로 없다고 한다. 자연히 애국가를 배우고 익힐 기회가 적다. 애국가를 불러도 대부분 1절만 부를 때가 많아 나머지 가사는 익힐 기회가 적다고 한다. 유치원을 비롯한 초 · 중 · 고등학교 음악시간에 애국가를 가르치는 기회를 늘려 어릴 때부터 애국가 가사를 암기하여 정확히 부르는 교육을 시켰으면 한다. 더욱이 안타까운 것은 어떤 정당은 국민의례에 아예 애국가 제창을 삭제하는 사례도 있다하니 정말 애국애족을 하는 정당인지 의심이 간다. 지금부터라도 학교는 물론 전 국민이 애국가 가사 익히기와 각종 행사시 4절까지 암송하여 부르는 범 국민운동을 전개했으면 한다. (2012. 4.5.)

애국가

부르면 부를수록 가슴이 메어진다
나라가 소중함을 일깨워 주는 노래
장엄한 곡조에 맞춰 한강수가 춤춘다.

우리 민요 아리랑

아리랑 아리랑 아라리요
아리랑 고개로 넘어간다

나를 버리고 가시는 님은
십리도 못 가서 발병난다

풍년이 와요 풍년이 와요
삼천리 이 강산에 풍년이 와요

청천 하늘엔 잔별도 많고
우리네 살림살이 말도 많다.

아리랑 아리랑 아라리요

아리랑 고개로 넘어간다.

위 아리랑은 본조 아리랑의 가사이다.

아리랑은 가장 대표적인 한국의 민요다.

각 절의 처음에는 '아리랑 아리랑 아라리요, 아리랑 고개로 넘어간다, 라는 가사가 반복되고, 그 뒤에 여러 가지 가사를 붙여서 부른다. 민족의 정서가 잘 나타나 있으며, 3박자의 리듬으로 된 애조 띤 가락의 노래다.

지방에 따라 강원도아리랑, 정선아리랑, 밀양아리랑, 진도아리랑, 긴아리랑 등이 있는데 가사와 곡조가 조금씩 다르다. 일반적으로 아리랑 하면 본조 아리랑을 말한다. 가사의 내용은 대체로 연애와 이별을 노래한 것이 많고, 곡조가 현대적인 점으로 보아 개화기를 전후한 유행가 작곡가의 창작설이 가장 유력하다.

부르기 쉽고 비애에 젖어 있어 일제 강점기에는 민중의 울분을 대변하는 노래로 남녀노소를 막론하고 널리 유행되었다. 현재까지도 한국을 대표하는 한국적 색채가 가장 짙은 노래로 전 세계에 널리 알려져 있다.

아리랑의 유래에 관해서는 다음과 같은 설이 있다.

첫째 아랑설(阿娘說)이다. 경상도 밀양 영남루에 얽힌 밀양부사의 딸 아랑 처녀의 원귀에 얽힌 전설로 밀양아리랑이 되었다는 설이다.

둘째 알영(閼英) 고개설로 신라 시조 박혁거세의 비 알영의 덕을 기리기 위해 '알영 알영' 하고 부르던 것이 아리랑의 음으로 변했다는 설이다.

셋째 대원군이 경복궁을 중수할 때 원납금을 바치라는 성화에 『但願我耳聾 不問願納聲』 즉 '원하건데 내 귀가 어두워져라, 원납 소리 듣기도 싫다'라는 시가 여러 사람에게 퍼지는 동안 '아이롱'이 변하여 아리랑이 되었다는 설이다.

넷째 아리랑설(我離鄕說)로 대원군이 경복궁을 중수할 때, 각 지방에서 징발된 인부들이 고향을 생각하면서,아리랑, 즉 '내가 고향을 떠나 낭자를 그리워한다' 라고 노래하던 것이 그 시초라는 설 등이다.

가사에 나오는 아리랑 고개는 전설상의 고개라고 한다.

아리랑은 '속이 아리다'의 음역이고 쓰리랑은 '속이 쓰리다'의 음역이라는 학자도 있다.

아마도 죽음과 고생, 이별, 강제 노역, 과다한 세금 등 인생의 아리고 쓰라린 고통을 호소하는 노래인 듯하다.

또 '아리랑' 하면 춘사 나운규의 시나리오, 감독, 주연의 한국 영화를 떠올리게 한다. 1926년 조선 키네마사 작품으로 항일 영화의 효시이자 우리나라 영화사상 기념비적인 민족 영화다.

시나리오를 간추려보면 서울에 유학까지 한 지식 청년이었던 영진은 3 · 1 독립운동에 가담하여 고문으로 정신이상이 되어 고향에 내려와 아버지, 누이동생과 함께 살고 있다. 그는 서울에서 친구인 대학생 현구가 찾아와도 알아보지 못하는데, 누이동생 영희와 현구는 애틋한 사랑을 하게 된다. 미친 중에도 일본 순사를 조롱하고 일제의 앞잡이 지주(地主)와 그의 머슴 오기호를 미워하던 영진은 마을에서 농악제가 벌어지던 날 영희를 겁탈하려는 기호를 낫으로 죽인다.

피를 보는 순간 제정신으로 돌아오지만, 순사에게 체포되어 아리랑 고개를 넘어 끌려간다는 줄거리다. 나운규의 뜨거운 애국심과 천재적인 재능을 발휘한 당시로서는 획기적인 작품이다. 특히 오랏줄에 묶여 아리랑 고개를 넘어가는 마지막 장면에 불러진 주제가(主題歌) '아리랑'이 관중의 심금을 울려 흥행에 크게 성공하고 민속적이던 아리랑이 민족적인 아리랑으로 거듭나게 되는 결정적인 계기가 되었다.

나는 이 영화를 보고 큰 감동을 받고 눈시울이 뜨거움을 느꼈다. 같이 관람하던 많은 사람들이 상기된 표정으로 극장 밖을 나오는 것을 보았다. 나라를 빼앗긴 그 당시는 더욱 더 서러움과 감동을 느꼈으리라 생각된다. 나는 86아산게임과 88올림픽을 치를 때 국립중앙극장에 근무했다.

그 당시 수많은 외국인들을 상대로 우리 민족 고유의 민속춤과 전통가요를 많이 공연했다.

그 중에서도 농악, 부채춤, 사물놀이, 코리아 환타지, 아리랑 등이 외국인들에게 큰 감명을 주었던 기억이 난다.

공무원 재직 시절과 퇴직 후에도 외국에 가서 회의나 연회석에서 노래 부르는 기회가 있을 때는 서슴없이 아리랑을 많이 불렀다. 가장 인기 있고 한국을 알리는 노래 중에 가장 대표적인 노래라 할 수 있다. 또한 외국인도 쉽게 따라 부를 수 있어 좋았다.

금년 4월 4일부터 5월 21일까지 국립민속박물관에서는 아리랑 특별전을 하고 있다. 우리 민족 정서의 고향인 아리랑을 좀 더 자세히 느낄 수 있는 계기를 마들기 위해 박물관 측에서는 전시를 마련했고 크게 4부로 구성되어 있다.

제1부 아리랑이 무엇인지에 대한 질문을 던지고 관람객들이 생각해 보는 장.

제2부 우리 역사상 나타나는 아리랑은 어떻게 불렀는지 소개하고 삶의 현장에서 들을 수 있는 아리랑 영상음악을 들려줌.

제3부 아리랑이 우리 삶 속에 얼마나 많이 자리하고 있는가를 보여줌.

제4부 상상력의 발원으로서 아리랑을 영상예술로 승화한 작품과 아리랑을 테마로 한 다양한 문학 자료들을 전시했다.

나는 전시 첫날 개막행사에 참석하여 만찬장에서 아리랑을 불렀다. 그날 행사에는 또한 멀리 전남 진도에서 아주머니 50 여명이 올라와 춤을 추면서 진도아리랑을 흥겹게 불러 큰 감명을 받았다. 아리랑 영화가 영상으로 방영되고 갖가지 아리랑 음악이 은은히 흘러나와 전시장 분위기를 사로잡고 있었다. 전시기간 동안 많은 사람이 관람했으면 하는 바람이고 이렇게 훌륭한 우리 민요 아리랑을 널리 홍보하며 전 국민이 애창하여 학문적으로 더욱 더 연구 발전시켜 세계적인 민요로 발돋음 했으면 한다. (2012. 4. 5.)

아리랑의 유래

영남루 원혼이 된 아랑 아씨 달래려고
'아리랑' 아랑 낭자 고요히 잠드소서
구슬픈 음률 가락이 밀양강에 흐른다

경복궁 중수할 때 원납금 바치라는
대원군 성화에 귀 막고 반항 하던
'아이롱' (我耳聾) 변조되어서 '아리랑'이 되었다

고향 떠나 고된 일에 낭자 생각 간절하여
산마루 고개 넘던 그 때일 그리면서
'아리랑'(我離鄕) 노래 변하여 '아리랑'이 되었다.

태극기

국기는 한 나라의 역사 · 이상 · 국민성을 표징하고, 국권과 국위의 상징으로 제정한 기를 말한다. 세계 각국이 국기에 대한 조례를 법으로 규정하고 있으며, 그중 약 백 개국은 국장(國章) · 국가(國歌) · 국호(國號)와 함께 헌법으로 규정하고 있다.

국기의 기원은 부족, 집단의 표지도 국기로 본다면 고대 이집트, 중국의 주(周)나라 시대까지 올라간다. 근대의 국기는 십자군에서 기원한 것이 많다. 이교도인 적군과 아군을 구별하는 표지로서 십자 또는 문장(紋章)을 각기 다른 빛깔로 그려 기를 만들었다.

국기의 디자인은 그 나라의 전설 · 전통에서 유래하거나, 최근의 독립 국가에서 나타나는 것처럼 계획적인 것도 있다.

나라에 따라 국기 색이 갖는 뜻을 대별해 보면 적색은 애국자가 흘린 피 · 정열 · 혁명 · 박애 등을 나타내고, 백색은 평화와 순결 · 공정 · 단결 · 광명 · 눈(雪) 등을, 청색은 강과 바다 · 물 · 하늘

· 희망 · 자유 등을 나타낸다.

황색은 나라의 부 · 황금 · 태양 · 사막 · 번영 등을, 녹색은 농업이나 임업 · 국토 의미 · 번영 · 희망 · 이스람교 등을, 흑색은 역사의 암흑시대 · 흑색 인종 · 의지의 강함 · 곤고(困苦) 등을, 그밖에 독립 · 정의 · 자유 · 단결 등의 이념은 어느 빛깔에나 해당된다.

태극기는 우리나라의 상징이다. 올림픽에 나갈 때도 외교사절을 파견할 때도 태극기를 앞세운다. 태극기에 우리의 얼이 담겨 있기 때문이다. 한 때 우리는 태극기를 휘날리지 못했던 적이 있었다.

우리국민은 손기정 선수의 가슴에 붙은 일장기를 보고 가슴 아파하였고, 애국지사들은 태극기 아래 굳게 뭉쳐 국권 회복을 결의하였다. 그들이 애타게 그리워한 것도 조국의 하늘에 펄럭이는 태극기였다.

조국을 되찾고 우리는 맨 먼저 고이 간직했던 태극기를 꺼내 흔들었다. 북한 괴뢰군에 짓밟힌 수도 서울을 수복한 후 우리 손으로 중앙청에 태극기를 게양하고 눈물을 흘렸다.

올림픽이나 세계 선수권대회에서 메달을 딸 때 태극기가 게양되고 애국가가 울려 퍼질 때는 전 국민이 감동의 물결을 이룬다. 월드컵경기장에서 태극기의 물결은 세계를 놀라게 하였다. 태극기는 우리의 조국을 상징하기 때문이다. 또한 우리 국가의 권위를 상징한다.

남극 대륙과 에베레스트산 정상에 휘날리는 태극기를 바라보며 가슴 뿌듯한 것은 자랑스럽게 내세울 수 있는 조국이 있기 때문이다.

태극사상은 중국의 사상이 아닌 순수한 우리의 사상이다. 태극의 음과 양은 해와 달을 본뜬 것으로 삼국시대의 고총 등 유적에서 이러한 문양을 볼 수 있다. 음양을 처음 표시 사용한 것은 우리 겨레다. 태극은 우주 본체의 최고 원리를 상징하며 현상계를 이루는 두 개의 기본 성질이다.

적색은 존귀 · 양(陽) · 하늘 · 낮을 의미하고, 청색은 희망 · 음(陰) · 땅 · 밤을 나타낸다. 음과 양은 서로 포용하고 견제, 절충하여 수(水) 화(火) 금(金) 목(木) 토(土)의 오행을 이루고, 상생 상극하여 만유가 생성되고 발전하는데 통일 조정하는 것이 태극이다.

사괘(四卦)는 천지일월(天地日月), 사시사방(四時四方)을 의미하는 창조적인 우주관을 포함하고 있다. 사괘가 나타내는 의미와 내용을 살펴보면 건(乾)은 하늘 · 봄 · 동쪽 · 인(仁)을 상징하며 만물의 시초다.

형통함과 건강함을 뜻하며 힘써 노력할 것을 가르친다.

곤(坤)은 땅 · 어머니 · 여름 · 서쪽 · 의(義) · 유순함의 상징하고 신하와 부녀의 도리이며 유순한 덕으로 화합할 것을 가르친다.

이(離)는 해 · 가을 · 남쪽 · 예(禮)를 상징, 해와 불처럼 밝은 것을 상징하며 밝음을 통하여 세상을 보는 것이다. 또 매사에 정의로 임할 것을 가르친다.

감(坎)은 달 · 물 · 겨울 · 북쪽 · 지(智)를 나타내며 물처럼 굽은 것을 펴는 일을 하며 물이 구덩이를 채우고 흘러가듯 어떠한 난관도 포용성과 인내로 극복할 것을 가르친다. 이와 같이 태극기에는 태극사상의 깊은 의미가 내포되어 있다.

한국에서 국기 제정에 관한 이야기가 처음으로 거론된 것은 고종 13년 운양호 사건 때였다. 한 · 일 간에 강화도조약 체결이 진행되는 동안 일본 측 대표들은 "운양호에는 일본국기가 게양되어 있는데 왜 포격을 가 했느냐?" 라고 트집을 잡고 늘어졌지만 당시 조정 대신들은 국기가 무슨 의미와 내용을 가지는지조차 모르고 있었다. 이것이 계기가 되어 조정에서는 국기 제정의 필요성을 느끼고 논의하기 시작했다.

고종 19년 8월 9일 특명 전권 대사 겸 수신사 박영효 일행이 인천에서 일본 배 메이지마루(明治丸)을 타고 일본으로 갈 때 도일 직전 조정에서 어느 정도 논의되어 찬성을 본 태극사괘 도안기를 국기로 정하여 게양키로 결정하고 그들이 탄 배에 처음으로 국기를 만들어 달았다. 이들은 8월 14일 고베에 도착하여 숙소인 니시무라야 건물 옥상에 배 안에서 만든 태극사괘가 그려진 기를 게양하였다. 이것이 태극기의 효시로 지금부터 120년 전 일이다.

이와 같이 만들어진 태극기는 도형의 통일성이 없어 사괘와 태극음양의 위치를 혼동하여 사용해 오다가 1948년 정부가 수립되고 국기의 도안과 규격이 통일되었다. 그 후 문교부 고시 제2호와 문교부 개정고시 제3호에 의거하여 국기제작법이 공고 시행되고 대통령고시 제2호(1966년)에 의하여 국기게양법이 공포 시행되었다.

이와 같이 태극기는 우리 민족의 애환과 정신이 담겨있다. 필자가 태극기를 처음본 때는 8 · 15광복이 되고 동리 청년들이 일장기를 불태울 때다. 집집마다 숨겨놓은 태극기를 끄집어내어 만세를 부르고, 비교적 깨끗한 일장기에는 먹물로 태극과 사괘를 그려넣어 태극기를 만드는 광경을 보았다. 군 생활과 공직생활을 할 때는 태극기가 항상 곁에 있었다.

그러나 요즘에는 국경일이나 경축일에도 집집마다 국기를 게양하는 집이 드물고 일부 몰지각한 사람들은 태극기를 훼손하거나 잘못 취급하는 사례가 있어 걱정스럽다. 유치원 학생을 비롯하여 초 · 중 · 고 학생들에게 국기를 사랑하는 마음과 그리는 방법, 국기게양법 등을 잘 가르쳤으면 하는 마음 간절하다. (2011. 6. 30)

태극기

음양오행 조화로
태극문양 선명 코
사시사방 우주관
사괘를 이루었다
태극기
숨은 비밀이
신비롭고 묘하다.

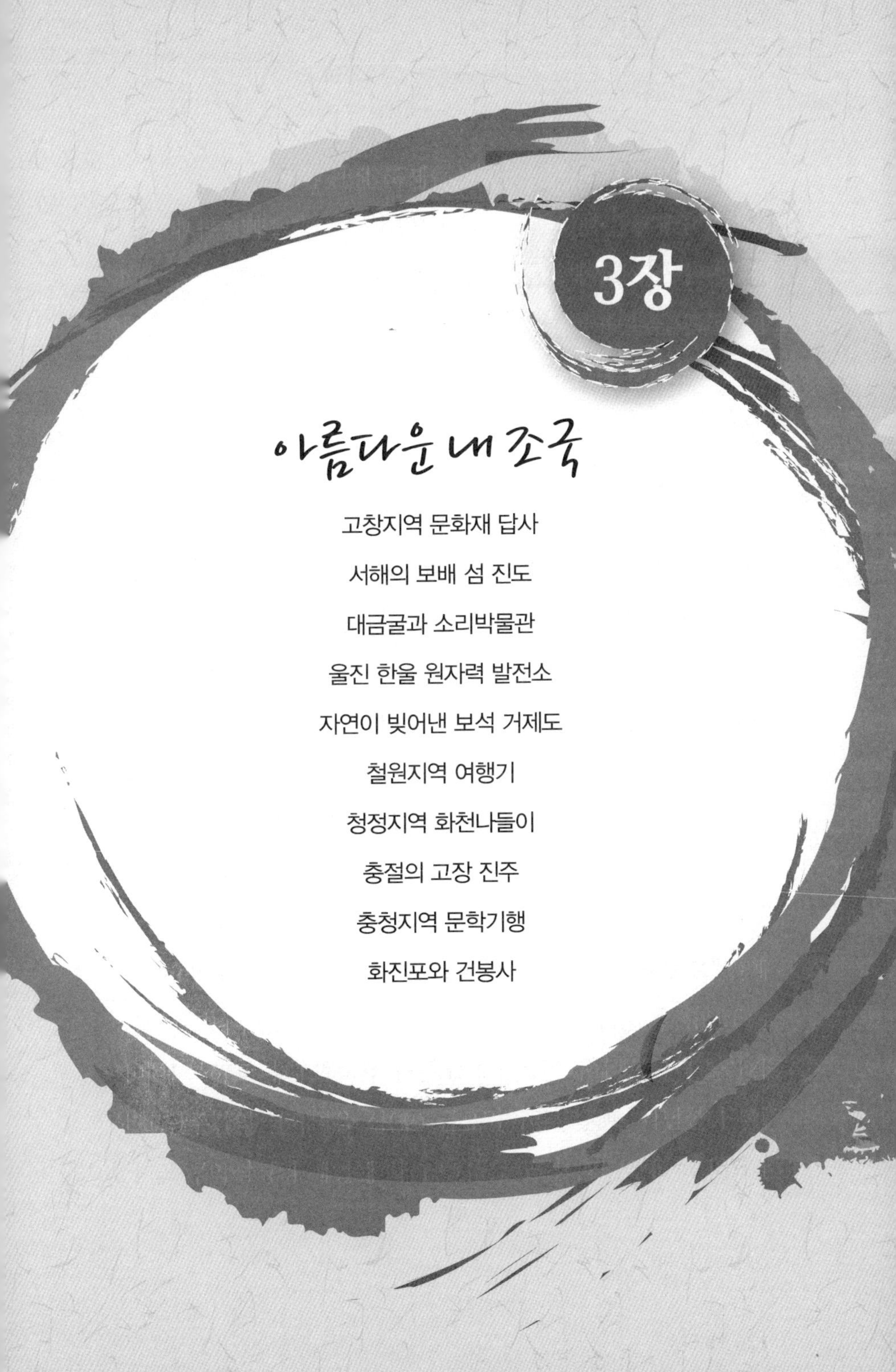

3장

아름다운 내 조국

고창지역 문화재 답사

서해의 보배 섬 진도

대금굴과 소리박물관

울진 한울 원자력 발전소

자연이 빚어낸 보석 거제도

철원지역 여행기

청정지역 화천나들이

충절의 고장 진주

충청지역 문학기행

화진포와 건봉사

고창지역 문화재 답사

문공회 제42회 문화재답사는 고창지역에 있는 선운사(禪雲寺), 고인돌 유적지, 고창읍성 등을 답사키로 했다. 4월 중순이라 분명 봄의 중턱에 왔으나 하늘은 비를 잔득 머금고 날씨도 쌀쌀하다. 오랜만에 만난 회원들은 반갑게 손을 잡고 안부를 물었다. 최고령자는 96세이고 모두가 70대 후반을 넘긴 백발의 노 공복들이다. 복잡한 시내를 벗어나 봄이 완연한 도로 주변 산하를 내다보며 목적지로 향했다. 문화재분과위원장의 답사 일정과 경과보고를 들으며 나누어 준 유인물을 살펴보았다.

K 문화재위원장은 건축 기사로 재직 시에도 많은 문화재 보수에 참여하였다.

퇴직 후에도 한옥 전문가로 소문나 건축회사를 차리고 별장과 한옥촌 건설에 매진하고 있는 노익장의 선배다.

호남과 서해안고속도로를 따라 열한 시 반경에 선운사에 도착했다. 선운사는 호남의 내금강이라 불리는 명승지로 1979년 도립공원으로 지정되었다. 선운산은 도솔산이라고도 불린다. 선운이란 구름 속에서 참선한다는 뜻이고, 도솔이란 미륵불이 있는 도솔 천궁의 뜻으로 모두 '불도를 닦는 산'이라는 의미다. 곳곳에 기암괴석이 봉우리를 이루어 경관이 빼어나고 숲이 울창한 가운데 천오백 년 고찰 선운사가 자리했다.

본사는 선운사로 검단 선사가, 대참사는 진흥왕의 왕사인 의운국사가 창건했다고 한다. 현재는 도솔암 · 석상암 · 동운암과 함께 참담암이 있지만 옛날에는 89암자가 골짜기마다 들어섰던 것으로 전한다. 문화재로는 금동보살좌상 · 지장보살좌상 · 선운사대웅전 · 참당암대웅전 · 동불암지 · 마애여래좌상 등이 보물로 지정되고 선운산 도솔계곡이 명승지로, 동백나무 숲, 장자송, 송학 등이 천연기념물로 지정되었다.

또, 일행은 문화재해설사의 설명을 들으며 경내를 둘러보았다. 뜰에는 석탄일 연등이 가득 걸렸고 외국인을 비롯한 많은 관람객이 몰려와 경내를 둘러보고 있다. 우리는 본당 계단에서 기념사진을 찍고 봄기운이 완연한 선운산을 바라보며 도솔암으로 향했다.

선운사 도솔암은 평평한 바위의 맥을 타고 앉았으며 그 밑의 절벽에는 거대한 마애불이 새겨져 있다. 마애불의 크기는 대략 50척, 즉 15미터가량 되어 고개를 위로 치켜들어 보아야 한다. 아마도 우리나라 마애불 중에서 가장 큰 불상이 아닌가 싶다. 이 미륵상 마애불은 천오백 년 전에 살았던 선운사의 창시자 검단 선사의 진상이라고 한다.

원래 선운사 터에는 도적들이 살았는데 검단선사는 이들에게 인근 바닷가에서 소금 굽는 법을 알려주어 생계수단을 삼도록 했다. 검단선사는 선운사 주변 민초들 사이에서 칭송을 받았고, 그는 절벽에 미륵의 모습으로 새겨지게 되었다. 그런데 그 마애불의 배꼽에는 신비스런 비결이 하나 숨겨졌다고 한다. 그 비결이란 '세상에 출현하는 날에는 한양이 망한다' 고 전해졌으며 그곳에 벼락살을 동봉해 놓았기 때문에 누구든지 그 비결을 꺼내려고 손을 대면 벼락을 맞아 죽는다는 일화였다.

그런데 벼락 살이 같이 봉해졌다는 사실이 실제 드러난 것은 지금으로부터 130년 전 전라감사로 내려왔던 이서구가 그것을 꺼냈을 때였다. 감사가 어느 날 선화당에 앉아 천지의 기운을 조용히 관찰하고 있었다. 그때 서남쪽에서 매우 상스러운 기운이 한줄기 뻗쳐 올라간지라 말을 몰아 그곳으로 달려갔다. 가본 즉 한 줄기의 기운이 선운사 도솔암 미륵의 배꼽에서 뻗어 올라가고 있었다. 여기에 무엇이 들었기에 이런가 싶어 배꼽을 쪼아보니 그 속에서 책 한 권이 나왔다. 그 순간 갑자기 뇌성벽력이 하늘을 찢는 바람에 혼비백산한 감사는 책을 다시 밀어 넣고 회로 봉해 버렸다. 그때 이서구가 본 것은 '전라감사 이서구 개탁'이라는 글자뿐이었다고 한다. 그 사건이 있은 뒤로 세상 사람들은 그 비결을 꺼내보고 싶어도 벼락이 무서워 실행하지 못했다 한다.

이 비결대로 출현하는 날 한양이 망한다고 함은 조선이 망하는 것을 의미하는데, 갑오농민전쟁 때 이 설화가 난무하였다고 한다. 실제로 동학농민혁명의 최초 진원은 바로 이 도솔암 미륵불의 배꼽에서 손화중이 비결을 꺼냄으로써 촉발되었다. 동학 혁명이 일어나기 일 년 전 1893년 가을 손화중 포에 소속된 동학도 300여 명이 푸른 대나무 수백 개와 새끼 수십 타래를 가지고 가서 미륵불 전면에 사다리를 설치했다. 저항하는 선운사 승려 수십 명을 새끼로 묶어놓고 도끼로 배꼽을 부순 뒤 그 속에 있는 것을 꺼냈다 하나 구체적으로 무엇이었는지에 대해서는 침묵을 지킨다. 손화중 포에서 미륵불에 감춰졌던 천고의 비결을 꺼냈다는 소문이 주변을 휩쓸었다. 천지개벽의 비결을 동학도가 입수했다는 소문이 입에서 입으로 전해지자 사람들을 들뜨게 만들었고 손화중 포에는 수개월 사이에 수만 명이 몰려들었다고 한다. 해설자의 설명을 듣고 빼어난 주변 선운산의 경관을 바라보며 식당으로 향했다. 전 문공회 차장 김상습 회원이 고향인 이곳에서 연경전자 공장을 경영하기에 현지에서 합류하였다. 그는 특별히 우리를 위하여 평상시 먹기 힘들었던 풍천장어구이와 복분자술을 곁들인 푸짐한 식사를 제공해 주어 감사했다.

일행은 다음 관람지인 고인돌 유적지로 향했다. 고인돌 군락지가 광범위하기에 고인돌 박물관에서부터 코끼리열차를 이용하여 관람했다. 고인돌은 지상이나 지하의 무덤방 위에 거대한 돌을 덮은 선사 시대의 무덤으로 거석 문화의 일종이다. 고창은 한반도는 물론 동북아시아에서 가장 조밀한 고인돌의 분포지역으로 2,000여기가 산재해 있다.

BC 4~5세기경 축조된 동양 최대의 고인돌 집단 군락지인 죽림리, 상갑리는 고창읍에서 약 6km 지점에 자리한 고인돌박물관을 중심으로 넓은 범위에 447기가 분포되어 있으며 유네스코 세계유산으로 2000년 12월 2일 등재되었다. 고창고인돌유적은 탁자식, 바둑판식, 개석식, 지상석곽식 등 다양한 형식이 분포되어 있다. 일행은 가까운 고인돌 몇 군데를 둘러보고 고인돌박물관으로 향했다. 2008년 개관한 박물관은 2011년 5월 17일 프랑스에서 발간한 《미슐랭 그린가이드》에서 별점 3개로 최고 점수를 획득했다. 한국 편을 최초로 다룬 이 잡지를 발간한 버나드 댈마스 동아시아 총괄과장은 “한국을 찾는 외국인 관광객들은 가장 한국적인 것에 더 주목 한다”라고 강조하면서 한국인에게 잘 알려지지 않은 고인돌 박물관이 높은 평가를 받은 이유라 설명했다. 국내 유일의 고인돌 박물관은 청동기 시대의 각종 유물 및 생활상과 세계의 고인돌 문화를 한눈에 살펴보며 최고의 감동과 만족을 얻을 수 있는 곳이다. 시간이 없어 고창읍성 관람은 다음 기회로 미루고 김상습씨가 경영하는 연경전자를 관람했다. 김 사장은 본부를 이곳 고창에 두고 경기도 부천에 제1공장, 중국 칭다이에 제2공장을 두어 중소기업치고는 규모가 상당히 큰 경영을 한다. 본사에는 23명의 핵심 요원 만 근무하고 두 곳의 공장에는 300명이 넘는 직원을 두고 차량과 전자 제품의 중요 부품을 생산한다. 전 생산 과정을 로봇으로 작동하고 마지막 검사 부분만 사람이 한다. 품질이 나쁘면 경쟁 사회에서 도태되기 마련이라면서 사장을 비롯한 임원들이 솔선하여 전 직원을 훈련 감독하고 있어 인상 깊었다. 우리나라의 모든 생산 공장에서도 철두철미한 기술 경영으로 국제 사회의 높은 기술 벽을 뚫고 우수한 생산품을 생산했으면 하는 바람이 간절했다. 식당으로 쓰는 강당에서 화면으로 공장을 소개받고 직접 생산하는 현장을 몇 군데 관람하고 일행은 서둘러 상경했다. 연로한 분들이라 무리한 일정은 생략하고 옛날 현직에서 근무하던 일들을 회상하는 시간도 갖고, 현 시국에 대한 의견도 들었다. 특히 북한의 핵개발로 인한 한반도의 긴장 상태에 대한 해결 방안을 놓고 토론도 벌였다. 노련한 노 공복들의 경험과 지혜가 놀랍기만 하다. 장수 시대를 맞아 노련한 일군들을 조기 은퇴시키지 말고 임금 피크제를 도입해서라도 정년 연장을 하는 시대가 오리라 생각해 본다. 버스 전용 차로를 이용하니 생각보다 일찍 서울에 도착했다. 귀가 하면서 얼마 남지 않은 생애를 국가와 이웃을 위해 보람된 일을 찾아 봉사해야겠다고 생각했다.

서해의 보배 섬 진도

평택 서해수호관을 둘러본 문공회원들은 서해안 고속도로를 따라 진도로 내려갔다.

진도는 전라남도 남서부에 위치한 섬들로 이루어진 군(郡)이다. 면적은 414,03㎢, 인구 7만여 명이다. 동쪽은 울돌목을 사이에 두고 해남군에 인접하며, 서쪽은 황해, 남쪽은 남해의 제주해협, 북쪽은 신안군의 여러 섬들과 화원반도를 마주본다.

진도는 본섬을 비롯하여 하조도 · 상조도 · 접도 · 가사도 등이 있으며 유인도 43개, 무인도 226개로 이루어졌다. 섬들은 다도해 일부로 대체로 남서해역에 밀집되어 있는 데, 이는 남서 방향으로 뻗은 소백산맥의 지맥이 바다로 침강하여 형성되었기 때문이다.

전체 면적의 70%가 산지로 이루어졌으며 남서 방향의 산줄기를 형성한다.

동부에는 첨철산 · 죽제산 · 수리봉 · 서부에는 연대산 · 삼당산

· 지력산 남부에는 여귀도 · 희여산 · 북부에는 망금산을 비롯한 100m 이하의 낮은 구릉지가 분포한다.

하천은 수계가 짧은 고군천 · 향동천 · 의신천 · 진도천 · 인지천 등의 하천이 흐른다. 하천 하구와 만 입구에는 제방을 쌓아 간척지를 조성하였으며 하천을 따라 좁은 곡저평야가 나타난다. 해안에는 곳곳에 기암절벽으로 이루어진 해식애가 발달하여 빼어난 자연경관을 이룬다. 명실 공히 서해 다도해 해상국립공원이다. 홍보만 잘하면 앞으로 중국을 비롯한 세계 각국의 관람객들이 이곳에 몰려오리라 예상된다. 섬 둘레는 거의가 해수욕장이다. 음식점과 숙박 시설을 보강하면 피서지로 적지다. 바다낚시터도 곳곳에 산재해 있으며 강태공들의 낙원으로도 손꼽히는 곳이다.

진도와 화원반도 사이에 좁은 해협을 이루는 울돌목은 시속 79km의 급조류가 나타난다. 정유재란 당시 일본 간첩 요시라의 계략에 빠진 원균의 모함으로 삼도수군통제사 이순신 장군이 죄인의 몸으로 옥고를 치렀다. 그 후 원균의 패전으로 우리 수군이 전멸하자 특사로 풀려난 충무공이 겨우 남은 12척의 배로 기고만장한 일본 해군을 이곳으로 유인했다. 쇠사슬과 굵은 밧줄을 바다에 깔아놓고 133척의 왜적과 싸워 31척의 적함을 격침시키고 적장을 죽였다. 이 싸움의 승리로 다시 제해권을 회복하고 왜군이 서해로 북상하는 길을 막아 왜란의 대세를 전환시킨 곳이다. 대첩비가 세워져 있지만 더 많은 예산을 들여 홍보관을 세워 충무공의

혁혁한 전공과 전술을 세계에 널리 알렸으면 싶다.

지금은 녹진과 화원반도 사이에 연륙교인 진도대교가 완공되어 해남, 장흥 등지와 육로로 연결되어 주민 소득증대와 관광, 지역개발에 크게 기여한다.

해상 교통도 진도 목포 간, 목포 완도 간, 목포 제주 간을 잇는 중간 기항지로도 발달하였으며 섬과 섬 사이에는 여객선이 운항된다.

진도군의 남서 해상에는 수많은 섬들의 기암괴석, 백사청송이 빼어난 해안 경관을 이루어 다도해 해상국립공원으로 지정되었다.

진도는 오랫동안 육지와 격리된 유배지로 조선시대에는 124명의 관리와 선비들이 유배 와서 그들의 영향을 받아 문화 수준이 높고 고유의 민속이 잘 보존되었다.

진도는 기후가 온난하고 다도해의 아름다운 비경과 기름진 옥토와 청정 해역을 가진 보배로운 섬이다. 우리나라에서 세 번째 큰 섬으로 예로부터 강강술레, 남도들노래, 진도아리랑 등 수많은 예술인과 고유 민속을 배출한 예향의 고향이다.

세계적으로 널리 알려진 신비의 바닷길은 고군면 회동리와 의신면 모도리 사이 약 2.8km 바다가 조수간만의 차이로 수심이 낮아질 때 바닷길이 드러나는 현상이다. 바다 속에 40여 미터 폭의 길이 만들어 지는 현대판 모세의 기적이다. 매년 100만 명이 넘는 관광객이 찾는다. 이곳도 다양한 프로그램을 개발하여 더 많은 관광객을 유치했으면 한다.

금강해변은 청정 해역으로 어족 자원이 풍부하여 주변 어느 곳에서나 바다낚시가 가능하며 경사가 완만하고 모래가 고와 피서객이 붐빈다. 또 진도 가계해변은 신비의 바닷길이 열리는 회동관광지 내에 있으며, 교통이 편리하고 주차장, 샤워장, 음수대, 화장실 등이 잘 갖추어져 피서객들이 많이 찾는 곳이다.

우리일행은 시간이 많지 않아 운림산방, 소치기념관, 진도역사관을 둘러 세방 낙조현상을 감상하고 아리랑 마을을 관람키로 했다. 한때 국립극장 예술감독으로 있던 L씨가 이곳 출신으로 여기서 사업을 하는데 우리가 온다는 소식을 듣고 마중 나왔다. 또 현직 진도 군수도 문화 사업에 관심을 많이 갖고 있었다. 진도 군수가 서울에 업무 차 상경했을 때 조 문공회장을 만나 진도에 한번 방문해 달라는 요청이 있어 여수 엑스포 관광을 갈 때 들리기로 약속한 것이다. 군수는 업무가 바빠 저녁 식사 시간에 만나기로 했다.

운림예술촌은 진도에서 가장 높은 첨철산 아래 숲이 울창한 아름다운 마을이다. 순박한 시골사람들이 오순도순 살아가며 조선후기 남종화의 대가 허유가 말년에 머물면서 그림을 그리던 화실 운림산방이 있다. 천년 고찰 쌍계사, 진도역사관 왕온의 묘 등 다양한 문화, 역사 자원을 보유하여 살기 좋은 마을로 선정되었고, 현재는 농촌 체험마을로 지정되었다. 돌담길로 이어진 운림예술촌은 어느 집에도 대문이 없어 언제나 마을을 찾는 이들에게 문을 활짝 열어놓는다. 시냇가엔 물고기와 토종 세우가 살고 있는 친환경 마을로 아이들의 체험장으로 적합하다. 꽃과 어우어진 장승길, 밤하늘의 총총한 별을 보며 마음의 휴식과 과거로의 여행을 통해 진한 향수와 은은한 정을 찾아볼 수 있는 마을이다.

일행은 안내자의 설명을 들으며 운림산방의 본체와 사랑체인 화실, 신축된 우물 보존각 건물과 연못으로 구성된 정원을 둘러보았다. 입구에 있는 600년 이상 된 회나무 두 그루는 모양도 잘 생겼고 잎이 무성하였다. 군데군데 심겨진 목백일홍은 아름다운 꽃향기를 발하고 넓은 연못에는 많은 연꽃이 피어 우아한 모습을 뽐낸다. 연못 안에는 비단 잉어들이 먹이를 달라고 애교를 부린다. 공기도 맑고 주변 환경이 아늑하고 조용하여 마음조차 포근하다. 운림예술촌 전통 축제로는 정월 초하루 해맞이 축제, 정월대보름놀이, 매년 11월에 열리는 운림예술촌 축제가 있다. 소치기념관에는 소치 허유 선생의 작품들이 잘 진열되었고, 진도역사관에는 진도의 역사를 한눈에 볼 수 있었다. 진도인들의 생활의 변천사와 민속놀이 등이 조형물로 잘 정리하여 놓았다.

우리는 낙조로 유명한 세방 낙조 현상을 보기 위해 해안가 전망대로 갔다. 예상외로 거리가 멀고 길이 좋지 않다. 막상 현장에 도착하니 다도해 상에 구름이 잔뜩 끼어 있고 해가 질 때까지는 한 시간 가량 남았다. 섬과 구름 사이로 넘어가는 아름다운 노을

만 감상하고 아리랑 마을로 향했다.

아리랑 마을은 진도 여귀산 중턱에 자리 잡은 아리랑 체험관이다. 진도아리랑과 더불어 전국 팔도 아리랑과 진도 문화에 대한 이해를 돕고 관광객들이 직접 배워서 불러보는 체험관으로 구성되었다. 큰북 두 개로 축을 삼아 건설한 건물은 필자가 보아서는 잘못 설계된 생각이 든다. 부실 공사로 곳곳에 비가 새고 있어 건물 관리에 세심한 주의가 필요할 것 같다.

아리랑 체험관을 가는 도중에는 국립남도국악원이 높다랗게 지어져 있다. 시간이 없어 국악원은 다음으로 미루고 진도의 명품인 홍도 마을을 둘러보고 예약한 해미원 한식 식당으로 향했다. 싱싱한 바다 회를 비롯한 푸짐한 한식을 마련했다. 이곳 군수는 홍주 한 상자를 반주로 내어놓고 바쁜 일정 가운데도 식당까지 찾아와 인사 했다. 진도를 세계 굴지의 관광지로 만들겠다는 설명을 듣고 우리는 박수를 보냈다.

저녁 식사를 마친 후 진도 유스호스텔에 여장을 풀었다. 뒤에는 낮은 산이고 앞에는 탁 트인 바닷가 해수욕장을 내려다보는 명당에 자리 잡았다. 호텔 가까운 곳에는 이곳 특산품인 진돗개 사육장이 있다. 진돗개는 진도의 특산품이며 천연기념물 제53호로 지정하고 한국 진돗개 육성법에 의하여 보호 사육한다, 감각이 예민하고 용맹스러워 집도 잘 지키고 사냥도 잘한다. 또한 주인에 대한 충성심이 매우 강하다. 두 귀가 쫑긋하고, 가슴이 벌어지고,

다리가 튼튼하며 꼬리를 감아올린다.

우리는 바닷바람이 시원하게 들어오는 호텔에서 강행군을 한 피로를 풀고 아침은 호텔에서 준비한 전복죽으로 식사하고 여수 엑스포 현장으로 출발했다.

수많은 아름다운 섬과 기암괴석이 가득한 보배 섬 진도를 잘 보존 개발하고 널리 홍보하여 제주도에 버금가는 관광 섬으로 만들었으면 하는 기대를 하며 태풍으로 바람과 비를 뿌리는 남해를 창밖으로 구경하며 여수로 향했다.

운림 예술촌

구름도 쉬어 넘는 첨찰산 기슭아래
울창한 상록수림 짙푸른 동산 안에
시서화(詩書畵) 가슴에 품은 예술촌 자리했다

다채로운 우림산방 남종화 본산이고
역사관 가득 메운 다양한 문화자원
예향의 진면목 상을 골고루 갖추었다

정겨운 돌담길이 어울려 이어지고
후덕한 인심덕에 대문도 필요 없다
밤하늘 총총한 별들 내려와서 노는 곳.

대금굴과 소리박물관

덕구온천 호텔에서 휴식을 취한 우리는 여명에 일어나 호텔 근처 계곡으로 등산 겸 산책을 했다.

등산로를 잘 정비해놓아 어둠이 가시지 않아도 2km 정도 올라갔다가 내려왔다. 신선한 공기가 가슴 깊숙이 들어온다. 산책을 마친 일행은 호텔에서 조금 떨어져 있는 원조 순두부 할머니 식당으로 이동했다. 이 집은 홍 동문이 재직 시 자주 찾던 식당이고 연세 90세인 할머니로부터 사랑을 많이 받은 터라 주인 아들이 정성껏 준비하여 우리를 맞는다.

일행은 4시간가량 이동하여 대금굴로 갔다. 삼척 지구에는 대표적 동굴로 환선굴과 대금굴이 있다. 모두 삼척시 신기면 대이리에 있고 환선굴은 1662년 허목 선생이 저술한 척주지에 최초로 기록되었고 1997년에 동굴을 개방했다. 대금굴은 그보다 10년 후 2007년 6월에 개방했다. 대금굴은 항상 물이 많이 솟아나 물골이라 불리던 지역을 탐색하여 2003년 2월에 동굴을 발견했다. 동굴 내부에 흐르는 수량이 풍부하여 대규모 폭포와 종류석, 석순, 석주, 등 동굴 생성물이 잘 발달되어 있다. 국내에서 유일하게 모노레일을 이용하여 동굴 내부 140m지점까지 들어가 관람할 수 있는 아름답고 섬세한 동굴이다. 장마철에는 물이 많아 모노레일이 물에 둥둥 뜬다. 동굴 내에 서식하는 생물은 약 15종이며 내부 온도는 8~14도, 습도는 95% 이상이다. 관람은 모노레일로만 할 수 있고 관람 소요 시간은 한 시간 20분 정도이고 30분 간격으로 모노레일이 출발한다. 동굴 내부에는 8m의 높이를 자랑하는 겨울철에도 얼지 않은 비룡폭포가 있다. 그밖에 커튼 모양의 석순, 의자 모양의 휴석소, 막대형 석순, 동굴방패, 음과 양의 조화가 잘 이루어진 신비한 생명의 문 석순, 용소부잔교, 천지연 등 수많은 모양의 석순이 구석구석 생성되고 있다. 안내양이 이름을 소개해 가며 재미있게 설명하여 박수를 받았다. 밖에 나오니 바람이 세차게 불어 추운 감을 느꼈다.

일행은 강릉으로 가서 영동고속도로로 상경하기로 하고 가는 길에 정동진으로 갔다. 정동진은 서울에서 정동에 있다고 해서 지은 이름이다. 이곳은 동해 바다가 넓게 보이고 일출 경관이 좋아 새해 해맞이로 연말연시에는 관광객들로 붐비는 곳이다. 필자는 수년 전 정동진에 기차를 타고 온 일이 있다. 그때는 보잘것없는 어촌이었으나 오늘 와보니 도로도 넓게 정비되고 큰 여객선 모양의 전망대 겸 휴게소를 건립하여 관광객들을 유혹하고 있었다. 일행은 7층 회전전망대에 올라가 바다와 인근 해안의 섬들을 보면서 커피 시간을 가졌다. 초겨울의 바다는 조용하고 평화롭다. 평일이라 사람도 별로 없고 먼 바다에는 화물선이 한가롭게 지나가고 가까운 해안에는 작은 유람선 몇 개가 물결을 헤치며 바다 낭만을 즐기고 있다.

우리는 가는 길에 있는 민물고기 생태체험관에도 들렀다. 경북수산자원개발연구소 민물고기 연구센터에서 관리하는 곳이다. 국내 유일의 복합형 민물고기 생태체험관으로 우리 민물고기의 아름다움과 자연의 소중함을 체험하는 곳이다. 경상북도에서 서식하고 있는 민물고기를 강별, 지역별로 소개하고 있다. 모양이 다양한 수족관을 만들어 정성을 다하여 보존하고 있어 매우 소중한 곳이다. 또 우리나라 전체에 서식하는 민물고기 양식장과 민물고기 체험관도 있어 학생들이 많이 보고 체험했으면 한다. 또 연어 생태체험관이 있어 연어의 탄생과 성장 과정을 소개하고 있었다. 우리나라에 회천하는 연어는 50~80cm로 동해안 하천에서 부화하여 북해도 수역을 거쳐 베링해와 북태평양에서 3~4년 성장 후 1만 6천km의 대장정을 마치고 산란기인 9~11월에 자기가 태어난 동해안 하천으로 돌아와 산란한 후 암수 모두 일생을 마감하는 소중한 어류다. 그 밖에도 귀염둥이 수달관과 물고기 극장, 민물고기 환경 생태 사이버체험관 등 다양한 시설을 갖추고 있다. 우리는 시간에 쫓겨 중요한 곳만 관광하고 나중에 와서 자세히 보기로 하고 경포호수를 둘러보고 가까이 있는 참소리축음기 · 에디슨 · 안성기 영화박물관을 둘러보았다. 3개의 박물관이 한 곳에 있는 매우 특이한 박물관이다. 안성기 영화박물관은 공사 중이라 못 들어가고 참소리 · 축음기박물관과 에디슨박물관을 안내자의 설명을 들으며 관광했다. 손성목 관장은 에디슨 발명품과 축음기 등 소리에 관한 물품과 희귀한 발명품 수집에 일생을 바치기로 하고 세계를 다니며 100여 년 전 에디슨 발명품들은 값을 따지지 않고 수집했다. 미국인들도 와서 보고는 탄성을 자아낸다고 한다. 처음 보는 진귀한 물품들이 많아 우리도 깜짝 놀랐다. 한사람의 집념이 얼마나 큰 일을 이룰 수 있는가를 생각하게 한다.

안성기 영화박물관이 완성되어 3개의 박물관을 동시에 관광하게 되면 옆에 있는 경포대 호수와 더불어 강릉의 세계적 명소가 되기에 부족함이 없을 줄 안다.

상경 시간이 바빠 설명을 자세히 듣지 못해 아쉬울 뿐이다. 필자는 조용한 시간에 다시 한 번 와보기로 하고 소개 책자를 구입하여 돌아왔다. 70대 후반에 들어간 노인들은 피곤한 기색이 역력하다. 강릉 터미널에 가서 출발 시간이 남아 간단한 저녁 식사를 한 후 상경하는 고속버스에 몸을 실었다. (2013. 12. 8)

울진 한울 원자력 발전소

경북중고 제39회 동창회원 22명(부인2명)은 2013년 12월6일부터 1박 2일 코스로 동해안 나들이를 떠났다. 초대 울진한울원자력발전소 본부장을 지낸 홍주보 동문이 해마다 기획하고 관심 있는 동문들을 모집하여 원자력 발전소가 소재한 지역을 중심으로 나들이를 한다. 25인승 차량을 동원하는 관계로 회원 수가 제한된다. 필자는 금년부터 참가하게 되어 동서울 터미널에서 울진 행 고속버스를 타고 출발했다. 대전에 사는 강원조 동문과 몸이 불편한 김담구, 수지에 사는 이영식 동문 등 3인은 동서울호텔에서 숙박하고 동참했다.

창밖은 모든 농작물의 수확이 끝나고 산들도 상록수를 제외한 나무는 겨울 준비에 들어가려고 한다. 고속도로 일부 구간은 안개가 짙게 끼어 조심 운전으로 4시간 걸려 한울원자력 본부에 도착했다. 본부장을 위시한 간부들이 우리가 온다는 소식을 듣고 청사

밖까지 나와 맞이한다. 원자력 발전소는 보안 지역으로 일반인들이 함부로 출입할 수 없다. 출입자는 철저한 신원 조사를 받아야 하고 듣고 본 시설물과 내용에 대한 보안을 지켜야 한다. 나들이를 기획한 홍주보 동문은 1960년대 초 원자력 발전소를 처음 설치할 때 본부장을 맡아 부지 선정과 기초 설계 및 건축에 큰 공을 세운 분이다. 미국, 영국, 독일 등 선진국의 원자력발전소를 몇 번이나 다녀왔다. 우리나라에 맞는 발전소를 설립하는데 모든 지혜를 동원하여 안전하고 효율적인 발전소를 건립했다. 홍 동문은 초등학교 시절부터 천재 소리를 들을만한 머리가 명석하고 한번 결심한 일은 어떠한 난관이 와도 관철하는 끈기를 가진 자랑스러운 동문이다. 경북중고 39회 동문들은 영남의 수재들로 일제강점기에 태어나 6 · 25 한국전쟁을 겪고 가난과 싸우면서 야외나 천막 가교사 등에서 고생하며 공부한 동문들이다. '불가능은 없다'라는 신조를 가지고 조국근대화의 일익을 담당하여 선진국의 토대를 닦은 보배들이다.

우리는 출입 절차를 밟아 안내자의 해설로 관내의 중요 시설을 둘러보았다. 현재 4기가 발전하며 전력 생산량은 서울시에 공급하고도 조금 남는다고 한다.

지금 2기를 추가로 건설 중에 있었다. 우크라이나 체로노빌 원자력 누출 사고와 일본의 후쿠시마 원자력 사고로 많은 사람들이 원자력 발전이나 시설 확장을 꺼리고 반대하고 있는 실정이다. 그러나 여기 와서 들어보니 우리나라 같이 자원이 부족하고 땅이 좁은 현실에는 가장 값 싸고 경제적인 원자력 밖에는 대안이 없다는 사실을 알았다. 걱정하는 안전 관계도 수많은 연구진들이 밤낮으로 연구하여 철두철미한 안전망을 설치하고 어떠한 사고도 미연에 방지할 대책을 수립하고 있다는 사실도 알았다. 반대하는 사람들에게도 이러한 교육을 잘 시켜 이해시켜야겠다고 느꼈다.

여기에 근무하는 사람들은 모두가 국보적인 존재라는 것도 느꼈다. 또한 태양열, 해수, 풍력이나 그밖에 발견하지 못한 대체 에너지를 발굴하고 개발하는 방안도 꾸준히 노력해야겠다는 생각이 들었다.

우리는 높은 지대에 지어놓은 전망대로 가서 일목요연하게 시설 전체를 보며 설명을 들었다. 이 시설로 인하여 지역 사회의 유치원에서 고등학교에 이르기까지 장학금을 주고 시설물을 지어주고 컴퓨터 등 교육자재를 공급해주어 지역 발전과 교육 투자에 엄청난 지원을 한다는 사실도 알았다. 뿐만 아니라 직원 채용도 지역민들을 우선으로 한다는 것을 알았고 직원들의 후생 복지를 위하여 깨끗한 사택뿐 아니라 공원과 체육 시설 등 후생 복지 시설에도 막대한 지원을 하고 있었다. 홍주보 동문과 동고동락하던 직원들은 모두 승진하여 다른 곳으로 가고, 나이가 많아 퇴직했으나 후배들은 홍 동문의 이름과 노고를 잊지 않고 특별히 대접했다.

친구들까지 친절하게 안내해주어 점심 식사 장소도 마련하고 음료수와 주류를 담당하며 저녁 식사는 본부장이 대접하겠다고 하여 우리는 박수로 고맙다고 인사하고 노고를 치하했다.

식사 후 우리는 소광리 금강 소나무 숲으로 갔다. 울진은 군 전체가 소나무 자생 군락지로 유명하다. 특히 통고산 자연 휴양림은 소나무와 활엽수로 조성되어 계절따라 연출되는 아름다운 숲 경관을 만끽할 수 있다. 휴양림에서 12km 거리에 위치한 소광리 금강 소나무 숲은 맑은 물과 기암괴석. 주변의 울창한 숲이 장관을 이루는 한국 유일의 소나무 원시림이다. 날씨가 쌀쌀하고 평일 저녁이라 다른 관람객은 없고 장장 15km에 이르는 불영 계곡을 따라 길고 위험한 산길을 올라갔다. 불영 계곡에는 의상대, 창옥벽, 조계 및 부처바위, 거북바위 등 기암괴석들이 험한 준봉을 따라 이어졌다. 절벽은 흰빛을 띠는 화강암으로 아름다운 경치를 더하여 여름철에는 계곡 피서지로 봄 가을철에는 드라이브 코스로, 겨울철에는 설경을 감상할 수 있는 명승지다. 그날은 초가을이라 눈도 없고 비가 적게 와서 계곡물도 별로 없다. 그러나 깊은 계곡의 신비함은 여전했다.

일행은 하늘높이 쭉쭉 뻗은 금강소나무 숲을 둘러보고 맑은 공기를 마음껏 마시고 우리나라에도 이러한 곳이 있구나! 하고 감탄했다. 신라 때부터 지금에 이르기까지 궁궐이나 중요 문화재나 큰 한옥을 지을 때는 여기에서 목제를 베어간다고 한다. 궁궐을 짓기 위해 나무를 벨 때는 "어느 궁궐에 사용할 어명이요"! 크게 외치고 나무를 벤다고 한다.

일행은 발전소 본부장이 마련한 저녁식사를 푸짐하게 대접받고 숙소인 덕구온천 호텔에 여장을 풀었다. 호텔은 10여 명씩 잘 수 있도록 꾸민 공동 숙소다. 숙소를 정한 우리는 같은 장소에 위치한 국내 유일의 자연 용출 온천인 덕구온천으로 갔다. 중탄산나트륨이 많이 용해되어 있는 약알카리성 온천으로 신경통, 관절염, 피부병, 근육신경마비 등에 효과가 크다. 특히 스파월드에는 노천탕이 있어 기포욕, 반신욕 등 가족 단위로 다양한 온천을 즐길 수 있는 곳이다. 우리는 한 시간 가량 온천을 즐기며 피로를 풀고 숙소로 돌아왔다.

소광리 금강송

아늑한 깊은 산골 산새들이 노는 곳
맑은 물 기암괴석 병품처럼 둘린 곳
울창한 금강 소나무 군사처럼 서있다.

하늘 높이 쭉쭉 뻗은 시원스런 숲을 보니
천혜의 금수강산 여기에 또 있구나
한옥을 지을 때마다 금같이 대접한다

옛 부터 금강송은 대궐 짓는 목재로
벨 때는 어명으로 어느 궁궐 짓는다고
큰소리 외치고 나서 톱질을 했었다.

자연이 빚어낸 보석 거제도

여수 엑스포를 관람한 문공회원들은 태풍으로 인한 비가 세차게 쏟아지는 남해안고속도로를 따라 우리나라 두 번째 큰 섬 거제도로 향했다. 시간관계로 거제도 포로수용소 유적 공원과 해변도로를 따라 거제8경 일부만 관람키로 했다.

거제군은 경남 남해안 중앙에 있는 군으로 면적 367.2㎢, 인구 약 10만 명 정도, 10개의 유인도와 50개의 무인도로 구성되었다. 서부로부터 산방산, 계룡산, 선자산, 북병산, 국사봉, 대금산 등 구룡성 산지가 동북쪽에서 남서쪽으로 뻗어 산맥을 이룬다. 해안은 크고 작은 곶과 섬 및 익곡을 이루어 리아스식 해안선의 특색을 보인다.

일행은 6 · 25 한국전쟁의 아픔을 딛고 통일을 희망하는 역사의 현장 거제도포로수용소 유적 공원을 찾았다. 1950년 6월 25일 새벽 4시, 북한 인민군이 38도선 전역에서 일제히 기습 남침을 개시하여 서울은 3일 만에 함락되었다. 국군은 미군 및 유엔군의 지원을 얻어 낙동강 교두보를 확보하는 한편, 맥아더 장군의 인천상륙작전으로 전세를 역전시키는 계기를 만들었다, 그러나 100만이 넘는 중공군의 개입으로 다시 38도선을 중심으로 치열한 국지전이 전개되었다. 전쟁 중에 늘어난 포로를 수용하기 위해 1951년부터 거제도 고현, 수월 지구를 중심으로 포로수용소가 설치되었고, 인민군 포로 15만, 중공군 포로 2만 등 최대 17만 3천 명의 포로를 수용하였는데 그 중에는 300여 명의 여자 포로도 있었다.

1951년 7월 10일 최초의 휴전 회담이 개최되었으나 전쟁 포로 문제에서 난항을 겪었다.

특히 반공 포로와 친공 포로 간에 유혈살상이 자주 발생하였고 1952년 5월 7일에는 수용소 사령관 돗드 준장이 포로에게 납치되는 등 냉전시대 이념 갈등의 축소현장과 같은 모습이었다. 1953년 한국정부의 일방적인 반공 포로 석방을 기회로 1953년 7월 27일 휴전 협정이 조인됨으로써 전쟁은 끝났고 수용소는 폐쇄되었다.

거제포로수용소는 1983년 12월 20일에 경남 문화재 자료99호로 지정 보호되고 있다. 지금은 일부 잔존 건물과 당시 포로들의 생활상, 막사, 사진, 의복 등 생생한 자료와 기록물들을 바탕으로 유적 공원으로 다시 태어나 전쟁 역사의 산 교육장 및 세계적인 관광 명소로 조성되었다.

유적 공원에는 분수광장을 중심으로 흥남철수작전 기념비, 탱크 전시관, 6 · 25역사관, 포로생활관, 포로생포관, 포로폭동체험관, 포로 귀환 및 송환 등 24개 항목으로 기념관을 만들거나 야외 전시를 해놓았다. 전쟁을 체험하지 못한 세대에게 전쟁의 비참함을 다시금 깨워주는 산 교육 현장이 되었다. 문공회원들은 대부분 전쟁을 겪은 세대들이고 전쟁의 비참함과 반공 포로 석방, 포로 수용소 폭동 사건들을 잘 알고 있는 분들이라 깊은 감회에 젖었다.

특히 흥남철수작전기념비와 작전을 성공적으로 완수한 김백일 장군 동상을 대하니 감개무량하였다. 일본군 출신이라 친일파로 몰려 동상을 철거하려는 일부 세력들이 있어 수난을 겪기도 했다. 장군의 강경한 요청과 탁월한 작전이 없었더라면 10만이 넘는 피난민들이 공산치하에서 고통을 당할 뻔했다. 장군은 만주 간도 사람으로 1940년 선양육군사관학교를 졸업했다. 1946년 국방경비대에 입대하여 국군의 초석을 다지고, 여수반란사건 때 진압의 공을 세웠다. 6 · 25전쟁 시에는 사단장과 군단장을 역임했다. 제1군단을 이끌고 제일 먼저 38선을 돌파하고 혜산진까지 진격한 용장이다. 중공군이 밀어닥칠 때도 주도면밀한 전술로 항상 앞장서 적을 막다가 미군작전회의에 참가 후 돌아오는 길에 비행기 사고로 순직했다.

흥남 철수 작전 시 영하의 날씨에도 군함에 콩나물처럼 올라탄

피난민들의 모형 모습을 볼 때 눈시울이 붉어졌다. 당시 유엔군은 퇴각하는 군과 군수 물자를 부산으로 철수하는 작전이었다. 그러나 피난민들이 대거 몰려와서 탑승을 요청하자 난감했다. 군단장 김백일 장군이 유엔군 아몬드 장군에게 우리 국군은 걸어서 남하할 테니 피난민들을 우선 태워달라 간청하고, 중요치 않은 군수물자는 해안가에서 불태우고 군인들이 타고난 빈 공간에 피난민들을 태웠다. 철수하는 군함 안에서 7명의 아기가 태어났다.

일행은 거제8경 중 하나인 거제해금강을 바라보면서 여차 – 홍포 해안 비경을 따라 관광했다. 거제해금강은 수억 년 파도와 바람에 씻긴 형상이 갖가지 모양을 연출한다. 사자바위, 미륵바위, 촛대바위, 신랑바위, 신부바위, 해골바위, 돛대바위 등으로 둘러싸였고 진시 황제의 명을 받은 서복이 불로초를 구하러 왔다하여 약초섬으로도 불린다.

여차 – 홍포 간 해안은 망산 자락 밑에 바다와 맞대어 길게 늘어선 모습이 이웃과 어울려 사는 거제인의 모습을 나타내는 한 폭의 동양화 같다. 또 해질녘의 일몰 광경도 장관이다. 망산에 오르면 한려수도가 한눈에 펼쳐지고 자연산 돌미역은 이지역의 특산물이다. 우리는 시간이 없어 다른 거제8경은 후일로 미루고 진주로 향했다. 나는 거제도의 자연경관에 도취되어 조용한 시간에 다시 찾기로 결심했다.

빼어난 경치와 전쟁포로 수용소 유적 공원, 주변의 아름다운 해수욕장을 잘 개발하고 홍보하면 제주도 못지않은 관광처가 되리라 생각한다.

거제도 포로수용소

끝나지 않은 분단 흔적 여기에 또 있구나
동족상잔 아픈 상처 곳곳에 남아있다
겨레여 잊지를 말자 피말리던 참상을

피 나눈 형제끼리 살인 만행 자행하던
기억도 하기 싫은 갈등의 소용돌이
생생한 현장을 보니 한숨이 절로 난다

십칠만 포로들을 큰 섬에 수용하니
친공 반공 나누어 이념 투쟁 전개했다
다시는 되풀이 말자 어리석고 못난 행동.

철원지역 여행기

재경 경북중고 39회 봄나들이는 경기 북부 철원지역을 가기로 했다.

신록의 계절 5월 2일 아침 9시, 부인 17명을 동반한 78명은 잠실역에서 버스 두 대에 탑승하여 철원으로 향했다. 도로 주변과 산야는 온통 신록의 채색화 같았다. 우리는 서로의 안부를 물으며 병원에 있는 친구들의 건강 걱정을 했다. 거동이 불편한 친구들도 지팡이를 짚고 참석하여 동행하니 기뻤다. 노년이 될수록 외로움과 소외감이 커져 친구들의 모임과 여행이 더욱 절실해진다. 우리는 서로를 격려하며 허물없이 웃고 즐기며 농담과 유머로 시간가는 줄 모르고 철원으로 달렸다.

철원은 한때 궁예가 군사를 일으켜 이곳을 수도로 삼고 국호를 태봉이라 했으나 고려 태조가 도읍을 송도로 정하면서 동주(東州)로 고쳤다. 고려 충선왕 2년에 철원부가 되고, 고종 33년에 강원도로 이관되어 강원도 철원군이 되었다. 광복 후 공산치하에 들었다가 1953년 수복되었고 인근 읍면을 편입하여 현재의 철원군이 되었다. 철원은 동고서저(東高西低)의 지형이며 서부를 남서 방향으로 흐르는 한탄강을 중심으로 동부 산지와 서부 평야지대로 구분한다. 철원군은 한반도의 중심부에 위치하여 예로부터 교통의 요지였다. 경원선 철도와 여기서 분기한 금강산 전철이 통과하였으나 6 · 25전쟁 후 단절되었다.

한탄강은 유년기 하곡으로 흐름이 급하고 굽이가 많아 곳곳에 소와 폭포 등이 절경을 이루어 삼부연폭포 · 순담계곡 · 직탕폭포 등이 있으며 고석정 · 망원대 · 남대천 · 원아사 · 군단공원 등 관광명소가 많다.

일행은 가는 길목에 있는 승일교를 보았다. 승일교는 한탄강 중류지점에 놓인 높이 35m, 길이 120m, 폭 6m의 다리다. 승일교의 다리 이름에 대해서는 두 가지 설이 전해진다. 하나는 남북합작으로 완성한 다리라 하여 이승만 대통령의 '승'자와 김일성의 '일'를 합친 승일교이며, 다른 하나는 6,25 당시 한탄강을 건너 북진 중 전사한 박승일 대령을 기리기 위하여 명명했다는 얘기가 있다. 승일교는 문화재로 관리되면서 현재 통행을 금하고 있다.

우리는 순담계곡에 하차하여 주변을 관람했다. 철원군청에서 북서쪽 5km 정도 떨어진 순담계곡은 한탄강 물줄기 중 가장 아름다운 계곡이다. 기묘한 바위와 깎아 내린 듯한 벼랑, 연못 등이 많으며 계곡에는 보기 드문 하얀 모래밭이 천연적으로 형성되어 많은 관광객들이 끊임없이 찾는 명소다. 뒤편에는 래프팅 장소로 최적지인 뒷강이 위치하여 래프팅 동호인들이 즐겨 찾는 곳이기도 하다. 계곡을 배경으로 사진도 찍고 맑은 물에 발도 담가보고 빼어난 자연환경에 도취되어 고석정(孤石亭)으로 향했다. 고석정은 철원 8경의 하나로 한탄강 중류에 있는데, 일반적으로 강 중앙의 고석과 정자 및 그 일대의 현무암 계곡을 총칭하여 고석정이라 부른다. 강 중앙에 위치한 10여m 높이의 거대한 기암봉(奇巖峰)에는 임꺽정이 은신하였다는 자연 동굴이 있고 건너편 산 정상에는 석성이 남아 있다. 주변에는 철쭉과 영산홍이 아름답게 피어 길손을 반겼다. 우리는 정자에 앉아 주변의 빼어난 경치에 푹 빠져 잠시 휴식을 취한 후 고석정 가까이에 있는 직탕폭포로 향했다. 이 폭포는 한탄강 상류의 기암절벽과 자연적인 일자형 기암으로 이루어진 폭포로 그 웅장함과 기묘함, 그리고 아름다움이 겹쳐 철원팔경의 하나로 손꼽힌다.

한탄강의 맑은 물과 풍부한 수량 등으로 자연미가 넘치는 이 폭포는 폭이 80m, 높이 3m로 속칭 '한국의 나이아가라'로 알려져 있다. 예약한 식당에 들려 산채나물과 막걸리를 겸한 점심식사를 하고 산정호수로 향했다.

산정호수는 수심 23.5m의 호수로 1925년 농업용수로 이용하기 위해 축조된 저수지다. 1977년에 국민관광지로 지정되어 연간

100만 명 넘는 관광객이 찾는 명소가 되었다. 병풍 같은 웅장한 명성산을 중심으로 호수 양 옆에는 망봉산과 망무봉을 끼고 있다. 호수 주위로는 산책로가 잘 정비되어 신선한 숲속을 걷는 관광객들이 많다. 주변에는 낙천지폭포, 김일성 별장 터, 조각공원, 놀이동산, 허브식물원 등이 있다.

일행은 한림각에 앉아 맥주를 마시며 주변의 명성산과 망봉산, 망무봉을 바라보며 맑은 호수와 호수에 다니는 백조 모양의 보트를 바라보며 잠시 신선이 되었다.

일행은 웃고 떠들며 객쩍은 농담도 하고, 동행한 부인들은 동요와 가곡을 부르며 즐겼다. 모두가 천진난만한 어린 시절로 돌아간 느낌이다.

마지막 코스로 평강식물원에 들렀다. 한국 최북단에 위치한 12가지 생태 정원으로 조성된 다양한 테마의 종합 식물원으로 동양 최대의 고산식물 전시장인 암석원과 희귀한 식물들이 전시되어 아름다운 자연 속에서 평강을 누릴 수 있는 쉼터이다.

관광코스를 따라가며 주변을 돌아보고 희귀한 식물들을 관람했다. 아직도 조성 단계에 있는 곳도 있고 관리가 잘되지 않아 아쉬운 감이 들었다.

관수 시설과 좋은 흙을 보토하여 식물들이 잘 자랄 수 있게 하고, 각종 테마의 설명도 상세하게 한국어, 영어, 중국어, 일본어 등을 곁들었으면 좋겠다. 일행은 큰 나무아래 마련해 놓은 그네

뛰기, 널뛰기, 투호놀이 등을 하며 잠시 어린이로 돌아갔다. 하늘 높이 솟은 낙락장송위에는 까치들이 보금자리를 마련하고 알을 까고 있다.

친구들과 같이 대자연을 만끽하며 즐겁게 지내고 보니 모두가 학창시절의 끈끈한 정이 다시 살아나고, 황혼을 맞아 외롭고 쓸쓸한 만년을 이렇게 즐겁게 보낼 수 있는 건강과 여건을 주신 하나님께 감사드리며 상기된 얼굴로 귀경하였다. 귀경하는 차 안에서 게임도하고, 노래를 부르며 잡담으로 즐거운 시간을 가졌다. 보람된 하루의 즐거운 여행이었다. 동창들과의 즐거운 모임을 위해 건강을 다져야겠다는 생각을 하며 먼 훗날 이 나들이를 떠올릴 때마다 보람된 하루의 행복감에 젖으리라 싶다. (2012. 5. 6)

청정지역 화천나들이

경북중 · 고 제39회 동창 82명은 화천 지역으로 가을 등산 겸 나들이를 했다.

2013년 10월 23일 아침 8시 잠실 롯데백화점에서 차량 2대에 나누어 타고 화천으로 향했다. 창밖에는 가을을 마감하는 단풍이 고운 색깔로 산야를 수놓고 있다.

회원들은 지나온 이야기와 건강 상태 등을 이야기하며 평화의 댐에 도착했다.

학창 시절에는 한 반에 70명씩 8학급이나 되었으니 560여 명이 동기 동창이다. 그러나 타 중학교에서 경북고등학교로 입학한 동창 회원을 합산하여 동창회 명부를 보면 670명이나 된다.

2013년 12월 말로 230여 명이 타계하고 430여 명이 남았다. 그 중에 수도권에 거주하는 회원은 180명 정도다. 그러나 동창 모임이나 등산모임에 참석하는 회원은 90명 정도다. 참석 못 하는 동문들은 건강이 좋지 않거나 거동이 불편하다.

회원들은 제일 먼저 파로호와 평화의 댐, 평화의 공원을 둘러보았다. 파로호는 휴전 직전에 남북한이 발전소를 서로 먼저 차지하려고 치열한 전투를 벌였는데 국군과 유엔군이 당시 중공군 3만여 명을 섬멸한 전승지다. 이승만 대통령이 오랑캐를 격파한 곳이라는 뜻으로 그렇게 이름을 지었다. 그런데 정갑철 화천 군수가 전쟁이 지난 지 이미 60년이 지났으니 이제는 이곳에서 사망한 민간인, 국군, 유엔군, 인민군, 중공군 등 10만여 명에 이를 것으로 보고 이들의 넋을 위로하는 뜻과, 격전지를 평화의 본거지로 삼아야겠다는 포부를 가지게 되었다. 그리하여 격전지에 흩어진 탄피를 모아 평화의 종을 만들기로 결심하였다. 이 지역에 흩어져 있는 탄피를 모으는 한편 세계 걸스카우트 회원들이 세계 각 전쟁 지역에서 모아온 탄피를 합하고 또 30여 국가로부터 지원도 받아서 무게가 만 관(37.5톤)에 이르는 세계에서 가장 큰 종을 만들었다. 그리고 이 종을 치는 사람들에게 500원씩 받아 연간 5,000만원~8,000만원이 모이는데 그 돈으로 6 · 25 참전국인 이디오피아 전쟁 참여자의 자손 및 난민 자녀 1,154명에게 장학금을 지급한다. 정갑철 군수는 거기서 그치지 않고 고르바쵸프를 포함한 세계 정상 30명의 손을 석고로 떠서 돌에 새겨 평화의 종 밑에 조각해놓았다. 그리하여 마침내 파로호가 있는 평화의 댐이 더 이상 분쟁 장소가 아닌 평화의 상징, 평화의 본거지로 만들겠다는 포부를 실현한 곳이다.

일행은 군에서 나온 해설자의 안내를 들으며 20명씩 나누어 평화의 종을 열 번씩 치면서 세계의 평화와 조국의 평화 통일, 대한민국의 무궁한 발전과 개인들의 소원을 빌었다. 평화의 댐을 둘러보고 전화위복의 교훈을 되새기고 많은 물을 저장하였다가 공업국가에서 필요로 하는 물 부족 사태를 해결하는데 도움을 주었으면 한다. 일행은 인근에 있는 비목공원을 둘러보고 다시는 이 땅에서 전쟁의 참화가 일어나지 않도록 기도했다. 필자는 가곡「비목」을 힘차게 불러 영령들을 위로했다. 좀 더 넓히고 상징물도 많이 설치하여 명실상부한 비목공원이 되었으면 바랬다.

일행은 점심식사를 예약한 비수구미로 가기 위해 파로호 유람선을 탔다. 파로호는 화천군과 양구군에 걸쳐 있는 인공 호수로 면적 38.9㎢, 저수량 19억 톤으로 1944년 10월, 일본이 대륙 침략을 위한 군수산업의 목적으로 전기를 생산하기 위해 북한강 상류의 화천군 간동면 구만리와 화천읍 풍산리 사이의 협곡을 막아 높이 81.5m의 화천댐이 건설되면서 생겨난 인공 호수다. 8 · 15광복 후 북한 치하에 있다가 6 · 25전쟁 때 수복되었다. 우리나라에서 축조 연대가 가장 오래된 인공호의 하나로 수심이 깊고 물이 깨끗하며 어족 자원이 풍부하여 전국적인 관광 낚시터로 유명하다. 양구읍에 이르는 40km의 호수 양안에는 일산, 병풍산, 사명산 등의 높은 산이 병풍처럼 둘러있어 호수 주위의 경관이 매우 수려하다. 일행은 유람선을 타고 맑은 호수 물결을 가르면서 양안의 수려한 경치를 감상하며 안내자의 설명을 들었다. 통일이 되고 이호수를 관광 자원으로 잘 개발하면 동양의 명소로 자리하겠다고 생각해본다. 비수구미까지 가는 데는 한 시간이 걸려 배 안에서 노래를 부르며 춤도 추면서 즐거운 시간을 가졌다. 비수구미는 화천 호수에서도 구석에 위치하여 6인승 작은 유람선이 교통수단이고 대형 유람선에서 내려서는 작은 산을 하나 넘어야 갈 수 있다. 일행은 대형 유람선에서 하선하여 울창한 산림으로 덮인 산을 넘어 예약된 식당으로 이동했다.

예약된 사람이 많아 야외에서 간이 식탁을 마련하여 순수한 자연식 식사로 점심을 먹었다. 모두가 시장하여 반찬이 소박해도 막걸리를 곁들어 꿀맛 같은 식사를 했다. 시장이 반찬이란 말이 실감났다. 식사 후 인근 산책길을 따라 2km 정도 걷고 다시 산을 넘어 선착장으로 갔다. 유람선 도착 시간이 많이 남아 일행은 삼삼오오 모여 앉아 격의 없는 유머와 해학으로 웃음꽃을 피우며 맑은 물과 공기를 마음껏 마셨다. 시간이 많이 지나 서울로 가야할 시간이지만 화천수력발전소장으로 있는 후배가 수력발전소를 꼭 둘러보고 가야한다고 사람을 보냈다. 우리는 늦었지만 차량을 돌려 발전소로 향했다. 어둠이 깔린 발전소이지만 소장을 위시한 많은 직원들이 남아 우리를 맞아주었다. 화천발전소는 일제가 대륙 침략의 일환으로 전기를 생산하기 위하여 1944년 5월에 제1호기, 10월에 제2호기를 준공하였다.

6 · 25전쟁 당시 크게 파손되었으나 그 후 다시 수복하여 우리 손에 들어왔다. 1957년 11월에 3호기, 68년 6월에 한전에 의하여 4호기가 준공되었다. 단위 용량은 27,000kw, 합계 시설 용량은 총 108,000kw 규모다. 한국전쟁 당시 뺏고 빼앗기는 전화 속에 만신창이가 되었으나 이제는 최첨단 시설로 공해 없는 수력발전으로 선진 조국 건설에 크게 이바지한다. 관내에는 전쟁 시 시설을 지키다가 순직한 사람들의 추모비가 세워져있어 당시의 처참한 전투 상황을 기록해놓았다. 일행은 일반인들은 함부로 출입할 수 없는 보안 시설을 둘러보면서 안내자의 자세한 설명을 듣고 수력발전소의 중요한 위치를 재확인하였다. 귀경길에는 노래자랑과 해학과 유머로 즐거운 시간을 보냈다. 70대 중반을 넘은 동문들이지만 어릴 때 모습 그대로 천진난만하고 허물없이 지내는 모습을 보면 역시 좋은 친구들이 있어야 인생 살 맛이 난다는 사실을 깨달았다. (2013년 10월 25일)

충절의 고장 진주

여수세계박람회 첫날 일정을 마친 문공회원들은 저녁식사 후 태풍 영향으로 야간 관람을 중지하고, 인근의 리오호텔에 여장을 풀었다. 밤에는 비바람이 몰아쳤다. 아침에 일어나니 비는 그치고 구름은 하늘을 여전히 덮고 있다. 일행은 해안도로를 따라 거제도 포로수용소와 거제 8경 중 몇 곳을 관람하고 진주로 가서 진주성 안의 촉석루에 올랐다.

진주성은 왜적을 막기 위하여 삼국 시대부터 조성한 성으로 진주의 역사와 문화가 깃든 유서 깊은 곳이다. 고려 말 우왕 5년(1379)에 진주목사 김중광이 잦은 왜구의 침범에 대비하여 본래 토성이던 것을 석성으로 고쳐 쌓았으며, 임진왜란 직후에는 성의 중앙에 남북으로 내성을 쌓았다.

1972년에는 촉석문을, 일제강점기에 허물어졌던 서쪽 외성의 일부와 내성의 석곽은 1975년에 복원하였다. 1979년부터는 성

안팎의 민가를 모두 철거하는 등 진주성 정화사업을 시작해 2002년 공북문 복원공사를 마지막으로 현재의 모습을 갖추게 되었다.

성곽의 둘레는 1,760m, 높이는 5~8m이며 성안에는 촉석루 · 의기사 · 영남포정사 · 북장대 · 창렬사 · 호국사 · 서장대 · 임진대첩계사순의단 · 국립진주박물관 등이 있다.

촉석루는 진주의 상징이자 영남 제일의 명승지다. 전시에는 장졸을 지휘하던 지휘소로 평시에는 선비들이 풍류를 즐기던 곳이다. 고려 고종(1241년) 때 창건된 이래 수차례의 중건과 중수를 거듭하였다. 임진왜란 때 불탄 것을 광해군 10년 전보다 웅장한 건물로 중건하여 1948년 국보로 지정된 바 있다.

그러나 1950년 6 · 25동란으로 다시 불탔으며, 지금의 건물은 1960년 진주고적보존회가 시민의 성금으로 중건하였다. 정면 다섯 칸, 측면 네 칸의 팔작지붕 누대로 '촉석루'란 이름은 강 가운데 돌이 우뚝 솟아 있다하여 붙인 이름이며, 남장대 또는 장원루라 부르기도 했다, 우리는 촉석루 마루에서 자유로운 자세로 진주성 전반에 걸친 안내원의 설명을 들었다.

중요한 유적을 소개하면 의암은 '위험한 바위'라는 뜻의 위암(危巖)으로 불리다가 계사년 전란시 순절한 논개의 의로운 행동을 기리기 위해 의암(義菴)이라 불렀다.

의기사(논개사당)는 논개의 넋을 기리기 위하여 세운 사당이다. 영조 16년 경상우병사 남덕하가 창건하였으며 지금의 의기사는 의기창렬회가 시민의 성금을 모아 재건한 것이다.

임진대첩계사순의단은 임진년 임진왜란 3대첩의 하나인 진주대첩을 높이 받들고, 계사년에 순국한 7만 민 · 관 · 군의 충혼을 위령하기 위하여 1987년에 국란 극복의 표상으로 건립하였다. 공복문은 17세기 이후에 그려진 진주성도에 나와 있는 진주성의 정문으로 공(拱)은 손을 모아 가슴까지 들어올려 공경한다는 뜻이다.

북은 임금이 계시는 북쪽인 북두를 뜻하는 것으로 2002년 5월 1일 홍예식 2층 다락루로 복원했다.

북장대는 진주성의 북쪽 지휘소로 진남루라고도 부른다. 광해군 10년(1618년) 남이홍이 중건하였으며, 조선 중기의 다락집형으로 후대에 군사 건물의 모범이 되었다. 내성 북쪽 끝 제일 높은 곳에 있어 낭떠러지 밑의 성밖은 물론 성내와 외성에 포진한 병사까지 지휘할 수 있었다. 그밖에 김시민장군전공비, 호국의종과 임진왜란 당시 제2차 진주성 전투에서 장렬하게 순국한 삼장사 김천일, 황 진, 최경희 및 7만 민 · 관 · 군의 충의를 새긴 촉석정충단비와 쌍충사적비, 김시민장군동상, 영남포정사, 포루, 서장대, 창렬사, 호국사 등과 진주박물관이 있다. 일행은 서둘러 진주성의 유적들을 관람하고 진주박물관으로 이동했다.

이번에 참석한 문공회원들은 진주박물관 건립과 초기 유물 수집에 직 간접으로 수고한 분들이다. 필자도 진주박물관 개관시 참석하여 일을 도운 적이 있다.

진주박물관은 1978년 12월 8일 건립계획이 확정되어 1984년 11월 2일 개관했다. 우리나라 현대 건축의 1세대 건축가 고 김수근의 설계로 고대 목탑을 형상화한 건물이다.

개관 당시는 가야 문화를 소개하고 경남지역의 고고학적 연구 · 조사를 담당하는 기관이었으나 1998년 1월부터 김해박물관 개관에 따라 임진왜란사를 전시 주제로 하는 역사박물관으로 전환했다. 2001년 11월 19일에는 경남사천 출신의 재일교포 두암 김용두 선생이 소장한 문화재를 기증받아 두암관을 개관했다.

2008년에는 역사문화실을 신설하여 경남지역의 전통 문화를 소개하고 지역 문화를 선도하는 문화 중추 기관의 역할을 맡았다.

상설전시실로 임진왜란실, 역사문화실, 두암실이 있으며 이외에 기획전시실과 3D 입체영상관, 감각체험실, 정보자료실과 강당 등으로 운영한다.

임진왜란실에는 일본군의 침공로와 주요 전투 장면, 의병의 활동 상황을 일목요연하게 정리하여 전시했다. 진주성 제1 · 2차 전투 장면도 사진과 함께 상세히 전시되었다.

진주성 제1차 전투는 임진왜란 초반 일본군의 승승장구도 보급로가 길어지고 조선 의병이 사방에서 벌떼같이 일어나 기습 작전을 펴고 수송되는 군량미를 빼앗아 불태우자 공세가 주춤했다. 다급해진 일본군은 호남 곡창지대를 얻기 위해 해로로 가려했다. 그러나 조선 수군 이순신 장군의 강력한 방어에 연전연패를 당하여 바닷길을 포기하고, 육지로 가려했으나 남강을 끼고 견고하게 쌓은 진주성을 공격하기가 무척 힘들었다.

1592년 10월 4일 일본군은 진주성을 포위하고 치열한 전투가 시작되었다. 진주성에는 목사 김시민 장군이 삼천팔백여 명의 군사와 성민들이 결전 태세를 가다듬고 있었다. 경남지방의 의병들도 동참하여 수성군을 도왔다. 조총을 쏘며 공격해오는 일본군에게 조선군은 총포와 궁시로 싸웠다. 성안의 일반 백성들은 큰 돌과 뜨거운 물을 쏟아부으며 침입을 막았다. 일주일 동안 계속되는 전투에서 공략에 실패한 일본군이 버티지 못하고 퇴각하였다. 손가락이 문질러지도록 활을 쏘며 분전하던 김시민 장군은 일본군의 조총에 맞아 장렬히 전사했다. 이 전투의 승리로 일본군의 호남 진출을 좌절시켜 곡창 지대인 호남을 온전하게 보존하였다.

진주성 제2차 전투는 명나라 군사의 지원으로 평양성에서 패배한 일본군이 서울에서도 철수하여 경상도 남해안 일대에 왜성을 쌓고 주둔하고 있었다.

1593년 6월 일본군은 제1차 공격에 실패한 진주성 공격을 설욕하기 위해 가등청정, 소서행장, 우희다수가 등 왜장들은 휘하의 10만여 병력으로 성을 공격해왔다 진주성에는 삼천오백여 명의 군사와 육만여 명의 주민들이 입성하여 창의사 김천일과 경상우병사 최경희, 충청병사 황진, 의병장 고종후 등을 중심으로 진주성을 사수하기로 결의했다. 일본군은 토산을 쌓아 망루에서 내려다보면서 성 안으로 조총 사격을 했고 성 안에서도 토성을 쌓아 현자총통으로 응사했다.

6월 29일에 일본군은 귀갑차라는 새로운 무기를 만들어 일제히 성을 총공격하여 성벽을 무너뜨리고 물밀듯이 성안으로 돌입했다. 성이 함락되자 7만여 명의 군 · 관 · 민은 최후까지 혈전을 벌였으나 중과부적으로 장렬한 최후를 마쳤다. 간악한 왜병은 어린이 노약자는 물론 가축 한 마리도 남기지 않고 살육의 만행을 저질렀다.

이 싸움은 임진왜란 중 최대의 격전으로 우리민족의 애국정신을 발휘한 빛나는 싸움이었다. 진주 관기 논개는 진주성이 함락되자 몸단장을 곱게 하고 촉석루 아래 가파른 바위 위에 서서 적장을 유인했는데 바위 밑은 깊은 강물이었다. 승리에 도취된 왜장은 논개의 유혹에 빠져 바위 위로 올라오자 논개는 열 손가락에 반지를 끼고 왜장을 단단히 끌어안고 강물로 뛰어 들어 함께 죽었다. 일본군은 비록 진주성을 함락시키긴 했으나 진주성 군 · 관 · 민의 처절한 저항으로 막대한 손실을 입어 더 이상 전라도로 나아가는 것을 포기했다.

임진왜란의 격전지 진주는 이순신 장군의 수군과 함께 일본의 무모한 전쟁을 포기하도록 만든 계기가 되었고, 한민족의 끈질긴 저항 정신을 발휘한 쾌거였다. 임진왜란 시 왜병과 같이 조선에 온 서양 선교사들의 객관적 전쟁 기록에도 조선인들의 의병 활동과 처절한 저항 의식을 잘 나타내 주고 있다. 일행은 진주성의 전쟁 유적과 박물관의 임진왜란 관계 유물과 전시를 보고 유비무환의 교훈도 얻었다.

가깝고도 먼 일본을 항상 경계하고 부국강병으로 단단히 준비하여 어떠한 국란도 이길 수 있는 힘을 길러야겠다는 굳은 결심을 했다.

촉석루에 올라

남강 가 벼랑위에 장엄하게 높이 솟아
전쟁 시는 지휘본부 평상시는 과거장소
한 폭의 산수화처럼 고즈넉이 서 있다.

철통같은 요새로써 호남곡창 지켜내고
군관민 한 마음 되어 혈투를 벌인 장소
남강은 알고 있으리 붉고 푸른 높은 기상.

가축 한 마리 남김없이 적들에 유린되고
시체는 산천을 덮고 하늘도 외면할 때
여장부 높은 기개는 적의 간담 녹였다.

벌떼처럼 몰려오는 원수를 앞에 두고
남강에 등불 띄워 군민 간에 신호 삼던
유등은 불을 밝히며 옛일을 전하고 있다.

충청지역 문학기행

2013년 광나루문학회 가을 문학기행은 충청 지역의 유적을 답사하기로 했다.

회원 20명은 10월의 화창한 가을날 어린이대공원 후문에 집결하여 충북 음성으로 출발했다. 차창 밖으로 풍년을 맞아 추수를 기다리는 황금빛 알찬 곡식들을 보니 마음이 뿌듯하다. 20인 승합차에서 세상사와 개인의 일들을 이야기하며 정답게 오다보니 어느새 목적지에 도착했다. 오랜만에 나온 안병호, 송문호씨 등 옛 문우들도 참석하니 반갑고 성금과 선물까지 해주시어 무척 고맙다.

제일 먼저 도착한 매괴고등학교는 충북 음성군 감곡면 왕장리 산 29번지에 있다. 이곳은 예전 109칸 민응식의 집터로 명성황후가 1881년 고종 18년에 일어난 임오군란 시 난을 피하여 왔던 곳이다. 입구에는 피난지 표지석이 세워져있고 넓고 큰 학교에는 학생들이 적어 교실 절반은 빈 공간으로 있었다.

임오군란의 원인은 이랬다. 고종 18년 민 씨 정권이 일본의 후원으로 별기군이란 신식군대를 조직하면서 군인들을 후하게 대접했다. 이에 기존의 군인들이 불만이 쌓이며 반발이 일어나 별기군을 미워하게 되었다. 1882년 15개월이나 밀렸던 봉급미를 지불하면서 양이 모자라 모래와 겨를 넣은 것이 발견되자 기존의 군인들이 군란을 일으켰다. 그들은 창덕궁에 진입하여 책임자인 민겸호와 경기감사 김보현을 학살하고, 황후 민 씨마저 해치려 했다. 황후는 궁녀 옷으로 갈아입고 대원군의 부인이며 시어머니인 민 씨의 가마를 타고 나오다가 난군에게 붙잡히게 되었다.

그러나 호위 무사 홍계훈의 기지로 창덕궁을 빠져나와 몰래 서울을 탈출하여 여러 지역을 전전하다가 조카뻘 되는 민응식 고향집인 이곳에 은거했다.

이 집에 은거하던 왕후는 그 당시 권력을 잡고 세도하던 민 씨 일가를 미워하던 주민들이 서울에서 내려온 귀부인을 의심하고 황후를 해치려 하자 국망산 밑 가난한 농부의 집으로 거처를 옮겨 50여 일간 은거했다. 황후는 밀사를 보내 궁궐의 일을 탐지하고 고종에게 황후가 살아있다 전하고 대원군을 제거하기 위한 계략을 전했다고 한다. 황후는 매일 신흥동 뒤편에 위치한 금방산에 올라 한양 소식을 기다리며 고종을 사모했다고 하여 후에 국망산(國望山)이라 부르게 되었다. 우리는 멀리서 국망산을 바라보며 정기용 회장의 설명을 듣고 국보 205호인 충주고구려비가 있는 곳으로 이동했다.

공식 명칭은 '충주고구려비'이지만 일반적으로 신라시대 충주의 옛 지명에서 비롯된 '중원고구려비'라는 이름으로 널리 알려져 있다. 국내 유일하게 남아있는 고구려의 석비로 조사되어 1979년에 알려졌다. 높이 203㎝, 폭 55㎝, 두께 33㎝이며, 커다란 자연석을 다듬어 그대로 비면으로 삼고 있다. 4면에 모두 예서체로 글을 새겼지만 뒷면과 우측면은 글씨를 알아볼 수 없을 정도로 심하게 마모되었고, 앞면과 좌측면 일부의 내용만 확인된다. 비가 세워진 시기에 대해서는 여러 가지 학설이 있으나 일반적으로 고구려가 남한강 유역까지 영역을 확장한 5세기 장수왕 때 세워진 것으로 추정된다. 비문에는 고구려왕을 '고려대왕'이라 칭하고 있으며, '신라토내당주' 등의 표현으로 고구려 군이 신라의 영토에 주둔하여 영향력을 행사했다는 사실이 확인된다.

이처럼 중원고구려비는 5세기 고구려의 남진과 신라와의 관계를 알려주어 사료로서의 가치가 매우 크다. 특히 고구려의 금석문은 광개토대왕비 등 매우 일부만 겨우 전해지고 있는데 이 석비는 한반도의 중부 지역인 남한강 유역에서 발견되었다는 점에서 그 중요성이 높이 평가된다.

우리는 석비가 보관된 건물이며 각종 전시물을 통하여 고구려인의 삶을 살펴본 후 중원 탑평리의 7층석탑(중앙탑)이 있는 곳으로 이동했다. 현재 남아 있는 신라 석탑으로는 가장 높은 탑이다. 2층 기단 위에 세워진 일반형 석탑이지만 탑신에 비해 기단부의 폭이 넓다. 기단은 각부를 몇 장의 돌로 조립했는데 아래위층 기단이 모두 면석에 탱주 네 개씩을 세워놓았다. 탑신부 역시 각 부를 몇 장의 돌로 구성했는데 위층으로 올라갈수록 좁아들면서 중적되었고 옥개석 받침은 각 층이 모두 5단으로 되었다. 이 탑은 신라 원성왕 때 세워졌다는 전설이 있으며, 지리적으로 한국 중앙부에 위치한다고 하여 속칭 '중앙탑'이라 불리어지기도 한다.

일행은 탑을 중심으로 기념사진을 찍고 주위를 둘러보았다. 맑은 가을 하늘에는 몇 점의 흰 구름이 한가롭게 흘러가고 주위는 너무나 평화롭다. 충주호의 풍부한 물줄기가 여기까지 넘실거리고 금년에 세계조정경기를 치른 경기장이 깨끗하게 정비되어 있다. 일행은 한식전문점 '한성감로정'에 들려 점심을 먹고 탄금대로 향했다.

탄금대는 대둔산의 명승지며 신라 진흥왕 때 우륵이 제자들을 가르치고 가야금을 타던 곳이다. 또한 임진왜란의 전적지며 신립장군이 전사한 곳으로도 유명하다.

탄금대는 울창한 송림과 조각공원 산책로가 조성되어 있으며, 남한강과 달천강이 합류되고 조정지 댐의 호수와 근접해 있어 주변 경치가 뛰어나다.

가야국이 멸망할 기미가 보이자 우륵은 가야금을 가지고 신라에

귀화하여 이곳에 거주하면서 제자들을 가르치며 풍치를 감상하였다. 산 위의 바위에 앉아 가야금을 타니 그 미묘한 소리에 사람들이 모여 마을을 이루었다고 삼국사기에 기록되었으며, 이로 인하여 이곳을 탄금대라 불렀다.

또한 이곳은 임진왜란 당시 도순변사 신립 장군이 8천여 명의 군졸을 거느리고 배수진을 치고 물밀듯 몰려오는 왜적을 맞아 결전을 벌였다. 그러나 중과부적에다 오합지졸인 관군은 잘 훈련된 왜적 앞에 속수무책이었다. 진흙탕 강변에는 간밤에 비가 와서 말들의 발이 빠져 돌격 할 수 없었고 조총으로 무장된 왜군을 활과 칼로서는 당할 수 없었다. 관군 8천여 명은 전원 옥쇄하고 신립 장군도 천추의 한을 품고 남한강에 투신하여 자살하고 말았다. 남한강 언덕에 '열두 대'라는 100척의 절벽이 있는데 이곳은 신립 장군이 그 당시 전투에서 열두 번이나 오르내리며 활줄을 물에 적시고 갑옷을 식히며 병사들을 독려하며 싸운 곳이다.

이곳에는 탄금대비, 감자꽃 노래비, 탄금정, 우륵선생 추모비, 신립장군 순절비, 조웅장군 기적비, 대흥사 등이 있다. 일행은 안내원의 설명을 들으며 그 당시 조정 대신들의 준비 부족과 당파싸움으로 인한 국론 분열, 최고사령관의 전술과 판단 부족 등을 들으니 무척 안타까운 생각이 들었다.

우리는 순절한 장군과 옥쇄한 군졸들의 영혼을 위로하는 묵념을 올렸다. 뛰어난 주변 경치와 유적들을 둘러보며 조국의 아름다운 풍치에 아픈 마음이 조금은 가시는 듯 했다.

이어서 일행은 조선 인조 때 명장 충민공 임경업 장군을 모신 사당으로 갔다.

충주시 단월동에 위치하며 앞에는 단호사 사찰이 있고 뒤로는 충주 건국대학 캠퍼스가 있다. 사당 입구에는 오래된 반송이 장군의 기상을 대변하고 있었다.

임경업 장군은 이곳 충주 대림산 기슭에서 태어나 어려서부터 학문과 무예에 출중하였으며 광해군 10년에 무과에 급제한다. 그 후 중요한 직책을 맡아 선정을 베풀고 국토방위를 위하여 일선에서 많은 공헌을 했다. 인조 2년 '이괄의 난'이 일어나 나라가 위태로울 때 반란군을 진압하여 일등공신에 서훈된다. 정묘 · 병자호란을 당하여 나라가 위기에 처했을 때 장군은 백마 · 의주산성을 수축하여 국방 강화에 전력한다. 한편 그는 반청친명(反靑親明)의 확고한 신념으로 청나라에 대항하여 싸워 공을 세웠으나 간신 김자점의 모함으로 억울한 죽음을 당했다.

후세에 장군의 공적이 인정되어 숙종 23년에 왕명으로 충주 단월 이곳에 충렬사를 건립하고 춘추로 제사를 드리던 차에 1977년 박정희 대통령이 충렬사를 성역화 하도록 지시함에 따라 오늘날의 모습을 갖추었다. 충렬사 경내에는 위패를 모신 사당과 유품들을 전시한 유물관, 정조가 친히 글을 지어 비석에 새겨 전하게 하였다는 '어제달천충렬사비'가있다.

유물전시관에는 장군이 사용하던 단검 추련검이 있으며, 전투에 사용하던 용천검은 일본인들이 훔쳐가서 없어지고 그 칼에 대한 일화와 칼 위에 쓴 장군의 시 한수만 전한다.

또 이곳에는 장군의 부인 이 씨의 충절을 기린 '완산이씨정렬비'가 있다. 부인은 청나라에 잡혀갔으나 끝까지 항거하며 옥중에서 자결하였다 한다. 용천검은 장군이 무과에 급제하여 소농보 권관이 되었을 때 큰 연못가를 거닐다가 한 마리의 용이 칼을 물고 나와 얻었다는 전설이 있고 장군은 즉석에서 '용천검'이라는 시를 지었다고 전한다. 일행은 시간이 없어 조각 공원은 다음으로 미루고 상경하는 길에 있는 사육신 박팽년 사우를 둘러보았다.

마을 한복판에 자리한 사당은 찾는 사람이 적어 한적하다. 먼 후손이 사당을 관리하며 찾아오는 사람들에게 박팽년 씨에 대한 일화를 들려주고 있었다.

훈민정음 창제에도 공이 많고 청렴결백하고 뛰어난 학자인데 젊은 나이에 아깝게 목숨을 잃게 되어 안타까웠다. 일행은 잠시 머리 숙여 묵념을 올린 후 경내를 둘러보고 안내원의 설명을 듣고 서둘러 귀경했다.

가을이라 해가 짧아 어둠이 빨리 찾아오니 아쉽긴 하지만 하루의 일정을 잘 구상하신 J 회장님께 고마움을 느낀다. 차안에서 오늘 다녀온 여행지에 대한 감상을 서로 이야기하며, 보람찬 하루 내내 웃음으로 보낼 수 있었기에 마음이 뿌듯하다.

화진포와 건봉사

제41회 문공회 추계 문화유적답사는 고성에 있는 건봉사와 화진포 일대를 돌아보았다. 신청자가 많아 45인승 버스에 모처럼 빈 자리가 없다. 모두가 백발이 성성한 퇴직 공직자들이다. 건강상 이유로 늘 보이던 분들이 한두 사람 보이지 않아 안타깝다.

옅은 안개가 낀 고속도로로 들어서니 출근 차들이 길을 메운다. 힘차게 돌아가는 국력을 보는 것 같아 침체가 되어도 기분은 좋았다. 문공회장, 문화재분과위원장의 인사와 참석 회원들의 개인 소개를 했다. 고성군에서 보내온 책자와 홍보물을 받고 차창 밖을 보니 단풍으로 곱게 물들어가는 산과 마무리 추수를 하는 들판이 눈에 들어온다.

경춘고속도로를 따라 홍천을 경유, 인제를 지나 진부령고개를 넘어 강원도로 들어서니 백두대간의 준령들이 더욱 더 선명한 단풍으로 치장하고 상록수와 더불어 수를 놓은 비단보와 같다. 일행은 깊어가는 가을을 보고 인생의 황혼을 맞은 처지를 돌아보며 세월이 너무 빠르게 흘러간다는 것을 느꼈다.

잘 포장된 고속도와 국도를 이용 금강산 가는 길을 따라 올라갔다. 산이 많기에 터널 또한 많이 지나야 했다. 터널 기술이 발달하여 아무리 큰 산도 비용을 적게 들여 뚫는다. 한국의 도로 공사 설계와 아스팔트 포장, 토목, 교량, 터널 공사 등은 세계가 인정한다.

지금도 수많은 회사들이 외국에서 각종 공사를 수주하여 불철주야 시공하며 국력을 과시한다. 단풍길을 따라 세 시간을 달리니 목적지인 건봉사가 나타난다. 대기 중인 스님 안내자가 토종견 삽살개를 데리고 우리를 반갑게 맞아준다.

건봉사는 강원도 고성군 거진읍 냉천리에 있는 사찰로 신라 법흥왕 7년 아도화상이 창건하여 원각사라 했다. 경덕왕 17년 발징대사가 중건하고 신라 말기에 도선 국사가 중수하면서 서봉사(瑞鳳寺)로 개칭했다. 지금의 건봉사(乾鳳寺)가 된 것은 고려 공민왕 때 나옹화상이 중수한 후 부터다. 조선 세조 10년 어실각(御室閣)을 지어 임금의 원당(願堂)으로 삼기도 했다. 고종 15년에 큰 화재로 불타 없어진 766칸의 건물을 다시 세웠고, 1941년 전국 4대 사찰의 하나가 되었다. 그러나 6 · 25 한국전쟁으로 모두 불타고 옛터에는 9층 사리탑을 비롯한 7기의 석탑과 48기의 부도, 31기의 비석들이 남아 있었다. 지금은 휴전선 남방한계선에 있어 꼭 필요한 사찰 건물만 복원 중이다. 임진왜란 때 사명 대사에 의한 승병 봉기처이기도 했던 호국 사찰로 '의승병기념관'이 있다. 융성기에는 3,183칸의 대가람이었다.

건봉사에는 신라 자장율사가 당나라에서 가져온 부처님 진신 치아사리와 무지개 모양의 능파교, 그 양쪽에 바라밀 문양의 돌기둥, 불이문 등이 있다.

6 · 25 한국전쟁 시에는 금강산을 되찾으려는 유엔군(한국군 3개 사단, 미군 1개 기갑 사단, 프랑스군 1개 연대) 과 필사적인 저지를 하던 중공군과 북한군 4개 사단이 격전을 치르며 피아간 수많은 사상자를 내고 포격과 폭격, 함포사격으로 온산이 불바다가 되어 초목 한포기도 남지 않았다. 그 와중에 건봉사는 석조물을 제외하고는 모두 불탔다.

일행은 안내자의 설명을 듣고 유서 깊은 호국 사찰의 운명을 명상하며 복원 중인 사찰과 남아 있는 유물들을 살펴보았다. 속히 통일을 이루어 멀리 육안으로 보이는 금강산을 도로 찾아 마음껏 관광하는 때가 오도록 기도했다.

오후에는 화진포 해변을 둘러보았다. 동해안 최북단 시범 해안으로 기암괴석이 신비의 극치를 이룬다. 광활한 호수 주변에 울창한 송림이 병풍처럼 둘러싸여 자연 풍광이 수려하다. 수 만 년 동안 조개껍질과 바위가 부서져 만들어진 모나즈 성분의 모래는 밟으면 소리가 나고 개미가 살지 않는 것이 특징이다. 바닷물이 깨끗하고 수심이 얕아 여름철 피서지로 최적이다. 이곳은 2000년 KBS 드라마 '가을동화'의 촬영 장소로도 유명하다.

통일전망대를 찾는 관광객이 지나다 머물고 가는 이곳 해변은 청정한 바다와 함께 조개, 전복, 싱싱한 활어회 등이 피서객의 구미를 돋운다. 맑고 깨끗한 화진포 해변은 천혜의 관광지로 연인과 함께 오면 아름다운 추억을 만들 수 있을 것이다.

해양박물관과 역사안보전시관은 시간 관계 상 다음으로 미루고 이승만 초대대통령 별장으로 갔다. 독립운동가였던 이승만 초대대통령 별장은 1954년 신축한 후 1961년 폐허로 철거되었다. 그 후 1999년 7월 육군에서 본래의 모습대로 신축 복원하였으며, 유가족들로부터 유품 53점을 기증받아 전시관으로 운영한다. 특히 대통령과 프란체스카 여사의 유품이 전시되어 한국 정치사를 생생하게 그려놓고, 그 시절의 생활상도 엿볼 수 있다. 검소하고 소박한 대통령 내외분의 유품에 감동을 받고 명필로 쓴 각종 서예 유품은 서예가인 필자에게 큰 감명을 주었다. 호수를 한 눈에 볼 수 있는 명당이며 울창한 소나무들은 대통령의 기백을 나타내고 있는 듯하다.

일행은 맞은편에 있는 '화진포의 성'으로 향했다. 해안 송림 속에 우아하게 자리 잡은 모습이 '영주의 성' 즉 별장과 같다하여 '화진포의 성'으로 불리어졌다. 1948년 8월 김일성과 그의 처 김정숙, 아들 김정일, 딸 김경희 등이 이용하였던 적이 있어 '김일성 별장'

이라 불리기도 한다. 화진포의 성은 당초 선교사 셔우드홀 부부에 의해 1938년 독일 망명 건축가 베버가 건축하였으며, 6 · 25전쟁 중 훼손된 건물을 2005년 3월 옛 모습으로 복원하여 전시관으로 운영한다. 옥상에 올라가 망원경으로 보면 해금강이 눈앞에 보인다. 동해의 푸른 바다가 펼쳐지는 전망 좋은 곳에 자리 잡고 있다. 남북 관계와 한국전쟁 당시의 사진들이 전시되어 안보전시관 역할을 한다.

이어서 가까이 있는 이기붕 부통령 별장을 둘러보았다. 이 별장은 1920년대에 외국인 선교사들에 의해 건축되어 현재까지 보존된 건물로 해방 이후 북한 공산당 간부 휴양소로 사용되어 오다가 휴전 후 부통령이었던 이기붕 부인 박마리아 여사가 개인 별장으로 사용하였던 곳이다. 1999년 7월부터 전시관으로 운영하고 있으며, 이곳에서도 한국 역사의 획을 그었던 정치인의 흔적을 엿볼 수 있다. 과도한 욕심이 일가족의 비참한 최후를 가져오고 독제 정권의 몰락을 초래한 것을 볼 때 인생의 무상함을 다시금 생각나게 했다.

바닷가 해변에는 군인 전용 휴양 건물이 있어 깨끗한 해변과 울창한 소나무 숲을 이용하는 최적의 휴양지다.

일행은 갈 길이 멀고 연로하여 무리하지 않기로 했다. 지척에 있는 아름다운 금강산과 북한 바다를 바라보며 어서 통일이 되었으면 하는 마음이 간절했다.

상경하는 차 안에서는 전임 문화재관리국장 김종설 선배의 초창기 문화재 보존과 관련된 각종 일화를 소개하고 전임 문공회장 이철호 선배의 현 시국에 대한 이야기로 시간가는 줄 몰랐다.

절정을 이룬 단풍 관람을 하기 위해 옛 국도와 지방도를 이용했다. 곱게 물든 단풍은 노 공복들의 마음을 들뜨게 했다. 통일을 염원하면서 한편으로는 철저한 안보의식을 고취시키는 뜻 깊은 문화유적 답사였다.

건봉사

금강산 뻗은 줄기 파도소리 요란하고
긴 세월 지나면서 명승들 설법 속에
중생을 구원하고자 의연히 자리했다.

우람한 대가람의 즐비한 건물들이
전쟁의 포화 속에 잿더미가 되었고
주춧돌 외로이 남아 추억만 되살린다

임진년 왜란 시는 사명대사 승군 본부
한국전쟁 막바지엔 치열한 격전지로
조국의 운명을 지킨 호국사찰 되었다.

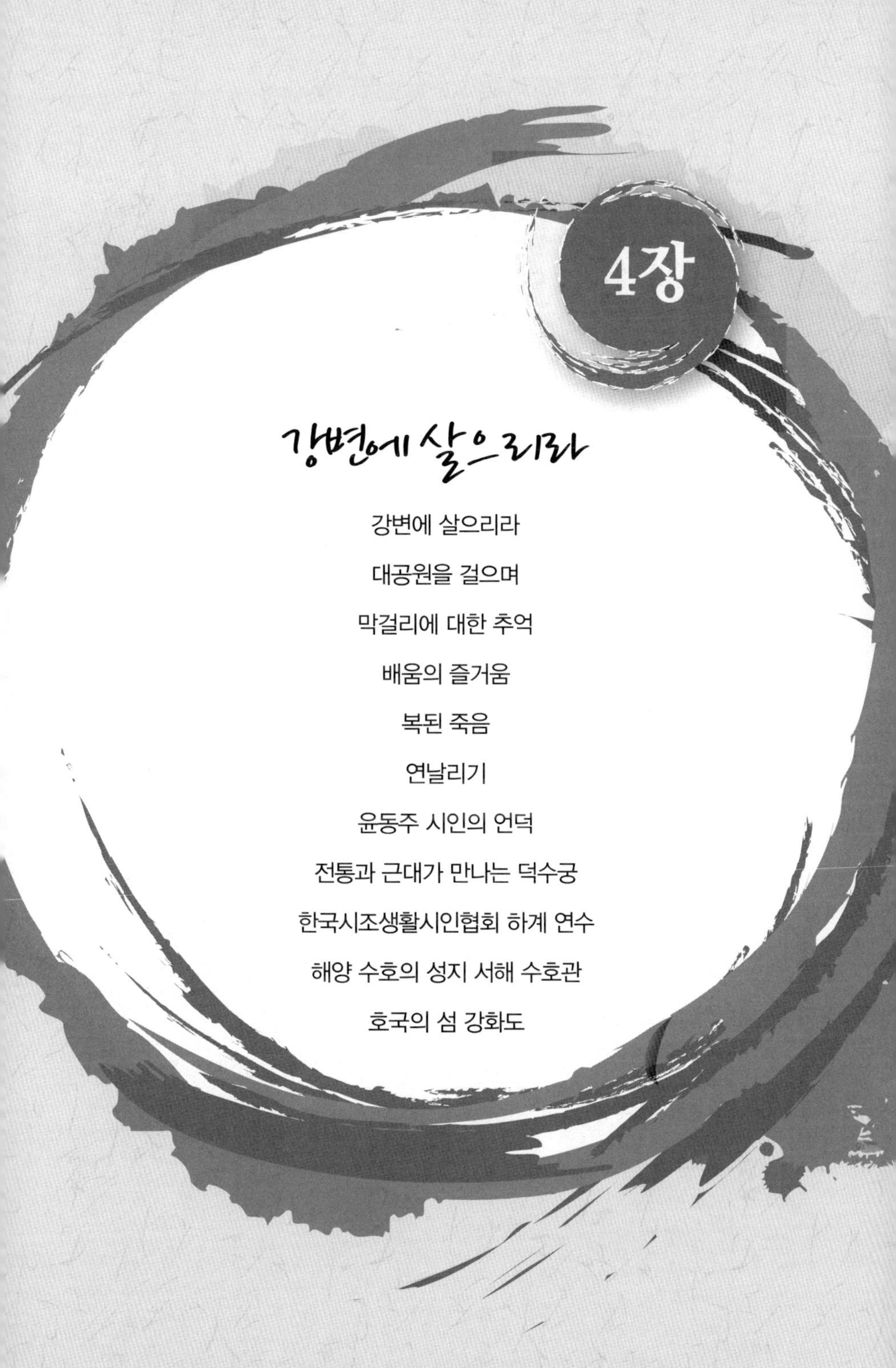

4장

강변에 살으리라

강변에 살으리라

'인(仁)자는 산을 좋아하고 지(智)자는 물을 좋아한다'라는 옛말이 있다.

필자는 태어날 때부터 하천과 인연이 있다. 필자가 태어난 경산시 자인면 남신리는 금호강의 지류인 오목천이 흘렀다. 지금은 상류에 합천 다목적댐이 건설되어 건천(乾川)이 되었으나 필자가 태어날 당시에는 사시사철 물이 흘러 징검다리가 있었다.

여름에 장마가 오면 하천이 범람하여 물난리가 나서 농토가 유실되거나 농작물이 떠내려가 낭패를 당하던 기억이 난다. 홍수를 피해 외가가 있는 남촌동으로 이사 가서도 바로 집 앞에는 해파리 모양의 큰 연못가에 집을 지어 항상 물을 보며 살았다.

서울에 와서도 남산 가까운 약수동과 북한산 인접한 불광동에서 20여 년을 살다가 물과 인연이 있는지 뚝섬 한강 공원이 있는 광진구 자양동으로 이사 온 지도 13년이 되었다.

필자의 집 옥상에서 한강이 한 눈에 보이고 도보로 3분이면 뚝섬 한강공원에 갈 수 있다. 한강은 언제 보아도 유유히 흐르며 마음을 평화롭게 한다. 수도 한복판에 이처럼 넓고 깨끗한 강이 흐른다는 것은 세계에서도 드물다. 대부분의 큰 도시는 큰 강 유역에 자리를 잡고 있으나 한강처럼 깨끗한 강은 몇 안 된다.

한강개발은 1970년대 국토개발계획의 일환으로 시작하여 해마다 막대한 예산을 투입하여 강변을 정비하고 상류에 여러 댐을 설치하여 물 흐름을 조절했다.

그 후 1986년 8월 민족의 유산인 한강을 가꾸고 사랑하며, 모든 고객이 즐거운 마음으로 한강공원을 편안하게 이용할 수 있게 했다. 또한 효율적인 유지 관리를 위하여 한강관리사업본부를 설치했다. 현재 강남 8개소, 강북 4개소의 한강공원을 조성, 유지관리한다.

한강공원 관리구역은 서울시 행정구역의 6.6%에 해당하는 수역 30.8㎢, 둔치 9.1㎢, 합계 39.9㎢나 된다. 공원관리를 위해 12개소의 안내센터와 접근시설 · 편의시설 · 운동시설 · 녹지시설 등의 각종 공원시설이 있고, 유선장 · 소형 선착장 · 수상택시 승강장 등 수상시설이 있다.

2009년부터는 한강 르네상스프로젝트사업을 실시하여 많은 예산을 투입하여 회복과 창조의 기치 아래 '살아 숨 쉬는 한강, 서해로의 뱃길을 열고, 시민과 가까워지는 한강, 한강의 역사와 문화를 즐기는 사업'을 중점적으로 실시한다.

필자가 사는 뚝섬 한강공원도 친환경적인 사업을 실시하였다. 시멘트 강둑에는 자연석을 깔고 도로는 물이 잘 빠지는 벽돌로 대치하였으며 각종 조경수를 다양하게 심고, 한강과 연결된 시민 광장과 넓은 잔디밭을 조성하였다. 수영장도 호텔 수영장과 같이 최신 시설로 확장 정비했다.

뚝섬지구 잠수교 수중보 한강물은 서울시민의 식수원으로 사용되고, 청계천물을 흘러 보내는 취수장 역할도 한다. 필자의 집 부근에는 아차산 지역과 지하철에서 흘러내리는 냇물을 집수하는 유수지가 있다. 대형 펌프 8대가 유수지에 모인 물을 한강으로 퍼내고 일부는 도로청소용으로 사용한다.

한강의 봄은 얼었던 강물이 녹아 맑고 깨끗한 물이 흐르며, 깊은 물속에 있던 물고기들이 강물 위로 솟아올라 봄을 즐긴다. 강둑에 심은 개나리가 제일먼저 노란 꽃을 피우고 민들레도 웃으며 나비를 유혹한다. 강태공들도 한 둘씩 보관해둔 낚싯대를 들고 나와 자리를 잡고, 시민들도 가벼운 옷차림으로 활기차게 운동을 시작한다. 자전거 동호인들도 떼 지어 나들이를 시작하고, 윈드서핑을 보관하는 집들도 운동기구를 손질하기 시작한다.

한강공원은 새벽부터 밤중까지 인파들로 붐빈다. 잘 정비된 도로와 숲, 자전거 전용도로, 각종 편의시설, 구석구석 설치된 운동기구를 시민들은 즐기며 이용한다.

공원에는 축구 · 배구 · 농구 · 족구 · 배드민턴 · 테니스 · 게이트볼 등 경기장 시설도 손색없이 잘 만들어져 있다. 주말이면 각 직장 친목 체육대회를 이곳에서 실시하는 직장들도 많다. 윈드서핑은 각 대학마다 시설물을 설치하고 관리인을 두어 동호인들과 체육과 학생들이 이용한다. 넓은 강물 위로 나비처럼 가볍게 흘러내리는 흰색의 윈드서핑을 보면 환상적이다. 물살을 가르며 달리는 수상스키는 스릴 만점이다. 호화롭게 장식한 유람선의 유유자적한 흐름도 낭만적이다.

강변도로는 오후가 되면 산책 시민들이 더 많이 붐빈다. 형형색색의 운동복과 모자, 선 그라스, 마스크 등 다양한 차림의 시민들이 활기차게 걷는 모습은 보기만 해도 힘이 솟는다.

저녁이 되면 연인이나 친구, 동료들이 모여 잔디밭과 광장에 자리를 펴고 음식을 나누며 이야기꽃이 핀다. 뚝섬공원에는 외국인들도 만남의 장소로 이용한다. 교통이 편리하고 직장도 가까이 있어 시원한 강바람을 마시며 향수를 그리고, 동포를 만나 회포를 푸는 장소로는 그만이다. 한강은 사진작가들이 많이 찾는 곳이다.

청담대교는 전철 · 자동차 · 유람선이 다니고 인조 오리배가 다리 밑을 지나며 어떤 때는 헬기까지 날아다녀 그야말로 교통수단의 집결 장소가 된다. 보름달이 하늘에 비칠 때 사진작가들은 모든 교통수단들이 청담교에 집결할 기회를 노려 예술 사진을 촬영한다.

또 청담교 아래는 매주 토요일마다 개미시장이 개설된다. 시민들이 집에서 잘 사용하지 않은 물건이나 남는 물건들을 갖고 나와 물물교환도 하고 싼값으로 팔기도 하며 팔다 남는 물품은 구청에 기증한다. 구청에서는 이 물품들을 형편이 어려운 독거노인들과 영세민들에게 나누어 준다.

필자는 특별한 일이 없는 날에는 아침과 저녁, 한강을 찾는다. 이곳에서 산책하며 공원에 설치된 각종 체육시설에서 운동을 하고 기도와 명상, 시집이나 수필집, 또는 교양도서를 갖고 가서 나무그늘에 앉아 정독한다. 이런 좋은 한강을 한국인들에게 선물로 주신 창조주에게 감사하고 잘 가꾸어 놓은 나라에도 고마움을 느낀다.

필자는 강가를 산책하며 좋아하는 가곡을 부를 때도 있다. 청중은 물론 물고기들이다. 할아버지 잘한다 하는 박수소리가 물속에서 들리는 듯한 착각을 할 때도 있다. 때로는 밤이면 한강에서 트럼펫을 부는 연주가가 있다. 밤 열시가 넘으면 강물 위로 아름다운 음악이 들린다. 성가를 위시하여 유명한 가곡, 유행가, 흘러간 옛 노래 등으로 한 시간 가량 독주한다. 청명한 하늘에 하늘 높이 달이 떠있을 때면 분위기가 더욱 어울린다.

뚝섬공원은 여름철이면 수영장과 음악분수가 인기다. 현대식으로 잘 설계된 수영장에는 주말이면 인파가 넘친다. 방학을 맞아 어린이들과 학부모들이 대부분이다. 형형색색의 파라솔과 수영복

패션쇼가 펼쳐진다.

음악 분수대도 인기다. 가곡에 맞추어 찬란한 조명과 함께 높고 낮게 · 세게 여리게 · 가늘게 굵게 · 힘차게 조용하게 곡조에 맞추어 춤추는 분수는 환상적이다. 어린이들은 옷을 입은 채로 분수에 뛰어들어 천진난만하게 춤추는 모습은 웃음을 자아내고 평화로운 별천지에 온 듯하다.

공원에는 린나이 스케이트장과 암벽타기 시설도 있다. 동호인들은 언제나 무료로 즐긴다. 겨울에는 수영장에 눈썰매장을 만들어 어린이들이 즐길 수 있도록 한다. 수영장 근처 모퉁이에는 모래 뜸질 장소와 햇볕에 몸을 쪼이는 장소도 있다.

또 자벌레 모양의 전시장을 만들어 각종 홍보물, 사진, 그림 등을 상설 전시하여 문화를 즐기도록 만들어 놓았다.

산책로에는 성능 좋은 스피커를 설치하여 시민들이 산책하면서 명곡을 감상한다.

또 유람선 선착장이 있어 언제든지 한강을 유람하고 여의도까지 강물 위로 달리는 수상 택시도 있다. 6명이 탈 수 있고 신호등이 없어 빠르기도 하고 가격도 저렴한 편이다.

이처럼 한강공원은 공해에 시달리는 시민들의 휴식처, 운동 공간, 문화 공간. 편의시설을 제공하고, 무엇보다 도심의 공기를 정화시키는 역할과 시민들의 삶을 풍요롭게 한다.

그러나 아쉬운 것은 아직도 쓰레기를 함부로 버리거나 각종시설을 망가뜨리는 일, 담배꽁초를 아무데나 버리는 일, 애완견 배설물을 방치하는 일, 고성으로 떠들며 상대방에게 피해를 주는 일 등 문화 시민의 의식수준에 미달하는 사례가 많아 걱정이다.

준법정신과 시민의식, 문화수준이 높아져 선진국 시민이 되어 보배로운 한강을 잘 가꾸고 보존하면 좋으리라. 더불어 각종 시설물을 아끼어 세계에 으뜸가는 강변 문화를 누렸으면 한다. 강변을 거닐며 지은 시조를 적어 본다.(2011. 8.12.)

강변에 살으리라

도심의 빌딩 숲을 과감히 빠져나와
윈드서핑 달리는 상쾌함 바라보며
한 마리 물새가 되어 강변에 살으리라

넘실대며 흐르는 은빛물결 바라보며
세파에 찌든 마음 후련히 씻어내고
강태공 벗을 삼으며 강변에 살으리라

미움도 녹여주고 분함도 삭혀주는
말없는 물결 속에 내 마음 띄워놓고
순리의 노를 저으며 강변에 살으리라.

대공원을 걸으며

2012년 문공회 가을 등산은 과천 서울 대공원 삼림욕장을 걷기로 했다.

문공회는 해마다 봄가을 취미 활동으로 등산 모임, 문화재 답사, 바둑, 낚시, 골프 대회 · 시화전 등을 개최한다, 등산은 해마다 북한산을 택하여 실시했으나 회원들이 연로하고 한곳을 너무 많이 다녀 작년부터 대공원산림욕장을 걷는다.

회원들은 2012년 10월 11일 열시 대공원 지하철역에 모여 출발했다. 전형적인 가을 날씨로 푸른 보자기를 펼쳐놓은 듯한 청명한 하늘이다. 오늘도 등산객들과 소풍 나온 많은 학생으로 북새통을 이룬다. 등산객은 대부분 연로한 분들이다. 다리에 힘이 빠지고 숨이 차서 높은 산이나 멀리 있는 산은 가지 못하고, 교통이 편리하고 걷기편한 장소인 이곳으로 많이 모인다.

서울에서의 거리가 비교적 가깝고 동물원 · 식물원 · 국립현대미술관이 있어 소풍 을 겸한 자연관찰, 동식물 견학, 현대미술 감상 등 현장 교육 일환으로 학생들도 이곳을 많이 찾는 듯하다.

46명의 문공회원들은 관악산을 배경으로 단체사진을 찍고 동물원으로 입장하여 청계산 자락의 동물원을 둘러싼 포장도로를 따라 올라갔다. 몇몇 곳을 제외하고는 대부분 평지라 산책하는 기분으로 삼삼오오 짝을 이루어 지나온 삶의 이야기, 현 시국과 동료들의 건강 이야기 등을 하면서 걸었다. 주변에는 하늘을 찌를 듯 자란 울창한 숲이다. 맑은 공기는 가슴을 시원하게 하고 피를 깨끗하게 만들어 얼굴은 모두 동안으로 돌아간다.

가장 연세가 많은 분이 만88세로 세 분이나 되고 46명의 평균나이는 80세다. 오늘 참석한 분들은 모두 건강한 편이다. 비록 두세 가지의 상용약과 건강보조식품을 먹기는 해도 정신과 육체적으로 건강을 누리는 분들이다.

일상의 활동에서도 대부분 한두 가지의 신문을 보고 있으며 일주일에 한권 정도의 책을 읽는다. 또한 정기적으로 운동하며, 일주일에 한두 번 정도는 가까운 야산에 올라가 체력을 단련한다. 몇 회원을 제외하고는 술과 담배를 하지 않는다. 매스컴을 통하여 늘 강조하는 건강의 기본 상식을 실천한다.

안타깝게도 며칠 전 평소에 건강하고 낙천적으로 살던 O형이 뜻하지 않은 교통사고로 타계하였다는 슬픈 소식을 듣게 되었다. 부인과 같이 송파구에서 고전무용과 국악을 가르치며 지역 사회를 위해 봉사하시는 분이다.

문공회 송년회에서도 특별 순서를 맡아 회원들을 즐겁게 해주고 박수갈채를 받았던 친구다. 그날도 야간 9시경 치과에 가서 임플란트 시술을 받고 집으로 돌아가는 중 횡단보도가 아닌 지역을 뛰어 건너다가 초보 운전 여인의 차에 사고를 당한 것이다. 노인들은 사고를 당하여 목숨을 잃거나 불구자가 되어 고생을 하는 일이 허다하다. 눈도 침침하여 동작이 느리고 갑자기 닥치는 사태에 신속하게 대처하는 능력이 떨어진다.

일행은 모두 안타까운 소식에 애석해 했다. 노인은 가능한 한 대중교통 이용, 운전 안하기. 야간 외출 삼가기, 교통법규를 지키기, 큰 길 이용하기, 밝은 색 옷 착용 등에 유의하면 좋을 것이다.

산책로에는 대부분 노인들과 여자들이 걷고 있다. 처음 보는 사람들이라도 눈인사를 하고 손을 흔들어 친밀감을 나타낸다. 산을 좋아하는 사람들은 모두 착한 성품을 지닌 분들이 많다. 자연에 순응하고 자연 품에 안기면 자신도 모르게 신선이 된다. 신선선(仙)자를 보면 사람인(人) 변에 뫼산(山)자이다 산에 오르면 모두가 신선이 된다. 모두가 선(善)한 사람이 되는 것이다.

마주치는 한 무리의 노인들을 만나 반갑게 인사를 했다. 중 · 고등학교 교장 출신들로 시(詩)와 수필을 쓰는 문인들이다. 매주 목요일 가까운 야산을 찾아 산책을 하며 친목을 도모한단다. 우리는 반대 방향으로 가기 때문에 인사만 하고 헤어졌다.

문공회원들은 두 시간 남짓 걸으며 피곤하고 시장기도 들기에 산책로 중간에서 동물원으로 내려왔다. 월동 준비가 한창인 동물원에는 우리를 청소하고 손질하느라 부산한 모습이다.

소풍 나온 학생들과 어린이를 데리고 온 젊은 어머니들은 동물과 놀면서 먹이도 주고 사진도 찍고 설명문을 읽어주는 모습이 무척 보기 좋았다.

한국의 가을 날씨는 맑은 하늘과 더불어 세계인이 부러워한다. 필자도 세계 여러 나라를 다녀보았지만 이처럼 좋은 일기와 산천 풍광은 보기 힘들었다.

일행은 예약되어 있는 '궁말 본갈비' 식당에서 푸짐한 점심을 들며 서로간의 우애를 다짐하고 즐거운 시간을 가졌다. 이 집 주인은 오랫동안 식당을 경영하면서 친절과 인맥으로 경험을 쌓아 평소에도 예약을 하지 않으면 식사 할 수 없을 만큼 손님이 많다. 이날도 주인이 직접 나와 일행을 안내하며 친절하게 맞아준다.

수많은 식당들이 문을 닫고 있는 현실에서 살아남는 방법은 이처럼 친절과 신용을 얻는 방법 밖에 없다는 생각이 든다.

체력에 알맞도록 한 산책에 영양 많은 푸짐한 식사를 하니 몸이 더욱 건강해진 것 같다. 가까이 있는 경마장 지하철역을 이용하여 귀가하니 그때까지도 해가 많이 남았다. 건강이 유지되는 한 친구들과 여러 곳을 다니며 정담을 나눌 생각을 하니 앞으로도 즐거운 날들이 많을 것이란 생각에 삶의 보람을 느낀 날이다.

막걸리에 대한 추억

막걸리는 우리나라 고유의 술이다. 농주(農酒) · 탁주(濁酒) · 재주(滓酒) · 회주(灰酒)라고도 한다. 우리나라에서 가장 역사가 깊은 술로 제조방법은 찹쌀, 멥쌀, 보리, 밀가루, 감자 등을 주원료로 하여 이들을 찐 다음 수분을 건조시켜 고두밥으로 만들고 누룩과 물을 섞고 일정한 온도에서 발효시켜 청주를 떠내지 않은 상태에서 그대로 걸러 짜낸다.

옛날 일반 가정에서는 고두밥에 누룩을 섞어 빚은 술을 오지 그릇 위에 우물정자(井)모양의 나무막대를 걸고 체로 막 걸러 뿌옇고 텁텁하게 만들었는데 거르기 전에 용수를 받아 떠내면 청주가 되고 물을 더 넣어 걸쭉하게 걸러내면 탁주가 되었다.

찹쌀을 원료로 한 술을 찹쌀막걸리라 하고 거르지 않아 밥풀이 그대로 떠 있는 상태의 술을 동동주라 한다. 고려시대 이래 알려진 대표적인 탁주는 이화주(梨花酒)로 이는 막걸리용 누룩을 배꽃

필 무렵에 만든 것에서 유래되었다.

막걸리에 쓰이는 누룩의 주원료는 밀로 처음 만들어진 것은 중국의 춘추전국시대로 알려져 있다. 누룩은 술을 만드는 효소를 가진 곰팡이로 곡류에 번식시킨 것으로 빛깔에 따라 황, 흑, 홍국균 등이 있는데 막걸리에는 주로 황국균을 쓴다.

막걸리에 관한 기록은 『조선 주조사』에 '막걸리는 중국에서 전래되었으며 대동강 일대에서 빚기 시작하여 전국 방방곡곡에 퍼져 우리 민족의 고유주가 되었다'라는 기록이 있다.

좋은 막걸리는 감(甘), 고(苦), 산(酸) 삽미(澁味)가 어우러져 적당한 감칠맛과 청량미가 있으며, 알코올 성분은 6~7%이다. 텁텁하게 탁하니까 탁주라 했고 술통에서 막 걸렀다는 뜻으로 막걸리라 불렀다.

농촌에서는 땀 흘리고 일한 농부의 갈증을 해소시키는 농주로 많이 애용되고 있다.

필자도 어릴 때 막걸리 심부름을 많이 했다. 그 당시 면소재지에는 막걸리 공장이 하나뿐이었다. 공장에서는 막걸리를 나무통에 넣어 마을 주막에 자전거를 타고 배달하였다. 주막에는 아침부터 술을 좋아하는 사람들이 모여 해장술을 한다.

농가에서는 손님이 오거나 일을 할 때에 막걸리를 사 온다. 현금이 없어도 외상장부에 기록하고 가져올 때가 많다. 술값은 추수가 끝나면 곡식으로 갚는 때도 있다. 필자도 어릴 때 막걸리 심부름을 하면 맛이 어떤가 싶어 홀짝홀짝 마셔본 일이 있다. 처음은 시금털털하였으나 나중에는 달콤한 맛이 나서 자꾸 마시다가 홍당무가 되어 부모님으로부터 혼난 적이 있다.

흉년이 들어 먹을 것이 부족할 때는 술찌기를 얻어와 설탕대신 사카린을 넣어 배를 채울 때도 있었다. 농촌에서 고된 일을 한 후 땀을 많이 흘리고 들이키는 막걸리는 시원하게 목을 축이고 허기를 면하게 해준다.

한동안 막걸리는 맥주, 소주, 양주, 과일주 등에 밀리고 알코올 성분이 낮아 배가 부르고 트림이 올라오며 취기가 오래가 시골 노인들이나 먹는 술로 취급해 찬밥 신세가 될 때도 있었다.

그러나 요즘에는 막걸리 인기가 되살아나고 있다. 막걸리는 세계적으로 인정받는 건강 발효식품이 된 된장, 고추장, 김치보다 우수한 발효식품이다.

막걸리 한 병에는 요구르트 한 병에 들어있는 유산균보다 백배나 많은 유산균이 들어있다. 그 외에도 단백질, 탄수화물 등 10여종의 영양소와 식이섬유, 비타민 등이 다량으로 함유되어 있다. 예전에 퀴퀴한 냄새나던 학사주점이 깔끔하게 단장되고 백화점 주류 코너에도 막걸리가 자리 잡았다. 다양한 막걸리가 개발되어 고급 탁주도 나오고 골프장에도 목축임으로 막걸리가 인기다. 일본에까지도 식이섬유와 효모, 단백질, 무기질이 풍부한 웰빙주로 소문나 막걸리 수출이 한 몫을 하고 한국을 찾는 일본인 관광객들도 막걸리 주점을 애용한다니 반가운 일이다.

최근 서울에서 열린 한 · 일 정상회담 오찬에도 두 나라 정상이 막걸리로 건배했다. 쌀 막걸리에 자색 고구마를 넣은 술이 일본에서는 인기라 한다.

막걸리는 몇 가지 보완할 문제가 있다. 장기 숙성을 통해 숙취와 트림을 해결해야 하고 작은 용기에 장기간 보관하고 예쁘게 포장하여 먼 곳까지 보내어도 신선도가 유지되어야 할 것이다. 다행히 요사이 막걸리에 대한 연구가 학계, 산업계, 양조장에서 끊임없이 진행되며 개선되고 있어 반갑다.

프랑스의 포도주, 독일의 맥주, 소련의 보드카처럼 막걸리가 한국의 술로 세계에 알려지도록 품질개선과 저장 용기 개발. 시장 개척, 웰빙 식품으로 자리 잡도록 홍보해야겠다. (2009. 10.15.)

전통주 막걸리

슬플 때나 기쁠 때 백의민족 친구 되고
땀 흘리고 갈증 날 때 농민들 벗이 되는
한민족 애환이 깃든 영양 많은 전통주

배움의 즐거움

인간은 날 때부터 죽을 때까지 배우면서 산다.

태교는 어머니 뱃속에서부터 시작한다. 아이의 한평생 운명은 뱃속에서 결정되는 일이 많기에 태교가 그처럼 중요하다. 아이가 태어나면서 부터는 어머니가 스승이 된다.

세 살 버릇 여든까지 간다는 말이 있듯이 어릴 때 어머니 교육은 매우 중요하다.

아이가 크면 유아 · 유치원, 초 · 중 · 고등학교 및 대학을 거쳐 대학원까지 배움의 연속이다. 그중에서도 유아원 · 유치원 · 초등학교 교육이 중요하다. 직장생활에서도 직무 · 정신 · 실기교육과 적응훈련의 연속이다.

급속히 변화하는 시대에 적응하고 새로운 기구들의 사용방법을 알기 위해 교육은 필수 요건이다. 군인들도 훈련소를 거쳐 부대에 배치되어 제대를 하기까지 훈련의 연속이다. 최신식 무기들이 급속히 제작 배치되고 새로운 전술을 익혀야 하기 때문이다.

필자도 중고등학교 선생이 되기 위해 사범대학에 입학했으나 가정 형편이 어려워 대학을 중퇴하고 군문에 들어갔다. 군에서는 육군부관학교에서 군행정과 한글타자를 배웠다. 그러나 군인 교회에 근무하게 되어 군목을 도와 장병들의 정신 교육과 신앙 상담 역할을 했다.

제대 후에는 지방 공무원이 되어 일선 행정기관에서 근무하게 되었다. 그곳에서도 직무에 따른 교육의 연속이었다. 국가 공무원으로 전직을 했어도 일년에 2주간은 직무 교육을 받고 승진이 되면 4주간의 직무 교육을 받는다.

필자는 중퇴한 대학의 미련을 버리지 못하여 재직 중 방송통신대학에 입학하여 직무와 관련 있는 행정학과를 전공하고 학사학위를 받았다.

또 퇴직을 앞두고 퇴직 후의 취미생활을 위하여 서예와 시조 창작에 관심을 두고 이름 있는 스승을 찾아 공부하여 신인문학상을 받고 시조시인으로 등단했다.

서예도 입선하여 한국서가협회 회원이 되고 한국동양서예학회의 초대 작가가 되었다.

필자는 퇴직 후에도 공부를 계속한다. 평생 교육을 받고 있는 셈이다. 지금은 대학마다 평생 교육원이 개설되고 구청마다 문화원·예술회관·도서관 등을 운영한다. 동마다 주민교육센터를 운영하고 백화점마다 각종 문화 강좌를 개설한다.

누구든지 배울 의욕이 있는 사람은 적은 경비로 얼마든지 원하는 교육을 받을 수 있다.

필자는 월요일 오전에는 수필반에서 공부한다. 벌써 4년째다. 수필가이신 박도영 선생을 만나 동인지를 세 권이나 출간하고, 필자를 비롯한 몇몇 회원들은 수필집과 시문집을 발간하는 영광을 얻었다.

해가 거듭될수록 가족보다 더한 끈끈한 정이 들어 허물없이 지내며 공부한다. 월요일 오후에는 동양화반에서 문인화를 공부한다. 소나무 그림으로 유명한 손광식 선생은 문인화에 유능한 사람이다. 지금은 8명이 롯데백화점 문화센터에서 공부한다. 교양과 재능이 뛰어난 중년 아줌마들은 모두 자매같이 친숙하다.

또 화요일 오전에는 자양4동 주민자치센터에서 역시 문인화를 5년째 공부한다. 이곳 인원은 12명이나 된다. 최다원 선생은 시(詩)·서예(書藝)·문인화(文人畵)에 능하다. 선생과 취향이 비슷한 나는 재능이 많은 분 한테서 즐겁게 배운다.

회원들도 모두 젊고 상냥하며 기지(奇智)가 넘치는 분들이라 가족 같이 친하다. 오후에는 그 자리에서 계속하여 서예공부를 한다. 필자는 한문 5서체와 한글 서예를 다 공부했기에 복습 차원에서 두 시간 가량 서예를 익힌다.

서예반에는 나이가 지긋한 퇴직 공무원과 할머니들이 젊은이들과 어울려 10여 명이 공부한다. 서예 선생은 50대 초반의 얌전하고 조용한 성격의 소유자로 친절하게 서예를 잘 가르친다.

필자는 은퇴 장로로 수요일에는 교회에 가서 11시 예배를 드린다. 예배 순서에는 약 40분 간의 설교 시간이 있다. 담임 목사는 66권의 성경 중에서 일주일 넘게 준비하여 설교한다. 주로 하나님의 크신 사랑과 예수님을 통한 죄 사함과 구원의 역사, 성도들의 생활 원리에 대한 교육을 한다. 성도들은 하나님의 비밀과 심오한 철학을 배운다. 공부 중에서도 가장 중요하고 누구한테나 꼭 필요한 교육이며 예배다.

예배가 끝나면 예루살렘찬양대 찬양 연습을 한다. 예루살렘찬양대는 65세 이상의 성도들로 구성된 실버 찬양대로 금요 찬양 예배 시 찬양을 드린다. 제일 연장자는 92세의 권사님이다. 모두 젊을 때는 정식 성가대원으로 봉사한 분들이다.

비록 힘은 약하나 노련한 경력을 토대로 고운 목소리로 찬양한다. 찬양은 하나님을 찬양하는 음악 공부의 일부분이다.

필자는 실로암찬양대로도 봉사한다. 실로암찬양대는 교회 부목사와 전도사들이 주가 되고 장로와 권사님 몇 분이 참여하여 수요일 저녁 예배에 찬양을 드린다.

저녁 예배에는 부목사들이 돌아가며 설교를 하기에 특색 있는 설교를 듣는다. 성가연습은 예배시작 한 시간 전과 예배 후 한 시간가량 연습한다.

성가는 가사와 작곡이 좋은 음악 공부이다. 유명한 시인과 작곡가들의 작품이라 연습하는 것만으로도 좋은 음악 공부가 된다.

필자는 본래 음치 중 음치였으나 성가대원으로 봉사하다 보니 음악에 취미를 갖게 되었다.

목요일 오전에는 광진문화원 시조반에서 시조 창작 공부를 한다. 강사인 원용우 박사는 교원대학교에서 정년퇴임을 하고 일반인들을 위한 시와 시조 창작을 지도한다.

행정 · 교육 공무원 · 일반 기업체에서 퇴직한 사람들과 문학에 관심 있는 주민들로 구성된 20여 명이 가족과 같이 친하게 공부하고 있다.

금요일 오전에는 광진문화예술회관에서 가곡 공부를 한다. 강사는 성남오페라 단원이며 수원대학교 강사이고 충현교회 성가대 지휘자인 이상주 선생이다.

반원들은 음악에 관심이 있는 주민들로 교장 · 교감 · 교사출신의 교육공무원이 주를 이루고 40대에서 80대에 이르는 주부들로 구성되어 있다. 40명이 넘는 인원이 몰려와 성황을 이룬다.

매학기가 끝나면 기말 발표회와 2년마다 정기 발표회를 가진다. 제3회 정기 발표회는 금년 5월 31일(화) 예술회관 나루아트센터에서 가질 예정이다.

금요일 오후에는 5시경 교회에 간다. 수요일에 배웠던 예루살렘 성가곡을 연습하다. 한 시간 가량 연습하고 휴식을 취한 후 저녁

7시에 금요찬양예배를 드린다.

금요 찬양예배 시 예루살렘찬양대가 정성을 다하여 은혜로운 찬양을 드린다.

토요일에는 교회 음악아카데미에서 섹소폰을 배운다. 나이가 많아 힘이 들어도 시무 장로 세 사람과 함께 개인지도를 받는다.

필자는 금년 73세의 노인이다. 그러나 한 주간에 하루도 쉬지 않고 공부를 계속한다. 시간만 나면 서점에 들러 새로 나온 도서를 구입하고 책 읽는 재미에 푹 빠진다. 책 속에는 새로운 지식이 무한정 쌓여 있다. 또한 유명한 사람들을 직접 만나지 못해도 책을 통하여 만날 수가 있다.

현대는 문명이 급속도로 변화 발전한다. 옛날에 백 년 걸리던 지식의 발전이 지금은 5년도 안 걸린다. 정말 눈부시고 빠르게 변화한다. 여기에 적응하려면 끊임없는 배움이 필요하다. 또 새로운 환경에서 새로운 사람들과 어울리고 친밀하게 지낼 수 있다.

현대인이 염려하는 우울증과 치매 예방에도 도움이 되고 노인들이 유용한 시간을 보낼 수 있으며 급변하는 세상에서도 소외되지 않을 것이다. 필자는 하나님이 부르시는 그날까지 즐겁게 배우면서 살기를 결심해본다.(2011. 4. 5)

복된 죽음

요즘 들어 '구구 팔팔 이삼 사(死)'란 말이 널리 회자되고 있다. 구십구 세까지 팔팔하게 살다가 한 이틀 아픈 후 삼일 째 사망하는 것이 최상의 죽음이라는 말이다.

2013년 2월 19일 새벽 3시 15분 금년 백세(百歲)된 장모님이 하나님의 부르심을 받았다. 필자는 그날 새벽 3시경 잠결에 "일어나라"는 소리를 두 번 들었다. 고난주간이라 새벽기도회에 가라는 주님의 음성인가 하며 두리번거리는데 전화벨이 울린다. 대구에 있는 처제가 장모님이 소천했다는 소식을 전한다.

아내를 깨워 서울에 있는 둘째 처남에게 알리고 고향에 내려갈 준비를 서둘렀다. 아침 여섯 시 첫차로 처남과 같이 빈소가 있는 고향으로 내려갔다. 차 안에서 친척들과 지인들에게 소천 소식을 알리면서 빈소에 도착했다.

처수와 조카가 침통한 모습으로 맞이한다. 우리는 영정을 바라보며 "어머니! 저희들이 왔습니다" 하며 오열했다.

장모님은 지난해 10월 중순까지도 건강했다. 겨울 찬바람이 불어오니 감기 증상이 나타나고 쇠약해지면서 주말마다 찾아가 반찬을 마련하고 빨래를 해주던 며느리와 딸을 대하는 태도가 좀 달라보였다. 일종의 치매현상이 찾아 온 듯 했다. 음식도 잘 먹지 않고 말도 없으며 늘 보던 기독교 TV도 귀찮은 듯 멀리하고 눕기만 했다. 직장과 가정을 돌봐야 할 며느리와 딸들이 늘 간병할 수가 없어 근처의 요양원에 입원시켰다.

처음에는 갑갑하다며 침대에서 내려와 걸으려하나 거동이 불편하여 쓰러지고 대소변을 가리지 못해 간호사들이 애를 먹었다. 며느리와 딸들이 찾아와도 멍하니 바라보고 지나간 일들을 혼자 중얼거렸다. 지난 성탄절에는 둘째 사위인 필자와 대구에 사는 셋째 사위가 찾아가 인사하니 우리를 알아보고 반가와 했다. 필자가 "어머님! 제가 누구입니까?" 물으니 손을 흔들며 "박철구! 우리 사위 박철구!" 하며 알아보고 기뻐한다. 셋째 사위도 알아보며 "나하고 팔씨름하자"며 팔을 내민다. 손목을 잡아보니 아직도 힘이 있고 단단했다. 침대에 가만있지 않고 설쳐서 간호사들이 밤에는 붕대로 손발을 침대에 묶어 놓는다고 한다.

우리는 두 시간 가량 혼자서 이야기하는 장모님 말에 귀를 기울이며 들었다. 조금 후 횡설수설하다가 피곤하여 눈을 감으시기에 우리는 "어머님, 이제 잠을 좀 주무십시요"하며 인사하니 손을 흔들며 “잘 가거라”고 하신다. 그때가 마지막 인사였던 셈이다.

새해 들어 설날에 찾아뵙고자 했으나 어머님은 급격히 쇠약해지셨다.

음력설을 지나고 가까이 있는 큰딸과 셋째 딸이 찾아가니 그날은 기분이 좋아 음식도 잘 먹고 명랑하여 큰딸이 가져온 떡을 많이 드시고 과식을 하셨다. 두 달 동안 잘 먹지 못한 위장에 찰진 떡을 과하게 먹으니 위장이 거부반응을 일으켜 소화를 시키지 못하고 몸져눕게 되었다. 그때부터 말문을 닫고 눈도 뜨지 않고 누워만 계셨다. 딸들은 어찌할 줄을 몰라 의사를 불러 진찰하니 위경련을 일으켜 소화를 못한다고 한다.

그때부터 영양주사를 맞으며 연명하게 되었다. 소식을 들은 아내는 급히 요양원으로 내려갔다. 언니와 동생과 같이 어머님을 찾아가니 마치 돌아가신 듯 누워계셨다. 세 딸은 우선 평소에 어머님이 즐겨 부르던 찬송을 다른 환자들의 양해를 얻어 조용히 불러드렸다. 찬송 소리가 귀에 들리는 지 잡은 손으로 박자를 맞추며 조용히 듣기만 했다. 딸들은 한평생 고생만 하시다 자는 듯 누워 있는 어머님을 얼싸안고 한없이 울고 또 울었다. 간호사들에게 잘 부탁한다고 인사하고 몇 번이나 뒤돌아보며 눈물을 훔치며 돌아왔다. 딸들도 어머님이 곧 가시겠구나, 짐작하고 있는 데 일주일 만에 하나님의 부르심을 받은 것이다.

평소 장모님은 기독교 TV 방송을 고정해 놓고 전국 목사들의 설교와 찬송을 들으시고 주일날에는 교회에서 보낸 차량을 이용하여 꼭 예배를 드렸다. 평소에도 "내 본향은 예수님이 계시는 하늘나라이고, 세상은 잠시 머물다가 가는 여관이니 세상에서 죽는 것은 하늘나라에 입성하는 것"이라고 늘 말씀하셨다. 언제든지 하나님이 부르면 갈 준비를 하고 계셨다. 피붙이들이 찾아가서 선물을 드리면 사양하며 "내가 갈 때가 다 되었는데 이런 것은 가난하고 꼭 필요한 사람에 주라"하시고 용돈을 드려도 어려운 사람을 도와주시고 교회 헌금으로 다 바친다.

의식이 있을 때 맏며느리에게 그동안 예금한 통장과 도장을 주며 장례비로 쓰라며 주셨다고 한다. 평소에도 사람들을 만나면 "예수 믿고 천국 가자"며 전도하시고 콩 한 조각도 나누어 먹는 베품의 삶을 사셨다. 2남 4녀의 자식들과 손자 손녀, 증손자 등 60여 명의 후손들을 위하여 늘 기도하신 결과 모두 훌륭하게 자라 국가와 사회를 위하여 열심히 일하고 있다.

장례식에는 서울과 대구에 있는 아들과 딸들의 교회에서 수많은 성도들이 찾아와 위로 예배를 드리고 친척, 친지들이 찾아와 복된 죽음을 찬양하며 유가족을 위로하고 격려했다.

큰처남과 큰사위가 먼저 돌아가 둘째 사위인 필자가 초 종 장례 절차를 지휘하며 유가족들에게 "어머님의 믿음을 본받아 신앙생활을 잘하여 모두 하늘나라에서 만나도록 하자"고 당부했다.

유난히 추웠던 겨울이 지나고 장례 기간에는 기후도 온화했다.

장지는 먼저 가신 장인이 잠들고 있는 자인교회 부활동산으로 정했다.

모교회인 자인교회 목사의 인도로 발인 예배를 마치고 사랑 받던 외손자가 영정을 들고 장지로 가는 중 어머님이 다니시던 교회 마당을 한 바퀴 돌고 어머님이 사시던 집에 들려 잠시 머물렀다. 필자는 과수원을 바라보며 평소에 일하시던 장모님의 모습이 떠올라 눈시울을 붉혔다. 또 영정을 앞세우고 어머님이 매일 가서 지내시던 경로당에 들렀다.

30여 명의 동리사람들과 동고동락하던 노인들이 환하게 웃는 어머님의 영정을 어루만지며 모두가 눈시울을 붉혔다. 필자는 어릴 때부터 같이 자라던 어른들과 동리사람들에게 고맙다고 인사하고 장지로 향했다. 미리 잡아놓은 묘소에 장인과 나란히 사방에 돌을 쌓아 예쁜 무덤을 마련했다.

하관 예배를 드리고 상주들이 취토한 후 성도들이 흰 국화를 관 위에 뿌리며 찬송가를 불렀다. 마지막 인사를 할 때 필자는 “어머님! 예수님 재림하실 때까지 편히 주무십시오”라고 빌면서 복된 죽음이 어떠한 것인지 생각하며 남은 생을 더욱 보람 있게 살아야겠다고 다짐하며 하산했다.

연날리기

연날리기는 바람을 이용하여 공중에 띄우는 민속놀이다.

연은 문종이에 댓가지를 가로 세로 또는 모로 엇맞추어 붙이고 실로 벌잇줄을 매어서 공중에 날리는데 지연(紙鳶) 또는 풍연(風鳶)이라고도 한다.

음력 설 명절이 되면 경기도 이남지역에서는 약 한 달 간 연날리기 풍습이 있다.

정월 대보름날에는 연에다 액(厄), 송액(送厄) 또는 송액영복(送厄迎福) 등의 글자를 써서 연실을 모두 풀어 하늘 높이 띄워 보낸다.

『삼국사기』 '김유신전'에 연에 대한 기록이 있다. 신라 진덕여왕 원년 비담과 염종의 반란이 일어났을 때 하늘에서 큰 별이 대궐 근처에 떨어졌다. 그 광경을 본 백성이 여왕이 패할 징조라 하여 민심이 소란해졌다.

이에 난을 토벌하던 김유신은 아무도 모르게 밤중에 큰 연을 만들어 불을 붙여 공중에 띄우고 백성에게 전날 떨어진 별이 다시 하늘로 올라갔으니 여왕이 승리할 것이라는 말을 퍼뜨렸다.

그리하여 민심이 수습되고 군사들의 사기가 진작되어 반란을 진압할 수 있었다.

삼국시대에는 전쟁시 각 군 진지에다 통신 연락을 할 때 연이 사용되었다고 한다.

『동국세시기』에는 고려 말 최영 장군이 몽고인들의 반란을 평정할 때 공격 수단으로 큰 연을 많이 만들어 불을 달아맨 다음 날려 보내어 적의 성을 불질렀다는 기록이 있다.

조선시대에는 영조가 백성들의 연날리기를 즐겨 구경하고 적극 장려하여 그 때부터 민간에 널리 전파되어 성황을 이루게 되었다는 기록이 있다.

중국에서 전해지는 이야기로는 당나라 때 안녹산이 궁중의 양귀비에게 연을 만들어 연애편지를 띄웠다는 설이 있다.

연은 생긴 형태와 빛깔과 점의 위치에 따라 특징을 나타내고 이름을 달리 한다.

연의 이마에 꼭지가 붙은 것을 꼭지연, 반달이 붙으면 반달연, 사람의 치마를 두른 것처럼 위는 희고 아래는 색칠한 치마연, 연의 이마나 허리를 동여맨 동이연, 연 전체를 색칠한 초연, 연의 몸에 여러 가지 모양을 박은 박이연, 연의 아래 꼬리나 발모양처럼 종이를 오려 붙인 것을 발연이라 한다.

그 밖에도 귀머리장군연, 바둑판연, 팔괘연, 문자연, 방상시연, 제비연, 호랑이연, 접시연, 나비연, 고기비늘연, 쌍나비연, 오색연, 봉황새연, 박쥐연 등이 있다.

연을 만들려면 대나무와 종이를 준비해야 한다. 대나무는 고황죽, 백간죽을 사용하고 종이는 창호지와 백지 등을 사용한다.

연의 크기는 일정한 규격이 없으나 보통 가로 세로 비율을 2 : 3으로 한다. 종이 한가운데 지름이 연길이 1/3 정도 되는 크기의 구멍을 낸다. 그 구멍을 중심으로 가늘고 길게 다듬은 대나무를 가로 머리에 붙이고 세로도 한가운데를 내리 붙인 다음, 중간 허리에 가로로 붙이고, 좌우 머리를 교차하여 귀를 걸어 붙인다.

종이를 연에 맞게 오려서 꼭지와 양쪽 발을 붙인 후 벌잇줄을 잡는다. 꼭지는 연 구멍을 베어 낸 종이를 가지고 먹칠이나 색칠을 하여 사용한다.

연을 높이 띄우거나 연싸움 할 때 연실이 약하면 연을 제대로 조종할 수 없다.

연실은 주로 상백사, 당백사, 무명실 등을 사용하는데 연실을 질기고 날카롭게 하기위하여 풀이나 아교를 연실에 먹이고 그 위로 유리가루나 사기가루를 입힌다.

얼레는 연실을 감았다 풀었다 하면서 연을 조정하는 기구인데 바람에 견디기 위하여 잣나무, 참나무, 소나무 등으로 만들며, 손잡이 자루를 중심으로 둘레에 실을 감는 기둥을 아교로 붙인다.

얼레의 이름은 기둥의 수에 따라 2모 · 4모 · 6모 · 8모의 얼레가 있다.

필자는 초등학교 시절 연날리기를 많이 했다. 처음에는 선친이 연 만드는 법을 가르쳐 주었다. 나중에는 친구들과 같이 손에 상처를 내면서 만들었다. 문종이는 같은 동네에 사는 종이 장사에게서 구입하고 대나무는 못 쓰는 우산대를 사용했다.

연실은 처음 어머님이 사용하는 바느질용 무명실을 사용했는데 실이 약하여 자주 끊어져 나중에는 선친이 시장에 가서 질기고 튼튼한 실을 구입해 주었다.

큰 나무들이 있으면 연이 잘 걸려서 넓은 보리밭이나 고개 마루에서 연날리기를 했다. 날씨가 추울 때에는 마을에서 담벼락을 의지해서 손을 호호 불면서 연날리기를 했다. 어떤 때는 문고리에 연실을 묶어놓고 해가 질 때까지 그냥 둘 때도 있다.

짓궂은 형들이 풀 먹인 튼튼한 연실로 연싸움을 걸어와 약한 실로 띄우는 연을 멀리 날려 보낸 적도 많다.

지금 필자가 살고 있는 광진구 자양동 뚝섬유원지에는 연날리기 하는 사람들이 많다. 넓은 한강에 연이 걸릴 염려가 없고 바람도 많이 불어 연날리기에는 아주 좋은 자연환경이다.

세계 각 나라 국기를 다 그린 만국기연, 50 마리가 넘게 기러기를 엮은 기러기연, 봉황새를 오려 만든 봉황새연, 가면을 사용하여 만든 가면연 등 가지각색의 연들을 띄우는 장관을 이룬다. 해마다 정월 보름을 전후하여 연날리기 대회도 이곳에서 행한다.

설날이 오고 대보름이 가까워지면 대대로 전해오는 연날리기 추억이 떠오른다.

자라나는 어린 세대들에게 연 만드는 방법과 연날리기 놀이를 적극 권장하여 건전한 놀이문화에 기여했으면 하는 생각을 해본다. (2011. 1. 30.)

연 날리기 (동시조)

네모난 태극연아 하늘 높이 솟아라
세모난 오징어연 나풀나풀 날아라
내 소원 적어줄 테니 햇님께 전해다오

아롱다롱 무지개연 공중 높이 날아라
줄지은 기러기연 멀리멀리 가거라
지구촌 좋은 소식을 달님께 전해다오

까불대는 나비연 춤추면서 솟아라
긴꼬리 봉황연도 선녀처럼 올라라
새해의 기쁜 소식을 별님께 전해다오.

윤동주 시인의 언덕

광진문인협회 봄 야외 모임에서는 윤동주 시인의 언덕과 주위에 있는 연고지를 답사했다. 2013년 4월 19일 10시 회원 28명은 화창한 봄 날씨에 발걸음도 가볍게 종로구 청운동 3-100에 소재한 윤동주 시인의 언덕에 올랐다. 진달래, 개나리, 산수유가 활짝 핀 고개에는 가곡 '선구자'에 나오는 만주 땅 용정에 있는 실물과 같은 크기의 '일송정'과 큰 소나무 한 그루가 심겨졌다.

언덕에 올라서니 종로구 일대의 서울시 전경이 가까이 보이고, 북악산 자락에는 청와대와 경비 초소들이 한눈에 들어온다. 고개마루에는 1968년 1월 21일 북한 무장특공대가 청와대를 기습 공격 하러 올 때 부하 경찰들과 함께 이들을 막다가 전사한 고 최창식 경무관과 부하 직원의 동상이 있어 그때의 일을 되새기게 한다. 이른 새벽 고도로 훈련된 정예 특공대가 아군 특수부대로 가장하여 막무가내로 청와대를 향해 진격했다. 지혜롭고 용감한 최경무관이 아니었더라면 고스란히 당할 뻔했던 사실을 생각할 때 유비무환 정신은 언제나 필요하다는 사실을 실감했다.

윤동주 시인의 언덕은 상수도 시설이 빈약할 때 종로구 일대의 수돗물을 원활히 공급하기 위한 가압장으로 사용하던 장소다. 일행은 아직도 수돗물 흔적이 있는 넓은 물탱크 내부에 옛날 초등학생 용 의자가 몇 개 놓인 장소에 앉아 문화재 해설자의 설명을 들었다. 이곳은 윤동주 시인의 증조부가 살던 장소로 일제의 핍박을 피해 만주 용정으로 갈 때까지 기거하던 장소다. 윤 시인은 아주 어린 시절 이곳에서 살았던 셈이다.

그는 용정의 은진중학을 나와 연희전문학교를 거쳐 일본으로 건너가 1942년 릿교대학(立教大學) 영문과에 입학했다가 동년 가을 도시샤대학(同志社大學) 영문과로 전학했다. 43년 여름방학을 맞아 귀향하다가 사상범으로 일본 경찰에 체포되어 2년형을 언도받고 규수 후쿠오카 형무소에서 복역 중 1945년 2월 16일 28세의 나이로 옥사했다. 유해는 고향 용정에 묻혔고, 연세대학교 안에 시비가 세워져 있다.

그는 41년 연희전문 졸업 때 19편의 시를 묶은 자선 시집을 간행하려 했으나 뜻을 이루지 못했다. 48년 이 자필본과 유고 30편이 수록된 『하늘과 바람과 별과 시』가 간행됨으로써 시인 윤동주가 세상에 알려지게 되었다.

시집에는 그의 대표작인 '서시', '자화상', '참회록' 등이 실렸다.

한국문학사에는 저항시인으로 기록되었으며, 이육사와 함께 일제 암흑기에 문학을 지킨 지성과 양심의 등불이라 할 수 있다.

문학평론가 임헌영 교수의 윤동주 시 평론에서는 "윤동주 시인은 저항의 자세 중 순수한 서정적 작품으로 저항을 시도한, 이른바 예술적 저항의 시인으로서 한 표본을 이룬다" 하였고" 윤동주가 오늘의 독자에게 깊은 감동과 호소력을 줄 수 있는 이유는 바로 그의 서정성에 있다." 라고 하였다.

우리는 꽃이 만발한 동산을 거닐며 정자에 앉아 서울 시내를 바라보다가 작은 야외 공연장에 모여서 시 낭송회를 가졌다.

필자는 용정을 소재로 하여 지은 '선구자'를 시 낭송하기 전에 가곡으로 불러 분위기를 돋우었다. 그런 후 10여 명의 회원들이 윤동주 시를 위시하여 자기들이 창작하거나 좋아하는 시 한 수씩을 낭송하였다.

일행은 다시 버스를 타고 내려와 우리나라의 숙박 시설의 효시인 '보안여관'을 둘러보고 이순신 장군이 태어난 장소라 쓰인 동판을 살펴본 후 옛 문인들이 자주 모였다는 유서 깊은 식당에서 한식으로 식사를 했다. 이곳 경복궁 서쪽 통인동, 옥인동 등은 조선시대 벼슬아치들이 살던 곳으로 일제 암흑시대에는 문인들이 모여 살던 곳이다. 곳곳에 사연이 숨은 집이나 장소가 많다. 지금은 작은 사설 미술관들이 많이 들어서고 있다. 일행은 마지막으로 천재 시인 이상(李想)이 살았다고 추정되는 장소에 만든 '이상의집'

을 둘러보았다. 한때 이상의 애인이 경영했다는 '제비다방'으로 불리는 곳에서 차 한 잔씩을 하고 안내원으로부터 작가의 생애와 작품 등에 대한 설명을 들었다.

이상은 1910년에 태어나 1937년 28세의 나이로 요절한 시인이자 소설가로 본명은 김해경이다. 보성고보를 거쳐 경성고등공업 건축과를 졸업하고 조선총독부 건축기사로 3년간 근무했다. 1931년부터 문단에 등단, 활동했고, 32년부터 '이상'이란 필명을 사용했다. 폐결핵 치료차 황해도 백천 온천에 갔다가 기생 금홍을 알게 되어 함께 상경하여 종로1가에 '제비다방'을 개업했다. 그는 금홍과 동거하며 다방 사업을 했으나 경영난으로 얼마 못가 폐업하고 카페, 식당 등을 경영했으나 모두 실패했다. 36년 한국 최초로 자의식이 표출된 심리소설《날개》를 발표하고 이어서《봉별기》《종생기》,《실낙원》등의 문제작을 발표했다.

같은 해 폐결핵을 치료하기 위해 도쿄로 건너갔으나 사상이 불온하다는 혐의로 일본 경찰에 체포되었다가 이듬해 28세의 젊은 나이로 요절했다. 1957년 그의 전 작품을 정리한《이상전집》3권이 고려대학교 출판부에 의해 간행되었다.

일행은 가까운 이곳에 옛 문인들의 유적지들이 있다는 사실을 알고 좀 더 잘 다듬고 정리하면 훌륭한 관광지가 되리라 생각했다. 더욱이 지금 짓고 있는 현대미술관과 민속박물관, 궁중박물관, 경복궁 등 세종로 거리와 특성 있는 사설 미술관들을 포함한 관람 코스를 개발하면 내국인은 물론 외국인에게도 훌륭한 볼거리를 제공하리라 생각된다. 우리는 완연한 봄볕을 담뿍 받으며 문학인으로서의 뿌듯한 기분을 만끽하며 보람된 하루를 마무리하고 귀가했다.

서시

윤동주

죽는 날까지 하늘을 우러러
한 점 부끄럼이 없기를
잎 새에 이는 바람에도
나는 괴로워했다.
별을 노래하는 마음으로
모든 죽어가는 것을 사랑해야지
그리고 나한테 주어진 길을
걸어가야겠다.
오늘 밤에도 별이 바람에 스치운다.

전통과 근대가 만나는 덕수궁

서울은 아름답고 활기찬 도시이다. 짧은 기간 동안 큰 성장을 이룬 최첨단 도시이면서도 전통과 현대가 멋진 조화를 이룬다. 궁궐은 서울에서 만날 수 있는 다양한 전통 문화 가운데 규모가 가장 크고 잘 보전된 문화유산이다.

서울 도심에는 넓은 도로와 고층 빌딩이 가득하다. 하지만 백여 년 전만 해도 서울은 왕과 왕실 가족이 거처하는 궁궐을 중심으로 나라의 모든 활동이 이루어지는 전통 도시였다.

최고의 인재와 물산이 궁궐과 왕실이 있는 서울로 모여 들었고 이를 바탕으로 서울에는 품격 있는 왕실 문화가 발달했다.

궁궐은 우리 역사에 크고 작은 영향을 미친 사건이 일어난 역사적 장소이자 왕과 왕실 사람들이 생활하며 희로애락을 담은 삶의 공간이다. 궁궐이 전하는 역사, 인물, 건축, 자연 등 숱한 이야기 속에는 우리 선조들이 오랜 역사와 삶 속에서 터득해낸 지혜와 슬기로움이 담겨있다. 서울에는 경복궁, 창덕궁, 창경궁, 덕수궁, 경희궁 등 다섯 궁궐이 있다.

덕수궁은 조선시대를 통틀어 크게 두 차례 궁궐로 사용되었다. 덕수궁이 처음 궁궐로 사용된 것은 임진왜란 때 피난 갔다 돌아온 선조가 머물 궁궐이 마땅치 않아 월산대군 집이었던 이곳을 임시 궁궐, 즉 정릉동 행궁으로 삼으면서부터이다.

이후 광해군이 창덕궁으로 옮겨가면서 정릉동 행궁에 새 이름을 붙여 '경운궁'이라 불렀다.

경운궁이 다시 궁궐로 사용된 것은 조선 말기 러시아공사관에 있던 고종이 이곳으로 옮겨 오면서부터이다.

조선 말기 정국은 몹시 혼란스러웠다. 개화 이후 물밀듯 들어온 서구 열강들의 조선에 대한 이권 다툼이 치열했기 때문이다.

고종은 러시아공사관에서 돌아와 조선의 국호를 대한제국으로 바꾸고 새로 환구단을 지어 하늘에 제사를 지낸 뒤 황제의 자리에 올랐다. 현재 조선호텔 경내에 있는 환구단 터에는 신위를 모신 황궁우, 용무늬를 새긴 돌 북, 무지개문이 셋인 석조 대문이 남아 있다.

대한제국 선포는 조선이 자주 독립국임을 대외에 분명히 밝혀 정국을 주도해 나가고자 한 고종의 선택이자 강력한 의지였다.

대한제국의 위상에 맞게 경운궁의 전각들을 다시 세워 일으킨 것도 이와 같은 맥락이다. 당시의 궁궐은 현재 정동과 시청 앞 광장 일대를 아우르는 규모로 현재 궁역의 세 배 가까이에 이르렀다.

그러나 고종의 의지와 시도는 일제에 의해 좌절되고, 고종은 결국 강압에 의해 왕위에서 물러났다. 이때부터 경운궁은 '덕수궁'이라는 이름으로 불려졌다.

고종에게 왕위를 물려받은 순종이 창덕궁으로 옮겨가면서 고종에게 장수를 비는 뜻으로 '덕수'라는 궁호 즉 '공덕을 칭송하여 올리는 칭호'가 그대로 궁궐 이름이 되었다.

고종은 승하할 때까지 덕수궁에서 지냈으며, 덕수궁은 고종 승하 이후 빠르게 해체 축소되었다. 개화 이후 서구 열강의 외교관이나 선교사들이 정동 일대로 모여들면서 덕수궁도 빠른 속도로 근대 문물을 받아들였다.

덕수궁과 주변의 정동에는 지금도 개화 이후 외국 선교사들에 의해 건립된 교회와 학교, 외국 공관의 자취가 남아 있다. 덕수궁이 다른 궁궐들과 달리 서양식 건축을 궐 안에 들인 것도 이와 같은 맥락이다.

정관헌은 고종이 러시아 건축가를 불러 새롭게 지은 연회와 휴식 공간이다. 러시아 공관에서 커피를 처음 마시고 커피 애호가가 된 고종은 정관헌을 자주 찾아 커피를 마셨다.

정관헌이 서양 건축에 전통 양식을 섞어 지은 전각이라면, 석조전은 서양식으로만 지은 건물이다. 고종 당시의 궁궐 면모에는 크게 못 미치지만, 덕수궁에는 저마다 사연을 가진 유서 깊은 전각들이 오순도순 자리하고 있다.

석어당에서 석조전에 이르는 뒤쪽에는 도심의 번잡함을 잊게 하는 호젓한 산책로도 있다.

덕수궁에는 근대의 문을 열면서 황제의 자존심을 보여준 외전과 왕비의 침전이 없으면서도 지켜낸 내전 궁궐이 있다. 외전으로는 정전인 중화전이 있다. 천장의 용 문양이나 기단부 계단 중앙의 답 도에 새긴 용 문양, 황색으로 칠한 창호 등이 대한제국의 위상이 깃들도록 정성을 쏟았다. 중화전 마당 둘레에 지은 행각들도 지금은 대부분 사라지고 형태만 남았다. 광화문, 돈화문, 홍화문이 그렇듯이 모든 궁궐의 정문은 정전의 남쪽에, 그리고 백성을 교화한다는 의미를 담은 '화'자를 이름에 넣었다. 덕수궁의 본래 정문인 '인화문'도 정전의 정문인 중화문 앞 남쪽에 있었다.

대한제국 출범 직후 환구단이 건설되고 궁궐의 동측이 도시의 새로운 중심이 되었다. 원활한 기능 수행을 위해 덕수궁의 동문인 대한문(원래는 대안문)을 정문으로 사용한 것으로 짐작된다. 중화전 건립 후 편전으로 쓰인 즉조당과 석어당은 덕수궁에서 가장 유서 깊은 곳이다. 석어당은 덕수궁 내에 유일하게 남아있는 중층 전각이다.

한일병합 이후 덕수궁의 전각과 부지를 조금씩 허물어내던 일제는 고종 승하 후 덕수궁을 본격적으로 해체해 나갔다.

1931년에는 궁궐을 아예 상가부지로 매각하려다가 반대여론이

거세게 일어나자 한발 물러나 외전과 내전의 주요 전각을 남긴 상태로 공원화하여 1933년에 일반에 개방하였다.

내전의 주요 전각인 함녕전은 고종의 편전이자 침전으로 사용되었다. 고종이 승하한 곳도 함녕전이다. 다른 궁궐과 달리 덕수궁에 왕비의 침전이 따로 없는 것은 명성황후가 승하한 뒤, 고종이 다시 왕비를 맞이하지 않았기 때문이다.

왕비의 침전을 대신한 것은 명성황후의 신주와 위패를 모신 경효전이었으나 1904년 대화재 때 소실되고 그 자리에 덕홍전이 세워졌다.

덕홍전은 외국 사신을 접견할 목적에 지은 전각으로 외부는 한옥이지만 내부는 서양식으로 꾸몄다. 덕홍전에서 정관헌으로 이어지는 꽃담에 무지개 모양의 유현문은 손님을 맞이하는 공간이었던 두 전각의 분위기와 화사하게 어울린다.

고종이 사랑한 덕수궁의 서양 건축물로는 석조전과 정관헌 등이 있다.

석조전은 고종이 침전 겸 편전으로 사용하기 위해 지은 서양식 석조건물이다. 서양식 건물을 건립한 것은 대한제국의 근대화를 위한 정책이었다. 1층은 시종이 기거하는 방과 부속실, 2층은 손님을 맞이하는 접견실, 3층은 황실의 생활공간으로 사용되었다. 1938년에 완공한 석조전 서관과 함께 현재는 국립미술관 덕수궁 분관으로 사용되고 있다.

정관헌은 함녕전 뒤편에 궁궐 후원의 정자 기능을 대신하여 지은 전각으로 고종은 이곳에서 외교관들과 연회를 열고 커피를 마시는 장소로 애용하였다. 정관헌은 '조용하게 세상을 바라보는 공간'이라는 뜻을 가지고 있다. 급박하게 돌아가는 정세 속에서 잠시나마 여유를 가지고 생각에 잠겼을 고종의 모습이 상상되는 곳이다.

서울의 궁궐, 언제 어느 때 찾아도 자연의 아름다움과 깊은 역사, 전통의 향기를 전해주는 도심 속 궁궐, 우리가 살아온, 또 오래도록 살아갈 서울을 가장 서울답게 하는 자랑이요 힘이다.

대한문 앞의 수문장 교대식은 한국을 찾는 외국인들에게 좋은 볼거리를 제공한다. 덕수궁 돌담길은 예나 지금이나 연인들의 산책코스이다. 사철 언제 가보아도 계절의 특색을 살리며 볼거리와 휴식을 제공하고 역사를 통한 교훈을 주는 덕수궁을 잘 본존하고 유지 관리해야겠다. (2011년 1월 7일)

한국시조생활시인협회 하계 연수

한국시조생활시인협회는 2013년 8월 16일부터 17일까지 하계 연수를 실시했다.

경기도 연천지역 테마관광 및 안보체험을 위해 남녀 회원 32명이 참석했다. 2호선 종합운동장 10시경 출발하여 두 시간 후 한탄강 관광지에 도착해 식사하고 연천 전곡리 유적을 관람했다.

연천 전곡리 유적은 한탄강변에 위치한 구석기 시대의 유적이다. 1978년 동아시아 최초로 주먹도끼가 발견되었으며, 이때 발견된 아슬리안형 주먹도끼는 1940년대 초 하버드대학의 모비우스 교수가 제시했다. 전곡리 유적이 발견되기 전까지 학계의 정설로 인정받아 온 찍개 문화권설을 결정적으로 반박할 수 있는 중요한 자료다. 1979년대부터 발굴 조사 되었으며 그해 10월 유적의 중요성을 인정받아 국가 사적 제268호로 지정되었다.

미국 인디애나대학에서 고고학을 전공한 주한 미군 병사 그렉

보웬은 1978년 3월 한탄강 유원지를 여행 차 들렀다가 우연히 유원지 주변에서 석기로 보이는 유물들을 발견하게 되었다. 한눈에 이 유물이 예사롭지 않다고 생각한 그는 자신이 발견한 석기 사진과 발견 경위를 소상히 적어 프랑스의 저명한 구석기 전문가인 보로드 교수에게 편지를 보냈다.

보로드 교수는 "이 유물들이 유럽이나 아프리카에서 발견되었다면 분명히 아슬리안 문화의 석기로 말하겠습니다. 내가 직접 가보고 싶을 정도로 중요한 발견이지만 그럴 수 없으니 서울대 김원용 교수를 찾아가 뵙도록 하십시오" 라고 권유했으며 보웬이 가져온 석기를 살펴본 김원용 교수는 흥분을 감추지 못했다고 한다.

곧 바로 전곡리 일대에 대한 조사 계획이 수립되었고 1978년 5월 김원용 교수를 중심으로 조사단이 구성되어 최초의 지표 조사가 실시되었다.

지표조사 결과를 바탕으로 김원용 교수와 정영화 교수가 진단학보에 〈전곡리 아슬리안양면학 석기 문화예보〉를 발표하면서 전곡리 유적이 세상에 알려지게 되었다.

그 후 17차에 걸쳐 조사가 이루어지고 30여 년에 걸친 발굴 조사 결과 현재까지 대략 8,500여 점의 구석기 시대 유물들이 발견되었다. 유적의 연구 결과 최초로 전곡리에서 구석기 시대 사람들이 살기 시작한 시점은 약 30만 년 전으로 알려졌다.

일행은 햇볕이 내려 쪼이는 태양 아래 선사 시대의 기술, 생활

방식 등을 직접 체험해볼 수 있는 선사체험마을을 둘러보며 아득한 구석기 시대로 잠시 돌아갔다. 공원 안에 있는 박물관에 들려 출토된 유물들을 살펴보고 모형으로 전시된 구석기 시대 사람들의 생활상도 보았다.

산책로를 따라 걸으며 모형으로 만든 옛사람들을 만나며 형형색색 만발한 야생화도 감상했다. 원래는 태풍전망대의 안보 체험을 하려했으나 진입로 공사 관계로 내일로 미루고 재인폭포로 향했다. 재인폭포는 주변의 수려한 경관과 어울려 절경을 이루는데 18m나 되는 절벽에서 비단을 드리운 듯한 모양의 폭포가 장관을 이룬다. 이 폭포에는 애틋한 전설이 있다.

옛날 연천 땅에 한 재인(才人)이 아름다운 부인과 살고 있었다. 호색한 연천고을 원님이 재인의 아내를 탐내어 빼앗을 궁리를 했다. 원님은 폭포가 있는 곳에 재인을 불러놓고 줄타기 묘기를 시키고 몰래 칼로 줄을 끊어 재인을 죽였다. 원님은 재인의 아내를 찾아 위로하고 수작을 부렸다. 그러나 재인의 아내는 원님의 청을 들을 수 없다고 잘라 말했다. 원님이 강제로 그녀를 껴안으려 하자, 여인은 원님의 코를 힘껏 깨물었다, 그때부터 재인이 빠져죽은 폭포를 재인폭포라 하고 원님의 코를 물었던 마을을 코문리로 부르다가 오늘날 고문리(古文里)가 되었다는 설화가 있다. 일행은 연천군에서 잘 정비한 철계단을 굽이굽이 돌아 아래까지 내려가 쏟아지는 폭포를 감상하고 기념 사진도 찍었다.

우리는 숙소인 연천 학생 야영장에 도착했다. 이곳은 시골 초등학교 교사였는데 학생이 없어지자 연수원으로 만들어 청소년수련원으로 사용하고 있다. 주변에는 푸른 산이 둘렀고 교정에는 아름드리 고목나무가 역사를 자랑하고 깨끗이 정비한 교실은 숙소로 만들었다. 우리는 강단에 모여 친교 시간을 가졌다.

먼저 금년 10월 24-25일 춘천에서 열리는 세계전통시인대회를 준비하기 위해 우리 가곡과 민요를 김숙희 시인의 지도로 진행했다. 진도아리랑, 밀양아리랑, 늴리리야, 정선아리랑 등 민요와 가곡 「그네」「성불사의 밤」「장안사」 등을 연습했다. 박헌수 시인의 사회로 우리는 어린이들로 돌아가 친교 시간을 가진 후 성보용 시인의 '퇴계의 경철학(敬哲學)과 시심(詩心)' 에 관한 철학 강의를 들었다.

대부분 연세가 많은 분들이라 피곤하여 일찍 자리에 들었으나 몇몇 분은 막걸리 파티를 하면서 밤늦게까지 노래와 이야기를 나누었다. 여기 오니 무덥던 여름 날씨가 물러간 것 같다. 넓은 교실에 삼사 명씩 나누어 각자 가지고 온 간이 침구로 하룻밤을 지냈다.

우리는 아침 일찍 일어나 푸른 산을 바라보며 맑은 물이 흐르는 하천을 따라 산책했다. 맑은 공기와 숲 속의 향기가 피를 맑게 했다. 아침 식사 후 태풍전망대로 향했다. 이곳은 천하무적 태풍 부대에서 1991년 건립한 곳으로 휴전선까지 800m, 북한 초소까지는 1600m로 북한과 가장 가까운 전망대다. 1968년 1월 21일 무장공비 침투로이기도 하고 휴전이 임박한 1953년 봄부터 한국, 미국, 프랑스, 태국군 등 유엔군이 한 치 땅이라도 더 확보하려는 북한의 집요한 공세와 맞서 싸워 피아 간 수많은 사상자를 낸 곳이다. 전망대에서 내려다보니 넓고 파란 초원 위로 임진강 지류가 흐르고 북한 초소가 눈앞에 보이며 북한의 농촌도 손에 잡힐 듯 가깝다.

강 주변 풀밭에는 수많은 지뢰가 매설되었다고 한다. 잃어버린 아름다운 국토를 보니 안타깝기 그지없다. 현 정부가 계획하는 비무장지대 세계평화공원을 이곳에 설치했으면 하는 생각도 든다. 산과 강이 아름답고 임진강이 흐르는 넓은 초지가 있어 공원으로 적지라 판단된다.

일행은 안내 사병의 상세한 설명을 들으며 어서 속히 통일이 오기를 소원했다. 이곳은 사진 촬영 금지구역이라 사진도 못 찍고 야생화로 덮인 순국장병기념비들을 둘러보고 오직 자유를 위하여 낯선 이국땅에서 목숨을 바친 유엔군 젊은이들에게 머리 숙여 명복을 빌었다.

전망대로 향하는 길 양편에는 나라꽃 무궁화가 가로수로 심겨져 있어 보기가 좋았다. 일행은 차를 타고 연천군 일대를 둘러보고 짙푸른 산하를 감상했다. 주변의 산들은 한국전쟁 당시 격전지로 그 당시에는 산에 나무 한그루도 없고 하천에는 피비린내가 진동했다고 한다. 지금도 유해 발굴 작업이 계속되고 주변의 논밭에는 토양 조건이 맞아 인삼 재배를 많이 한다.

일행은 한반도 중심지인 아름다운 연천 일대와 최전방도 둘러보았다. 앞으로 통일된 한반도에 중심 역할을 하는 이 지역 일대를 통일 조국의 거점 도시로 건설했으면 좋겠다는 생각을 했다. 60년 동안 사람의 발자취가 없던 비무장지대를 세계적인 생태 공원을 조성하여 유명한 관광지로 만들었으면 하는 꿈을 기대하면서 강변북로를 따라 상경했다. 기억에 남는 하계 연수라 자부한다.

태풍전망대에서

평화로운 초원에 인적이 끊으졌다.
순진한 노루사슴 자유로이 뛰놀듯
지뢰밭 갈아엎고서 꽃 심을 날 언젠가

푸른 하늘 흰 구름 유유자적 흐른다
철새들 떼를 지어 한가롭게 나르듯
철조망 걷어내고서 웃을 날은 언젠가

해양 수호의 성지 서해 수호관

문공회원 35명은 2012년 7월 17일부터 7월 19일까지 2박 3일간 평택, 진도, 여수, 거제도, 진주 등을 여행하였다.

주된 여행 목적은 여수엑스포 관람이었으나 시간적 여유가 있어 남해안 일대를 돌아보았다. 아직 장마가 끝나지 않았고 작은 태풍이 한반도로 상륙한다는 소식이 있어 염려되었으나 일정대로 추진했다. 6백명이 넘는 문공회원들이 있으나 이런 저런 사유로 겨우 35명이 출발하게 되어 안타까웠다.

일행은 제일 먼저 해군 제2함대 사령부가 있는 평택항을 방문했다. 안내원의 인도에 따라 해저에서 인양한 천안함 실물을 관람하고 천안함 피격에 대한 설명을 들으며 제1연평해전 전승비와 제2연평해전 전적비가 있는 안보 공원과 참수리 357호정 내부를 둘러보왔다. 이어서 조국 해양 수호와 성지가 된 서해수호관을 견학했다.

천안함 피격은 2010년 3월 26일 금요일 오후 9시 22분경, 백령도 인근 우리 측 서북 해역 영해에서 정상적으로 경비업무를 수행 중이던 해군 2함대 소속 천안함이 북한군 잠수함정의 어뢰 공격을 받아 침몰되었으며, 승조원 총 104명 중 58명은 구조되고 46명이 전사했다.

국방부는 공정한 사고원인 규명을 위해 2010년 3월 31일 국내외 전문가가 포함된 민·군 합동 조사단을 구성하여 조사에 착수했고 5월 20일 결과를 발표했다.

조사 결과, 천안함은 수중어뢰 폭발로 발생한 충격파와 버블효과에 의해 선체가 절단되어 침몰했으며, 공격 무기는 북한에서 제조한 고성능 폭약 250kg 규모의 어뢰로 확인되었다.

또한 한·미·영·호주·캐나다 5개국으로 구성된 다국적 연합정보분석보고서는 천안함 어뢰 공격에 북한의 소형 잠수함이 사용되었음을 확인하였다.

그러나 북한은 합동 조사 결과와 2010년 7월 9일 만장일치로 채택된 유엔안전보장이사회 의장 성명 발표 등을 통해 천안함 사건이 북한의 소행임이 명백하게 드러났음에도 불구하고, 아직도 사과는 커녕 사실을 인정하지 않은 채 터무니 없는 억지 주장을 계속한다.

그뿐 아니라 국내에서도 천안함 피격 사건이 북한의 소행임을 한사코 믿지 않으려는 세력들이 있다. 이들은 시민 단체라는 허울을 쓰고 국내외에서 온갖 불순 유언비어를 퍼뜨리며 사회 혼란을 획책하고 국가 위신을 추락시킨다.

또한 일부 세력들은 북한의 대남 선전 선동에 편승하여 천안함 침몰 원인이 미군의 오폭이라거나, 암초에 부딪쳐 좌초 했다거나, 정부의 대북 강격책이 사태를 초래 했다는 무책임한 주장을 쏟아낸다.

그러면서도 천안함 46용사의 영전에 조의는 커녕 조문도 하지 않았던 이들 세력들은 2011년 12월 북한의 김정일이 사망하자 조문과 분향소 설치를 주장했다. 오늘도 돌아오지 않는 자식과 형제, 아빠를 그리워하며 눈물로 하루하루를 힘들게 살고 있는 유가족들의 가슴에 지울 수 없는 상처를 남기고 있다.

서해수호관 천안함실에는 전사한 용사들의 각가지 사연들이 적혀 있어 보는 이의 눈시울을 뜨겁게 했다. 그 가운데 고 강준 상사는 2010년 5월 9일 결혼을 앞둔 예비 새신랑이었다.

신부는 경남 진해에서 해군 부사관으로 함께 근무했던 동료다.

이들은 오랜 연애 끝에 결혼을 약속했고, 해군 아파트 입주를 위해 미리 혼인신고를 한 뒤 결혼식을 앞두고 있었다. 천안함 침몰 소식을 접하자 약혼녀는 백령도로 달려가 수색 상황을 지켜보았다. 그러나 강 상사가 천안함에서 내리면 올리기로 했던 결혼식은 끝내 이뤄지지 못했다.

국내 종북 세력들은 북한의 주장에 부화뇌동하면서 국내외, 또

인터넷상에서 대한민국의 분열을 조장한다. 심지어 “비굴한 평화가 전쟁보다 낫다” 라는 분열의 목소리 마저 해댄다. 물론 평화를 외치는 것이 그 자체로 나쁜 것은 아니다. 그러나 국가 공동체가 외부의 호전 세력으로부터 공격을 받아 위험에 처했는데도 평화만 주장한다면, 이는 공허한 외침에 불과하다. 나라를 지키기 위해 국가적 위기 앞에 하나가 되는 것, 바로 이것이 나라를 지키고 번영을 가져오는 비결이다. 지금 우리는 이러한 진리 앞에 엄숙한 결의를 다질 필요가 있다. 이러한 결의야 말로 바로 조국을 지키다 전사한 천안함 46용사에 대한 최소한의 예의다. 아무리 강한 나라라도 내부 분열을 가져오면 패하기 마련이다.

서해 수호관 일층에는 NLL(북방한계선)과 해전실로 꾸며졌다. 북한의 위협과 도발/ NLL의 중요성/ 제1, 2차 연평해전과 대청해전의 기억들/ 그리고 중요 해전에서 싸우고 전사함 용사들의 모습/ 해군의 굳은 다짐들을 전시했다.

이층에는 천안함실로 천안함 일대기/ 출항에서 귀항까지의 상황/ 피격 사건의 전말/ 그날의 흔적 등을 전시했다. 전사한 용사들의 신상명세서와 유품들을 둘러보니 장래가 촉망되는 귀중한 인재들을 너무 많이 잃어 안타까웠다.

일행은 피격당한 천안함의 실체와 서해수호관을 둘러보고 넘실대는 서해바다를 바라보면서 동족간의 적대 행위가 속히 막을 내리고 통일된 대한민국이 세계 열강들과 어깨를 나란히 하여 지구촌의 평화를 위해 노력하는 때가 어서 오기를 기도했다.

다음 관광지인 진도를 가기위해 서해고속도로를 이용하여 내려가다가 예약한 서산휴게소에서 조금 일찍 점심을 먹었다. 이 곳 사장이 문공회 조 회장의 친구라 푸짐한 대접을 받고 아름다운 주변 환경을 바라보면서 진도로 내려갔다.

고이 잠드소서 바다의 영웅들

고이 잠드소서 호국의 수호신들이여
푸른 꿈 못다 펴고 바다 속에 묻었으나
그 충성 헛되지 않고 영원토록 빛나리라.

편히 잠드소서 바다의 용사들이여
못 다한 영해 경비 후배들이 할 터이니
바다의 호국 령 되어 조국을 지키소서.

평안을 찾으소서 안식을 누리소서
남기고 간 유족들은 나라가 맡으리니
조국의 수호신 되어 바다를 지키소서.

호국의 섬 강화도

문공회는 제40회 문화유적답사지로 호국의 섬 강화도를 선정했다.

2012년 4월 19일 오전 8시 30분 '한국의집' 앞에서 38명이 모여 88고속도로를 따라 강화도를 향했다. 오전 10시 경 갑곶돈대(사적 제306호)에 도착했다. 최고령이 93세이고 평균연령 78세다. 38명 중 지팡이에 의지하는 회원이 12명이나 되었다. 한 해 동안 별세한 회원이 9명, 병원이나 요양시설에 입원한 환자도 많다. 오늘도 43명이 신청했는데 5명이 건강상 이유로 불참했다. 세월 앞에는 장사가 없다는 말이 실감난다.

4월 중순 날씨는 아침저녁에는 조금 쌀쌀한 편이나 낮 온도는 20도 가량으로 관광하기에 좋은 날씨다. 해안에는 엷은 안개가 끼어 먼 곳은 잘 보이지 않아서 불편했다.

강화도는 한국의 5대 섬 중 하나로 경기도 서쪽에 자리잡고 있다. 동쪽은 김포군, 서쪽은 연평바다, 남쪽은 영종열도, 북쪽은 연백, 개풍군과 마주한다.

본 섬은 남북이 약간 긴 타원형 섬이며 석모도, 교동도, 불음도, 주문도, 동경도 등 26개의 크고 작은 섬으로 이루어졌다.

본 섬은 동서 16km, 남북 28km, 둘레 247km이며 총면적은 407㎢이다. 행정구역상으로는 인천광역시 강화군이며 임야가 42%, 농지가 40%로 되어 있다.

섬에는 마니산(468m), 고려산(436m), 혈구산(466m), 진강산(443m), 정족산(413m) 길상산(336m) 등의 산이 솟아 있다.

강화도는 섬 전체가 역사 유적지로서 고인돌, 마니산, 전등사, 강화성, 전적지, 포대 등 문화재 보호구역이 많다.

일행은 제일 먼저 갑곶돈대(사적 제306호)에서 문화재 해설자의 안내를 받으며 관람했다.

이곳은 고려가 1232년부터 1270년까지 도읍을 강화로 옮겨 몽고와의 전쟁에서 강화해협을 지키던 주요한 요새로 대포 8문이 배치된 포대이다. 조선 1644년 강화의 요충지마다 군대 주둔지를 설치할 때 제물진에 소속된 돈대로써 1679년에 완성되었다. 1977년 옛터에 새로이 옛 모습을 되살려 보수, 복원이 이루어졌다. 돈대 안에 전시된 대포는 조선시대 바다를 통해 침입하는 왜적의 선박을 포격했다.

여기는 세계 최초로 금속활자를 개발한 고려인의 우수성과 과학성을 널리 알리기 위해 마련된 세계금속활자발상중흥비가 있다.

또 수령 약 400년으로 추정되는 갑곶리 탱자나무가 있다. 높이 4m, 지상부 줄기 둘레 1m이다. 강화에 탱자나무를 심게 된 이유는 성벽 밑에 심어 철조망과 같은 역할을 하여 적병의 접근을 막기 위한 것이었다고 한다.

또 조선후기에 우리나라 군대에서 사용하던 대포인 홍이포가 있다. 유럽 사람들이 사용했던 화포라고 하여 '붉은 오랑캐의 화포' 즉 홍이포(紅夷砲)라 하였다. 명나라를 통해 들어온 것으로 포 길이 250㎝정도, 구멍의 지름은 약 10㎝정도, 무게는 3톤이다. 홍이포는 약 700m거리에 있는 목표물을 파괴할 수 있는 성능을 가졌다.

이 밖에 조선시대 선정을 베푼 관리들의 영세불망비와 자연보호의 일환으로 세운 금표, 삼충신을 기리는 삼충사적비 등 총 67기의 비석이 모인 비석군과 태조 때 강화부사 이성이 세운 8각의 2층 정자인 이섭정(利涉亭)이 있다.

우리는 고려궁지로 출발했다. 고려궁지는 고려 고종 19년(1232) 6월 몽고의 침략에 대항하기 위하여 최우의 권유로 도읍을 송도에서 천혜의 요새인 강화로 옮기게 되었다. 원종 11년 개성으로 환도할 때까지 39년간 사용되었다. 송도궁궐과 비슷하게 만들었고, 궁궐 뒷산 이름도 송악이라 하여 왕도의 제도를 잊지 않으려 하였다. 현재는 조선시대 건물인 승평문, 강화유수부동헌, 강화유수부이방청, 종각, 외규정각 등이 복원되어 있다.

다음 코스로 고인돌 지역으로 이동, 청동기 시대의 대표적인 묘제의 하나로 유네스코 세계 문화유산으로 등재된 탁자 모양의 고인돌을 관람하고 인접해 있는 강화역사박물관으로 이동했다. 박물관 1층에는 고려시대와 조선시대 민족사가, 2층에는 구석기 시대의 유물이 전시되어 다양한 역사, 문화의 단면을 한눈에 볼 수 있었다.

우리는 점심 식사 후 강화평화전망대로 이동했다. 이 전망대는 민통선 북방지역에 위치하여 타 지역에서 전망하기 힘든 이북의 독특한 생활 상태를 가까이에서 볼 수 있는 평화안보체험관이 있다. 그날은 안개가 짙어 북쪽 산하를 똑똑히 볼 수 없어 아쉬웠다. 안타까운 것은 보이는 산들이 모두 민둥산이라 장마나 폭우가 쏟아지면 산사태가 날까 걱정된다. 같은 민족이면서 강 하나를 사이에 두고 너무나 판이 했다. 세계에서 유일한 분단국으로 60년이 넘게 전시상태로 대치하고 있는 현실을 보고 안타까운 마음 금할 수 없었다.

우리는 우울한 기분으로 광성보로 이동하였다. 광성보는 강화해협을 지키는 중요한 요새로, 고려가 몽골의 침략에 대항하기 위하여 강화로 천도한 후에 돌과 흙을 섞어 해협 따라 길게 쌓은 성이다. 조선 효종 9년에 완전한 석성으로 설치되었으며, 숙종 5년에 용두돈대, 오두돈대, 화도돈대, 광성돈대, 등 소속 돈대가 축조되었다. 1871년 신미양요 때 가장 치열했던 격전지로, 이 전투에서 조선군은 어재연 장군을 중심으로 용감히 항전하였으나 열세한 무기로 분전하다가 포로 되기를 거부하여 몇 명의 중상자를 제외하고 전원이 순국하였다. 이때 파괴된 문루와 돈대를 1976년에 복원하였으며, 당시 전사한 무명용사들의 무덤과 어재연 장군의 전적비 등을 보수 정비하였다. 이곳에는 광성돈대, 용두돈대, 손돌목돈대, 쌍충비각, 신미순의총, 신미양요 순국무명용사비 등이 있다.

우리는 덕진진으로 이동하였다. 덕진진은 조선시대 강화해협을 지키는 요충지로서 효종 7년 국방력 강화를 위해 해군 주둔지 수영에 속해 있던 덕진진을 덕포로 옮겼으며, 숙종 5년에 용두돈대와 덕진돈대를 거느리고 덕진포대와 남장포대를 관할함으로써 강화해협에서 가장 강력한 포대로 알려져 있었고 5진 7보 가운데 가장 중요한 곳을 지키고 있었다.

병인양요 때는 양헌수 장군의 부대가 덕진진을 통하여 정족산성에 들어가 프랑스 군대를 격파하였으며, 1971년 신미양요 때는 미국함대와 가장 치열한 포격전을 벌인 곳이다. 이곳에는 덕진돈대와 남장포대가 있고, 대원군이 개화여명기에 외국선박의 출입을 통제하기 위한 경고비인 덕진진경고비 등이 있다.

마지막으로 초지진으로 이동했다. 초지진은 해상으로부터 침입하는 적을 막기 위하여 조선 효종 7년에 구축한 요새이다. 진에는 배 3척을 비롯하여 첨사 이하의 군관 11명, 사병 98명, 돈군

18명 등을 배속하고, 초지돈, 장자평돈, 섬암돈의 세 군데 돈대를 거느리고 있었다. 병인, 신미양요, 운양호 사건 등 근대까지 줄기차게 싸운 격전지다. 1871년 4월 23일 미국 로즈스가 지휘하는 아세아 함대가 1,230명의 병력으로 침공하여 450명의 육전대가 초지진에 상륙하여 덕진, 광성의 제진을 공략하였다. 이 때 군기고, 화약창고 등의 군사 시설이 모두 파괴되었다. 1875년에는 일본이 조선을 무력으로 개항시키기 위하여 파견한 운양호의 침공은 고종 13년의 강압적인 강화도수호조약으로 이어져 일본 침략의 계기가 되었다. 그 뒤 허물어진 돈대와 성을 1973년 복원하였다. 민족 시련의 역사적 현장이었던 이곳은 호국정신의 교육장이 되도록 성곽을 보수하고 조선군이 사용하던 대포가 전시되어 있었다. 성축과 홀로 남은 노송에는 당시의 포탄자국이 남아 있어 관람객의 눈길을 끌었다. 성 주변에는 잘 자란 노송들이 옛날 이 성을 지키던 장병들처럼 늠름하게 버티고 있어 감명을 받았다. 나는 소나무를 좋아하여 이곳에서 많은 사진을 찍었다.

이처럼 강화도는 우리 역사상 조국을 지키는 최전방의 역할을 담당하였다. 지금도 북한과 가장 가까운 위치에서 대치 상태에 놓여있다. 또한 수많은 문화재가 산재해 있어 강화 특유의 토산물과 함께 관광객들의 관심을 받고 있다. 학생들을 위시하여 많은 국민이 강화도를 찾도록 홍보하고 문화재를 잘 보존, 정비하여 이름난 관광지로 만들어야겠다. (2012년 4월 초순)

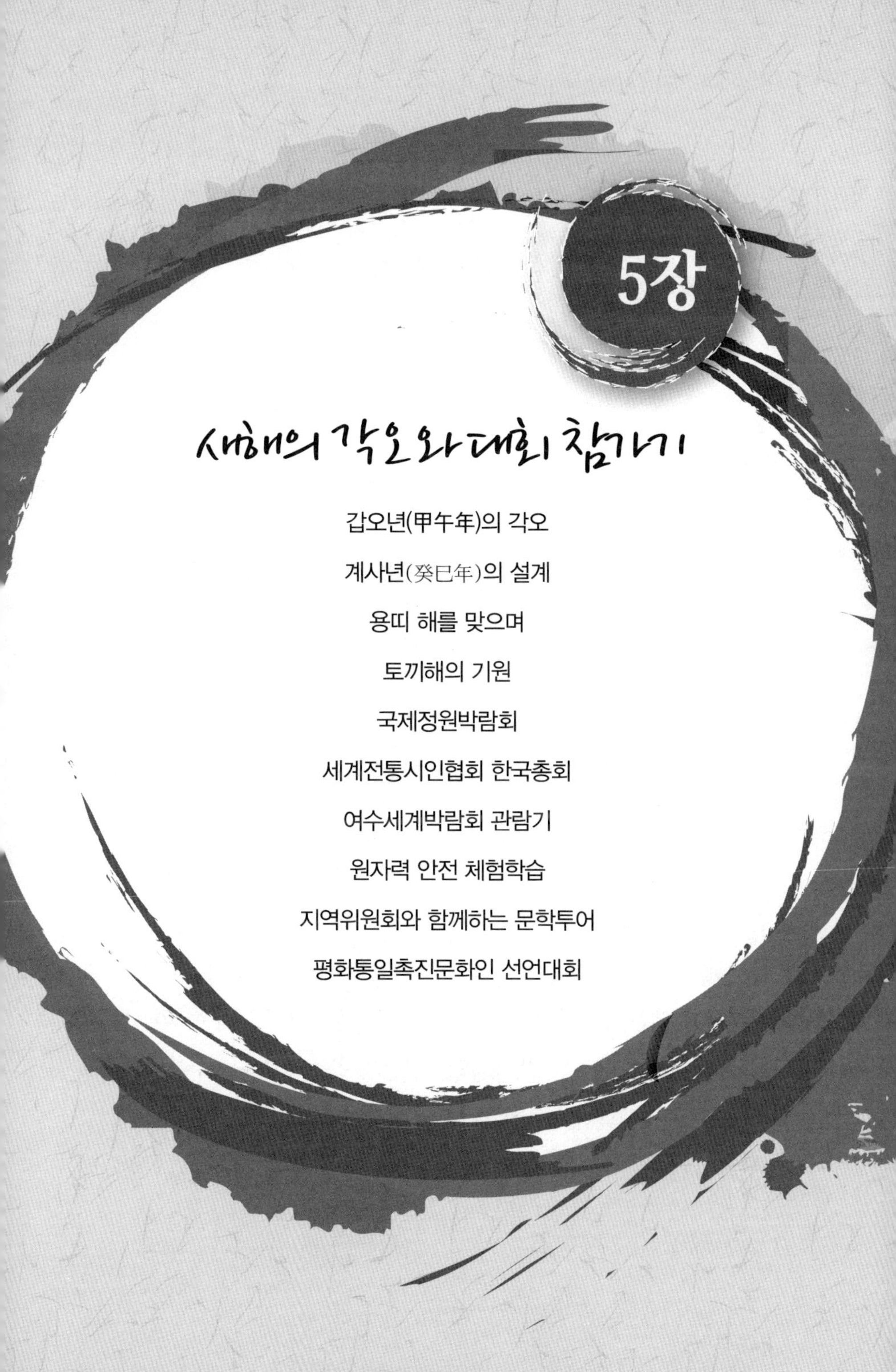

5장

새해의 각오와 대회 참가기

갑오년(甲午年)의 각오

올해는 갑오년 청 말띠해다. 말띠해를 맞아 말에 대하여 생각해 본다. 말은 달리기에 알맞게 사지와 목이 길다. 얼굴이 긴데 치열이 길기 때문이다. 풀을 물어뜯는 앞니와 갈아 부수는 어금니는 잘 발달되어 있으나 송곳니는 퇴화했다. 코에는 나출부가 없고 윗입술이 잘 움직이는 구도로 풀을 입안에 물어넣는다. 머리 정상부에는 앞머리털이 있고, 목덜미에는 갈기가 있으며, 가슴이 크고 늑골은 18쌍이나 된다. 꼬리는 비교적 짧으며, 기부에서 끝까지 긴 털로 덮여 있다. 말의 종류는 대단히 많아서 오늘날에는 약 40종으로 나누어져 있다. 이것을 분류하는 데는 여러 설이 있다. 그 중에서 첫째는 동양종과 서양종, 둘째는 털빛으로 나누는 법, 셋째는 두형으로 나누는 법, 넷째는 귀종과 육종으로 나누는 법, 다섯째는 뛰는 말과 걷는 말로 나누는 법, 여섯째는 용도에 따라 나누는 법 등이 있다. 말의 용도는 나라와 지방에 따라 약간씩의 차이가 있으나 대략 교통에 이용되는 경우가 가장 많다.

사람이 타고 다니는 것은 물론 짐을 운반한다든지 우편물을 먼 곳으로 수송한다든지 하는 데에 많이 사용되고, 더욱이 옛날에는 전쟁에 절대 불가결의 요소였다. 오늘날에도 농경용으로 사용하는 국가가 많다. 이외에도 마분은 비료로, 가죽은 북, 구두, 가방 등의 재료로 사용하며, 꼬리와 목털은 양복 속대기, 악기의 현 등에 이용되고 뼈로는 빗, 젓가락 같은 것을 만든다.

말은 십이지 동물 가운데 용호(龍虎)와 함께 튼튼한 육체와 활기 넘치는 정신으로 희망과 밝은 미래를 약속해주는 존재로 자리 잡았다. 속담에 '말 가는 데 소도 간다'는 말이 있듯이 말은 우두머리요, 지도자요, 선구자 역할을 한다. 실제로 우리 민속놀이인 윷놀이에도 말은 으뜸이다, 도는 돼지, 개는 개, 윷은 소를 상징하고, 가장 점수가 많은 모는 말을 상징한다.

말은 또한 신의(信義)의 상징이다. 나라 사이의 교환 곡물에서 말이 빠진 적이 없는 것은 두 나라 사이의 신의의 상징이었다. 예부터 하늘에 제사를 드리거나 중요한 맹서를 할 때는 백마의 피로 제사를 드리거나 말의 피를 뿌려 맹서하는 기록이 나온다. 말은 사람이 타고 다니는 승용차이며 호랑이를 퇴치하는 사냥마이기도 했다. 또한 말은 양(陽)을 상징하는 동물로 알려져 있다.

태양이 가장 높이 떠서 기가 가장 충만한 때를 정오(正午)라고 한다. 말은 왕성한 에너지와 정열적인 움직임이 있다.

말띠 해에 태어난 사람은 발랄하고 인기와 기지가 있다. 그들은 잘생긴 용모를 가진 것은 아니지만 성적 매력이 많다. 매사에 실속 있고 따뜻하게 흥미를 끌며 지각 있고 설득력 있는 이야기를 좋아한다. 또 변하기 쉬운 기질은 때때로 불같은 성질과 성급함, 고집스러움으로 나타난다. 예측하기 어려운 말띠 생들은 사랑에 쉽게 빠지며 식기도 한다. 대부분의 경우 말띠 생들은 집을 일찍 떠난다. 그렇지 않은 경우에는 그들의 독립정신으로 이른 나이에 일을 시작하고 직업을 갖도록 자극한다. 또한 말띠 생은 바람기 많은 남자와 여자이며, 허세부리기를 좋아하고 움직임이 있는 곳에 있기를 좋아한다. 유쾌한 사람으로 칭찬해주기를 좋아하고 또한 칭찬 받기를 좋아한다. 사업에서도 재빠르고 재치 있는 솜씨로 정황을 빈틈없이 파악하고 잘 처리한다. 그러나 성격이 충동적이고 완고하여 불같은 화를 잘 내는 편이다. 이러한 성격은 존경이나 신뢰를 잃게 하는 요인이다.

중국 속담에 '인간 만사 세옹지마(人間萬事 塞翁支馬)'라는 말이 있다. 어떤 노인이 말을 한 마리 잃어버렸는데, 며칠 후 이 말이 좋은 말 한 마리를 데리고 와서 좋아했는데 이 말을 타던 아들이 말에서 떨어져 다리를 다치고 전쟁이 일어나 동리 청년들이 징발되어 다 죽는데 이 청년은 살아남아 무사했다고 하여 '인생 만사는 잘되는가 싶어도 화가 되고, 화가 될 것 같아도 복이 된다'는 비유이다.

필자는 어릴 때 살던 마을에 두 가정에서 소 대신 말을 먹이며 농사를 짓고 마차를 이용하여 짐을 실어 나르는 것을 본 적이 있다. 큰 말은 아니나 부지런하고 온순하게 보였다. 5일장이 서면 시장이 서는 곳마다 상품을 실어 나르는 역할을 했다. 친구 아버지이기도 한 말 주인은 말을 가족처럼 대해주고 잘 먹이고 손질을 잘 해주어 말이 주인을 잘 따르는 것을 보았다. 그때는 갓을 쓰고 다니던 때라 말꼬리 털로 갓을 만들었다. 마침 갓을 만든 사람도 이웃 마을에 있어 말꼬리를 잘라가는 것을 보았다. 어린 우리들은 말꼬리로 올무를 만들어 매미와 곤충을 잡았다. 말은 뒷발질을 잘한다. 자기의 꼬리를 허락도 없이 취하려 하면 뒷발로 걷어찬다. 어린 우리들은 혼이나 말 주인에게 부탁하여 몇 개씩 얻을 때도 있었다.

필자가 인상 깊게 말을 본 것은 외사촌 누나가 대구 청년에게 시집을 갈 때다. 자형이 된 청년은 잘생기고 말을 잘 탔다. 부잣집 청년이기에 말도 승마용으로 크고 털빛도 윤이 나는 아주 훌륭한 말이었다. 대구에서 누나가 있는 마을까지는 40km가 넘는 길이다. 도로 포장도 되지 않을 때라, 먼지를 날리며 비호같이 달려오던 자형의 모습은 환상적이었다.

말은 건국 신화에도 등장한다. 신라 박혁거세의 탄생에도 '흰말이 무릎을 꿇고 우는 것을 발견하고 가봤다. 막상 다가서니 말은 온데간데없고 그 자리에서 남은 알에서 어린아이가 나왔다.'라고 기록되었다. 동부여의 시조 금와(金蛙)도 말이 발견한 것이다. 삼국유사에 '말이 큰 돌을 보고 눈물을 흘리매, 그 돌을 들추게 하니 어린애(金蛙)가 있었다.'라고 기록되어 있다.

말은 육상 포유류 중에서 몸집이 큰 편이라 멀대 같이 다 큰 여아를 비유하여 '말만한 계집 아이'라 하고 말매미 말거머리 등은 그들 중에서 큰놈을 이른다.

말의 학명은 '에쿠스'인데 '짐 신는 말'이란 뜻이다. 에쿠스 자동차는 '네 바퀴 달린 말'인 셈이다. 포니는 '조랑말, 갤로퍼는 '질주하는 말'로 자동차 이름도 말과 연관이 있다.

필자가 사는 곳은 광진구 자양동(紫陽洞)이다. 자양동은 암말을 기른 곳이란 뜻이다. 인근에 뚝섬이 있다. 여기는 옛날 궁중에서 사용하는 말을 키우고 훈련하던 곳이다. 경마장이 과천으로 가기 전까지는 뚝섬유원지가 경마장으로 사용하던 곳이다. 지금은 경마장이 과천으로 이전하여 현대 시설을 갖추고 국제적인 경마장으로 손색이 없다. 말 타기는 현대에 와서는 건전한 스포츠로 각광을 받는다. 비만을 억제하는 의료 수단으로 사용되기도 한다. 인공 수정으로 품종 좋은 말의 종자도 공급받을 수 있어 말 생산에도 조건이 좋은 편이다.

필자는 전쟁 소설을 애독하는 편이다. 삼국지, 수호지, 초한지 등 중국 소설과 우리나라 유명한 장군들의 활약상을 많이 읽었다. 그 중에도 삼국지의 관운장이 타던 적토마는 뛰어난 말이었다. 달리기도 잘하고 주인의 의도하는 바를 잘 파악하여 적진을 종횡무진으로 달리며 승전하던 말이다. 그뿐 아니라 주인인 관운장이 죽자 먹이를 먹지 않고 따라 죽는 의리의 명마였다. 활 잘 쏘고 말 잘 달리던 김유신, 강감찬, 연개소문, 최영, 이성계 장군도 싸움터에 갈 때마다 좋은 말을 타고 다니며 적진을 격파하는 장면을 본다.

필자가 사는 아차산 정상에 용마산(龍馬山)이 있다. 옛날에는 힘있는 장수가 나면 하늘에서 용마가 내려와 돕는다는 전설이 있다. 용마산 아랫동네에 어릴 때부터 힘이 비상한 어린이가 태어나자 이웃에 알려지고 나라에서 알게 되어 혹시 역모의 인물이 되지 않을까 하여 제거하려 하자 부모가 먼저 애기를 죽였다. 그 때 하늘에서 내려온 용마가 크게 소리 지르며 도로 하늘로 올라갔다는 전설로 용마산이라 부른다.

올해는 말의 해다. 박대통령의 2기 집권 해다. 경제개발 3개년 계획을 세워 세계에서 7위권에 드는 경제 대국을 건설하려 하고 언제 붕괴될지 모르는 북한에 대비하여 통일 조국을 위한 준비도 방심해서는 안 된다. 말의 해를 맞아 거침없이 달리는 말과 같이 모든 일이 순조롭게 이루어져 역사의 새로운 전기를 마련하는 한 해가 되기를 소원한다. (2014년 1월 4일)

계사년(癸巳年)의 설계

금년은 계사년 뱀띠 해다. 특별히 60년마다 한 번씩 오는 흑뱀해다.

2013년의 천간인 계(癸)가 오행사상에서 물(水), 색으로는 검은색을 뜻하고 지지(地支)인 사(巳)가 뱀을 일컫기 때문이다.

동물 중에서 뱀만큼 모순적이고 양면적인 동물은 없다. 뱀은 공포의 대상인 동시에 숭배의 대상이며, 죽음의 상징인 동시에 불사와 치유의 상징이다.

성경 속의 뱀은 하나님이 창조하신 만물 중에 가장 간교한 동물로 표현된다. 최초의 인간인 아담과 이브를 유혹하여 하나님이 금하신 선악과를 따먹게 하여 에덴동산에서 추방당한다. 뱀도 저주를 받아 흙을 먹고 살며 땅으로 기어 다니는 형벌을 받았다. 그뿐 아니라 사람의 후손으로부터 머리를 상하게 하는 미움을 샀다. 사람들이 뱀을 보면 머리부터 돌로 치는 이유가 있다.

뱀은 치명적인 독을 가졌고 징그럽게 꿈틀거리는 몸뚱이와 섬뜩하리 만치 차가운 냉혈 동물로 공포의 대상이다.

뱀은 두 개의 생식기가 있으며 이를 교대로 사용해 짧게는 한 시간, 길게는 72시간까지 짝짓기를 한다. 연간 1~2회에 걸쳐 한 번에 최대 150개까지 알을 낳는 놀라운 생명력과 번식력을 가졌다. 뱀은 성체가 되기까지 대개 1년 내지 9년 정도 걸리고 일 년에 두 차례 허물을 벗는다. 서리가 내리면 뱀은 일시에 모습을 감춘다. 변온 동물인 뱀은 추위의 시련 앞에서 서로의 몸을 휘감은 채 긴 잠에 빠진다.

봄이 되어 날이 풀리고 대지가 녹기 시작하면 깨어나 움직인다. 그때 육신의 껍질을 벗고 새로운 몸으로 자란다.

필자는 자란 곳이 시골이라 뱀에 대한 추억이 많다. 산과 들이며 큰 연못가에 집이 자리했기 때문에 산 · 들 · 물뱀 등 가지각색의 뱀들을 보며 자랐다.

그 당시는 초가집이기 때문에 지붕 추녀 끝에는 산새, 참새들이 구멍을 내어 집을 짓고 새끼를 길렀다. 심술궂은 뱀이 구멍마다 다니며 새끼를 잡아먹으면 새들은 몹시 지저귄다. 가족은 연기 나는 횃불을 들고 뱀을 쫓는다. 나는 동생들과 뱀을 돌로 쳐서 죽이려고 하나 어른들은 큰 뱀은 집을 지켜주는 지킴이라며 해치지 말고 쫓아버리라 한다. 뱀은 독한 연기가 싫은지 슬그머니 달아난다. 날갯짓을 하는 새의 모습이 고맙다고 인사하는 듯 느낀다. 큰 뱀이 나타나면 새들이 제일 먼저 알고 시끄럽게 울어대며 경고한다. 식구들은 문단속을 하고 열려있는 장독 항아리를 덮고, 날짐승의 새끼들을 둥지에 숨긴다. 우리는 긴 막대기를 가지고 뱀을 찾아 나선다. 까치들이 소란을 피우는 장소에는 어김없이 큰 뱀이 도사리고 있다. 뱀은 나무를 잘 타 높은 나무의 까치집도 습격하여 새끼들을 해친다. 우리는 마른 풀 뭉치에 불을 붙여 뱀을 쫓기도 하고 짓궂은 청년들은 뱀을 잡아 뱀술을 만들거나 숯불에 구워 먹기도 한다. 뱀 고기는 의외로 맛이 좋은 편이다.

나는 친구들과 겨울철에 참새 고기가 먹고 싶으면 전등을 사용하여 초가지붕 추녀에 있는 참새 집을 찾아 잠든 새들을 잡아 구워먹은 때도 있었다. 어떤 때는 손을 집어넣으면 물렁물렁한 찬동물이 손에 만져진다. 깜짝 놀라 자세히 보면 큰 뱀이 참새 새끼를 다 잡아 먹고 똬리를 틀고 앉아 있다. 짓궂은 친구들은 참새 대신 뱀을 잡아 구워 먹을 때도 있다.

뱀 중에는 무서운 독사도 있다. 물리는 즉시 손을 쓰지 않으면 치명적일 수도 있다. 독사와 부딪칠 때는 일단 멈추며 똑바로 쳐다보고 기를 꺾은 후 막대기나 돌로 위협하면 대개는 슬그머니 달아난다. 갑자기 마주쳐서 놀라 달아 날 때는 똑바로 달리지 말고 지그재그로 몸을 움직여 달아나면 따라오지 못한다. 뱀은 똑바로 움직이는 성질을 가졌기 때문에 갑자기 방향을 바꾸지 못한다.

성장기에 나는 뱀을 많이 보고 상대했기에 어떠한 뱀도 겁내지 않고 제압한다. 그러나 뱀을 함부로 죽이지 말라는 조부님의 교육을 받아 죽이는 것보다 멀리 쫓기만 한다.

나는 들판 외딴집에 살았다. 이른 봄, 들로 산으로 나들이를 갈 때면 논 구석에 수많은 뱀 새끼들이 한 덩어리가 되어 사람을 놀라게 했다. 모내기 철 논두렁 물고에 큰 뱀이 도사리고 있는 것을 모르고 삽으로 넓히다가 놀란 적도 있다.

뱀에 얽힌 이야기 중에는 이런 경우도 있다. 이웃 마을에 걸음을 걸을 때 꼭 뱀이 꿈틀거리며 가는 모습으로 걷는 장애인이 있었다. 그의 아버지가 이른 봄 짚으로 둥지를 만들고 달걀을 부화하여 병아리를 키우는데 큰 뱀이 나타나 병아리를 다 잡아먹고 똬리를 틀고 앉아 있었다. 화가 난 주인이 짚 둥지채로 뱀을 불 속에 집어넣어 죽였다. 그때 임신 중인 아기가 장애인으로 태어나 걸어다닐 때 뱀이 불 속에서 꿈틀거리는 모양의 걸음걸이었다. 짐승을 함부로 죽이면 안 되고 임신 중 행동을 주의하라는 태교가 담긴 이야기다.

전해 내려오는 이야기 중에는 뱀에 관한 사연이 많다. 어느 가난한 집 며느리가 집에서 키우는 개에게 주는 밥이 아까워 먹이를 주지 않았더니 개가 자취를 감추었다. 이상히 여겨 집 주위를 찾아보니 장독대에서 큰 뱀으로 변하고 있었다. 기겁을 한 여인이 항아리 속에 들어가 숨었더니 큰 뱀으로 변한 개가 항아리를 칭칭 감았다. 며칠 지난 후 뱀이 사라져 버리자 항아리를 열어보니 여인이 죽어 있더라는 이야기를 들었다. 물론 동물 학대를 경고한 이야기라도 뱀의 무서운 독기를 증명한다.

뱀이 천년이 지나면 이무기가 되고 이무기가 천년이 되면 용이 된다는 전설도 있다. 지금은 농약 남발로 뱀의 먹이사슬이 사라지고 인간이 뱀술을 만들거나 함부로 잡아 산과 들에는 거의 찾아볼 수 없고 동물원에 가야만 각종 뱀을 볼 수 있다.

뱀의 해를 맞아 우리가 배워야 할 점도 많다. 겨울이면 사라졌다가 봄이 되면 나타나 껍질을 벗고 성장하는 점이다. 인간사의 모든 성장도 뱀의 동면이나 탈피와 같다고 볼 수 있다. 개인도 역사도 계속하여 전진할 수만은 없다. 혹독한 시련을 만나면 뱀처럼 신진대사를 늦추고 동면하듯 인내와 자제로 위기를 넘겨야 한다. 언제나 전진하는 것만이 능사는 아니다. 때가 되면 물러날 줄 알고 움츠릴 줄도 아는 뱀의 지혜를 배워야 하리라.

뱀의 탈피 또한 마찬가지다. 낡은 것을 버리지 않고는 새로운 것을 얻을 수 없다. 계사년은 검은 뱀의 해, 동양에서는 행운을 상징한다. 지금 한국 사회에서 필요한 것은 행운이 아니다. 뱀과 같이 스스로 허물을 벗고 새롭게 더 높게 도약해야 한다. 경제든 정치든 성장은 고통을 수반한다. 국민 모두가 스스로 허물을 벗는 뱀의 지혜와 인내, 그리고 겸허한 자세를 배워야겠다.

계사년 새 아침

계사년 새 아침이 힘차게 밝아온다
요동치던 흑룡파도 바다 속에 잠재우고
검은 뱀 행운을 안고 서설(瑞雪)타고 내려온다

경제가 어렵다고 결혼을 기피하고
양육이 힘든다고 출산을 포기하니
다산의 뱀의 해 맞아 출산율 높여 보자

껍질 벗는 고통 없인 성장을 할 수 없고
낡은 것 못 버리면 새 것을 못 얻는다
허물을 벗어던지는 뱀의 지혜 배우자.

용띠 해를 맞으며

올해는 용의 해 중에서도 흑용 띠의 해이다. 용은 12지간 중 유일하게 상상의 동물이다. 인간과 가장 친숙하게 여겨지는 열두 동물 중 상상의 존재인 용이 포함되어 있다는 점이 용의 해를 맞아 새삼 흥미롭게 여겨진다.

중국의 문헌인 『광아익조(廣雅翼條)』에 용의 모습을 다음과 같이 묘사하고 있다. 용은 '인충(鱗蟲) 중의 우두머리로 그 모양은 다른 짐승들과 아홉 가지 비슷한 모습을 하고 있다. 즉 머리는 낙타와 비슷하고, 뿔은 사슴과, 눈은 토끼와, 귀는 소와, 목덜미는 뱀, 배는 큰 조개, 비늘은 잉어, 발톱은 매, 주먹은 호랑이와 비슷하다. 비늘은 81개가 있고 턱 밑에는 명주(明珠)가 있으며 목 아래는 거꾸로 박힌 비늘이 있고, 머리 위에는 박산(博山)이 있다' 라고 했다. 평소에는 연못이나 바다 속에 살다가 일정한 때가 되면 물을 박차고 하늘로 올라 지상과 하늘의 세계를 연결시켜 주는 초월적인 동물이다.

옛 중국인들은 이러한 초월성에 입각하여 천자의 상징으로 용을 사용하였는데 중국에서 용은 이미 신석기 시대부터 그 모습이 보이기 시작한다. 〈예기(禮記)〉에서 용을 봉황, 거북, 기린과 함께 사령(四靈)의 하나로 취급하였고, 한(漢)대에서는 사신(四神)의 하나로 동방을 지배하는 청룡(靑龍)을 숭배하였다. 사신의 관념이 성립되면서 용의 그림도 다수 출현하였는데 이때의 용은 멋있는 갈기를 가진 말과 비슷한 모습으로 묘사되었다. 후에 불교가 전래되면서 불법을 수호하는 팔부중의 하나인 용이 중국 전래의 용과 결부되어 사해용왕(四海龍王)과 인간이 같이 활약하는 용왕의 전설을 낳았다.

서양에서는 용을 드래곤(dragon)이라 한다. 이는 뱀을 의미하는 그리스어 드라콘에서 유래하였다. 그 모습은 동양의 용과 비슷하나 날개가 있고 입에서는 불을 토하며 날카로운 독니를 가지고 있다. 아리스토텔레스는 날개가 있는 용은 이집트나 에티오피아에, 독니를 가진 거대한 뱀 모양의 용은 인도에 산다고 기록하였는데, 전자는 날개를 가진 신(神), 후자는 비단 구렁이의 모습을 표현한 것으로 추측된다. 고대 유럽인들은 용의 초월적인 힘을 경외하여 로마에서는 군대의 깃발에, 영국에서는 왕실의 문장에 용 그림을 그려 넣었다. 북유럽에서도 용은 해군의 상징이었고 바이킹은 뱃머리를 용머리를 장식하였다. 그러나 유럽에서 용은 신이나 영웅들에게 살해될 운명을 타고난 악신의 화신이라는 인식이 더 지배적이었다.

따라서 서양 각지의 건국 신화에는 용을 퇴치하고 용이 지키던 보물 등을 인간들에게 나누어 준 영웅들이 등장한다. 용에게 사로잡힌 공주를 구하려 험난한 여정에 오르는 왕자나 기사 이야기는 영웅 모험담의 가장 전형적인 구성 요소다. 모험의 마지막 관문에 맞닥뜨리게 되는 무시무시한 최강의 난적이 바로 용이다.

전설 속 용 죽이기는 도저히 성공할 수 없을 것 같은 불가능한 일이었다. 그러나 기사는 용기와 지혜를 다해 용과 맞서 싸운다. 용을 무찔러 제거해야만 비로소 영웅이 될 수 있기 때문이다.

수많은 상상의 동물 중 최고의 자리는 단연 용이 차지한다. 과거 동양에서 용의 위상은 용을 숭배한 중국의 영향력만큼이나 확고한 것이었다. 용은 신성하고 영험한 존재로 감히 범접할 수 없는 절대적 힘의 총체로 왕이나 황제의 동의어나 마찬가지였다. 사극에서 사용되는 용안(龍顔)이나 용포(龍袍)같은 단어는 현대인에게도 낯설지 않다.

또한 용은 비와 강을 다스리는 물의 신(神)으로 여겨졌다. 오랜 세월 강이나 바다 속에 잠겨있다 때가 되면 입에 여의주를 문채 천둥 번개 치는 먹구름을 뚫고 하늘로 비상한다.

승천을 꿈꾸는 동양의 신성한 용도, 맞대결을 통해 인간을 성장시키는 서양의 용도 오랜 세월을 걸쳐 인간의 상상력이 탄생시킨 신비한 존재다.

용은 보다 나은 존재가 되고 싶다는 인간의 열망에서 비롯된 상상의 동물이다. 때문에 신화와 전설의 세계와는 무관하게 살고 있는 현대인들에도 용의 환상은 여전히 유효하다. 우리는 여전히 용꿈을 최고의 길몽으로 여기고 불가능한 일이라 체념하면서도 개천에서 용이 나길 바라며, 과거의 자신으로부터 업그레이드되어 미꾸라지 용 되었다는 소리를 듣고 싶어 한다. 존재하지 않는 것치고 이만큼 확실히 존재하는 것이 또 있을까? 강력한 실체를 가진 상상의 존재인 용을 직접 본 사람은 아무도 없지만 우리 모두 용을 상상하고 용꿈을 꾼다.

우리 속담 속에도 용은 천용지호(天龍地虎), 용호상박(龍虎相搏) 등과 같이 무소불위의 힘과 전지전능한 영웅으로 묘사되는 일이 많다. '용이 그 못으로 돌아간다(龍返其淵)' '물이 증발하여 구름이 되고 뱀이 변하여 용이 되어 하늘로 오른다(雲蒸龍變) 등과 같이 영웅호걸, 성공한 사람을 비유하기도 한다. 또한 용꿈과 같이 부정적인 의미보다는 긍정적인 의미로 쓰이는 일이 많다.

금년은 흑룡 띠 해다. 육십갑자 시간 법에 따르면 해마다 특정한 기운이 있다. 올해와 같은 임진년(壬辰年)에서 진(辰)은 십이지에서 용을 일컫는다. 천간인 임(壬)은 오행 사상에서 물에 해당하고, 색으로는 흑색을 상징한다. 이 둘이 합쳐져 2012년은 흑룡 띠가 되는 것이다. 용이 물을 만난 형국이라 매우 길(吉)한 해로 여겨진다. 흑룡의 해는 60년마다 온다.

용띠 해에 태어난 사람들 중엔 카리스마 풍기는 지도자들이 특히 많다. 인천 상륙작전으로 널리 알려진 전쟁 영웅 맥아더, 중국의 개혁 개방을 이끈 덩샤오핑, 전투기를 직접 몰고 맹수를 사냥하는 푸틴 러시아 총리, 박근혜, 정몽준 한나라당 위원 등이 용띠다. 또한 용처럼 불의에 굴복하지 않는 성격인 독립투사로 홍범도 장군, 신채호 선생, 이육사 시인도 용띠다. 그 밖에 용맹과 지략을 두루 갖춘 6 · 25 영웅 밴 플리트 장군, 큐바의 게릴라 부대 사령관 체 게바라 등도 용띠다.

모습을 자유자재로 바꾸는 용처럼 문화 예술인 가운데 화가 이중섭, 스페인 화가 살바도르 달리, 팝아트의 거장 엔디 워홀, 영화 음악 거장 엔니오 모리코네, 소설가 춘원 이광수, 노벨문학 수상자인 터키 작가 오르한 파묵, k팝 한류를 이끄는 이수만 등이 있고, 배우로는 안성기, 최불암, 이소룡, 체육계엔 조오련, 이승엽 축구황제 펠레 등이 용띠다.

역사상의 용과 관련 있는 인물로는 어릴 때 이름이 현룡(見龍)인 이율곡 선생, 임진왜란 시 명장 정기룡, 이운용 장군, 춘향전에 나오는 이몽룡도 용꿈을 꾸고 태어났다. 우리나라 지명에도 용문산, 구룡산, 용산, 용천 등과 같이 용과 관련된 이름이 많다.

필자는 공무원 재직 시 승진시험을 치를 때 용꿈을 꾸고 시험에 합격한 일이 있고 맏손녀가 태어날 때 푸른 용이 고향집 앞 연못에서 물결을 타고 집으로 들어오는 꿈을 꾼 일이 있다.

금년은 국내적으로 총선과 대선을 통한 지도자의 교체가 있고 세계 20여 개 국가에서 지도자가 교체되는 중요한 해이다. 용의 마음을 얻고 용의 선택을 받고 용의 도움을 받는 지도자들이 선출되기를 바란다. 북한에서도 젊은 김정은이 권력을 세습하게 되어 순조롭게 권력을 이어갈지 세계가 주목하고 있다. 변화무쌍한 용의 해를 맞아 격변하는 국제정세에 슬기롭게 대처하여 용처럼 기세가 등등한 행운의 한해가 되었으면 한다.

용의 해 소원

칠흑 같은 구름 속 천둥소리 요란타
한줄기 빛 말하며 흑룡이 나타나서
먹구름 밀어버리고 맑은 하늘 찾는다

넓고 푸른 바다 위 성난 파도 덮칠 때
물보라 일으키며 청룡이 솟구치니
사납던 풍랑 그치고 청정바다 살린다

끝없는 대지위에 모래바람 닥칠 때
회리바람 흙비 속 황룡이 춤을 추며
태풍을 잠재우면서 지상 평화 부른다.

토끼해의 기원

금년은 신묘년(辛卯年) 토끼띠 해다. 필자는 기묘생(己卯生)으로 72년 전 토끼띠 해에 태어났다. 토끼는 어질고 착한 사람, 학자, 회사원 등을 비유하며 물질적으로 자신이 마음에 두는 어떤 대상이나 재물을 상징한다.

토끼의 특징을 살펴보면 지혜가 많고 감성이 풍부하고, 외유내강한 카리스마를 가졌고 조용하지만 깊은 울림을 주고, 기는 약해 보이지만 강단있고 현명하다. 또한 선량하고 청렴결백한 사람을 비유하며 급한 것 같으면서도 완급을 조절할 줄 알고 주변의 변화에 민감하게 반응하는 특징을 가졌다.

토끼는 포유류에 속하며 긴 귀와 식물을 갉아먹기에 적합한 길쭉한 앞니를 가진 것이 특징이다. 남극대륙, 오세아니아, 마다카스칼섬, 동남아시아의 여러 섬을 제외한 지구촌에 널리 자연 분포하여 살고 있다.

토끼의 앞니는 죽을 때까지 계속 자라고 에나맬 질로 덮여있다. 어금니에는 뿌리가 없다. 토끼는 지상생활을 하고 주로 풀 종류를 먹으며 때로는 어린 나무껍질을 먹기도 한다. 먹은 음식은 처음에는 맹장을 통하지 않고 부드러운 배설물의 형태로 나오는데 토끼는 항문에 입을 대고 다시 먹은 다음 최대한 소화 흡수한 다음 고형(固形)의 분(糞)으로 배설된다.

토끼류는 생토끼와 보통 토끼로 나눈다. 생토끼는 일명 우는 토끼라 하는데 이것은 빽빽 소리를 내며 울기 때문이다. 생토끼는 쥐류의 기니피그와 비슷하고 몸길이는 15~25cm 정도이며 꼬리는 없고 사지는 짧다. 귀는 2cm 밖에 되지 않지만 귀뿌리는 원통형이다.

보통 토끼는 몸 길이가 길고 강력한 뒷다리로 껑충껑충 뛰면서 달리는 것이 특징이다. 다른 포유류와는 달리 암컷이 수컷보다 크다. 귀는 길고 꼬리는 짧다.

보통 토끼는 산토끼류와 굴토끼류 등 약 9종으로 나눈다. 가축인 집토끼는 굴토끼를 길들인 것이다. 굴토끼는 땅굴을 파서 무리를 지어 살고, 밤에 활동하며 풀과 곡류를 먹는다.

집토끼는 유럽 굴토끼를 이베리아반도에서 로마시대에 가축화한 것으로 15~16 세기경부터 유럽 각지에 퍼졌다.

집토끼는 사육 목적에 따라 모피용, 모용(毛用), 육용으로 나눈다.

모피용 종으로는 친칠라종이 있다. 프랑스 원산으로 흑백의 물

보라 모양의 털이 나 있다. 렉스종도 프랑스 원산으로 암갈색의 짧은 우단 모양의 털이 고급모피의 대용품으로 쓰인다. 뉴질렌드 화이트 종은 아메리카 원산의 백색종이다. 모용종은 앙골라 종이 유명하다.

육용종 벨지언 헤어(Belgian Hare)종은 벨기에 원산으로 털빛갈이나 몸 생김새가 산토끼와 흡사하다. 플레비시 자이언트 종은 프랑스 원산의 대형 종으로 몸무게가 6kg 이상 된다. 애완용종으로는 히말리안종, 폴리시종, 더치종 등이 있다.

토끼는 생후 8개월부터 번식이 가능하다. 임신기간은 30일 정도이며 한 배에 5~6마리의 새끼를 낳는다,

토끼는 일반적으로 병에 대한 저항력이 약해 콕시듐병, 전염성비염, 고창증 등에 걸리기 쉽다.

토끼 고기는 부드럽고 단백질이 풍부하여 영양가는 높지만, 지방이 적어 담백한 것이 도리어 흠이다. 토끼 모피는 생산비가 싼 이점은 있지만 내구력이 떨어지므로 아동복에 사용하는 경우가 많다. 앙고라 종의 털은 가볍고 보온성이 뛰어나며 촉감이 좋아 펠트나 털실로 이용되고 최근에는 의학, 생물학의 실험 동물로도 사용된다.

토끼의 상징을 달과 결부시키는 현상이 많다. 이것은 달 속의 검은 그림자가 토끼 모양과 비슷하기 때문이다. 중국 초나라 굴원의 사부 「초사」 천문 편에 달 속에 토끼가 있다는 대목이 있고 토끼

는 달을 보고 새끼를 밴다는 전설도 있다.

고대 아메리카 인디언이나 중앙아프리카 종족들은 달과 토끼를 동일시했다.

토끼는 다산이므로 풍요의 상징으로 삼고 또 귀자모신(鬼子母神)과 관련시키기도 한다. 실제로 토끼는 정력이 강하고 번식력이 왕성한 동물이다.

토끼는 음분(淫奔) 즉 남녀의 음란한 행동을 상징하기도 한다. 천주교에서 성모상의 발밑에 토끼가 있는 것은 성모가 육욕을 극복하였음을 나타낸다.

토끼상은 신(神)의 구원을 받고자 묘비 등에 표현하는 수도 있다. 또한 십이지(十二支)의 하나로 묘(卯)에 해당한다. 달로는 2월(卯月), 방위는 동(東)이며 중국 · 한국의 능묘 등에서 동방의 수호신으로 삼는다.

판소리 토끼타령을 소설화한 『별주부전』은 삼국시대부터 전해오는 토끼와 거북 이야기에 재미있는 익살을 가미한 내용으로 정착된 의인(擬人) 풍자소설이다. 『삼국사기』 김유신전을 보면 김춘추가 고구려에 사신으로 가서 위기에 빠졌을 때 선도해(先道海)로부터 이 옛이야기를 듣고 이용함으로써 무사히 귀국할 수 있었다는 내용이 있다.

이야기 줄거리는 남해 용왕인 광리왕(廣理王)이 병들어 죽게 되자 영약인 토끼 간을 구해오도록 명한다. 그 사명을 띤 거북이가 뭍에 올라 토기를 꾀어 등에 업고 수궁으로 돌아오는 중, 토끼가 그 내막을 알고 기지로써 간을 볕에 말리려고 꺼내 놓고 왔노라고 말한다. 거북이는 토기가 간을 가져오도록 다시 뭍으로 나오게 되자, 토끼는 거북이를 조롱하며 도망치고 만다. 토끼를 놓쳐버린 거북이는 자살하려던 찰나, 도인이 나타나 그의 도움으로 선약을 구한다는 내용이다. 이와 같이 토끼는 꽤가 많고 순발력과 위기관리 능력이 뛰어난 동물이다.

토끼 꿈을 꾸면 예쁜 딸을 얻거나 좋은 협력자를 만나거나 잘 안되던 사업이 잘되게 되거나 힘 있는 사람을 만나 큰 도움을 얻는다고 한다.

필자는 어릴 때 시골에서 토끼를 키운 추억이 있다. 부모님이 예쁜 토끼 다섯 쌍을 사와서 남자 형제 다섯 명에게 나누어 주고 예쁜 집도 마련해 주었다. 우리는 학교에서 돌아오면 토끼가 좋아하는 풀을 뜯어와 먹이며 경쟁적으로 키웠다. 어떤 때는 농약이 남아있는 풀을 먹이다 토끼를 병들어 죽게 한 때도 있었다. 그러나 새끼를 낳아 시장에 팔아 옷가지와 신발, 학용품을 살 때는 보람을 느꼈다.

한반도 지도를 보면 어떤 사람은 호랑이와 비슷하다고 하나 토끼 형상이 더 가깝다. 토끼해를 맞아 분단된 토끼 몸에 한 피가 통하는 통일이 찾아오기를 바란다.

3대 세습과 천안함 사태, 연평도 포격으로 온 세계와 남북한 주민들로부터 불신을 받고 있는 북한이 최후 발악을 하는 모습을 볼 때 머지않아 북한이 붕괴되는 날이 갑자기 찾아올지도 모른다는 예감이 든다.

토끼해를 맞아 국론 분열을 막고 일치단결하여 국운이 확 트이고 통일이 되는 행운이 찾아오고 신묘(辛卯)년의 토끼가 우리를 신묘(神妙)한 세계로 데려다 줄 것을 기대한다. 변화무쌍하고 다양성을 가진 토끼의 케릭터 답게 건강하고 번성하며, 창조하고 다복하며, 영리하고 민첩하게 열심히 뛰는 한해가 되기를 소망해본다. (2011. 1. 1)

토끼해의 소망

호랑이 앞에서도 당차고 의젓하듯
강대국 틈바구니 지혜롭게 대처하여
신묘한 계책을 세워 신묘년을 넘기자

많이 낳고 행복한 귀여운 토끼처럼
출산을 꺼려하는 현실을 변화시켜
왕성한 번식력으로 애기 잔치 벌리자

청렴한 착한 품성 구석구석 비쳐주고
완급을 조절하는 지혜를 본받아서
주변의 민감한 변화 슬기롭게 대처하자.

국제정원박람회

2013년 한국에서 국제정원박람회가 열린다는 반가운 소식에 마음이 들떴다.

5월 28일 문공회 직원 36명은 1박 2일 일정으로 순천을 향해 달렸다.

남부지방에 많은 비가 온다는 예보가 있어 걱정했으나 흐린 날씨는 뜨거운 햇볕을 막아주어 오히려 다행이었다. 안국동 수운회관에서 아침 여덟 시에 출발하여 첫 목적지인 전주 한옥 마을에 갔다. 도로 주변 논에는 모내기가 한창이다. 요즘에는 농부 혼자서 이앙기로 몇 개 마을의 모내기를 다한다. 농촌에는 노인들만 있어 옛날같이 재래식 모내기는 엄두도 못 낸다.

전주 한옥 마을은 전주 도심권에 위치한 국내 최대의 규모다. 조선 시대부터 근현대까지 역사의 숨결이 곳곳에 녹아 있는 도시 한옥 촌으로 실제 주민이 거주하는 공간이다. 700여 채의 한옥과 함께 다양한 전통문화 체험이 많은 전주는 멋과 여유를 느낄 수 있는 가장 한국적인 도시의 상징이다. 우리는 조선 왕조를 창업한 태조 이성계의 어진을 봉안한 경기전과 전주부성 4대문 가운데 하나인 풍남문, 전동성당, 전주향교 등을 둘러보았다.

일정 대로라면 순천부터 가려했으나 비가 올 것 같아 이튿날로 미루고 곡성에 있는 고사리 농장으로 향했다. 해발 1000m가 넘는 고지대 소나무 숲 속의 고사리 촌은 관광객들의 고사리 꺾기 체험 장소다. 우리는 농장을 대충 둘러보고 주인이 마련한 고사리를 선물로 받아 화개장터로 향했다.

화개장터는 경남 하동군 북서쪽에 있는 면으로 동북쪽은 산청군, 서쪽은 전남 구례군, 남쪽은 광양군과 경계를 이룬다.

총면적의 91%가 지리산 줄기의 산악 지대다. 5일마다 장터가 서면 경상도와 전라도민이 함께 모여 화합을 이룬다. 우리가 갈 때는 상설시장만 개설되고 있었다. 토산품과 산나물 한약재 등이 주를 이룬다. 우리는 토산품 가게를 둘러보고 필요한 물품들을 구입하고 남해 독일마을로 이동했다.

독일마을은 1960년대 독일에 간 광부와 간호사들이 현지인들과 결혼하고 정년이 되어 남편 혹은 아내의 고향인 이곳에 정착하기 시작하여 지금은 38세대가 독일식 주택을 짓고 옹기종기 모여 사는 곳이다. 남해 바다가 보이는 마을로 뒤에는 산으로 둘렀고 앞에는 바다가 확 터인 곳으로 기후도 온화하여 마치 별장을 보는 것 같다. 휴일에는 함께 식사도 하고 음악회도 열면서 그들은 친목을 도모한다. 한국내의 독일을 보는 것 같아 이국적 냄새가 풍기는 곳으로 잘 개발하면 앞으로 관광 명소가 될 곳이란 생각이 든다.

일행은 숙소가 예약된 하동으로 이동했다. 숙소에 도착하니 밤 열한 시가 넘었다. 아침 여덟 시에 출발하여 열다섯 시간을 달려온 연로한 회원들은 몹시 지친 상태로 여장을 풀었다.

이튿날 일행은 순천만으로 향했다.

2013년 순천만국제정원박람회는 4월 20일부터 10월 20일까지 총 184일간 순천만과 순천시 풍덕동 · 오천동 일대에서 '지구의 정원 순천만'을 주제로 열린다. 세계 23개 나라의 작가와 기업, 도시가 참가해 83개의 다양한 정원을 만들었다. 박람회장 안에는 큰 아름드리나무 1만 5천 그루를 포함해 42만 4천 그루의 나무가 심어졌다.

'자연과 인간, 지역과 세계, 나눔과 누림'이라는 부제에 맞게 사람과 자연의 교감을 나눌 수 있는 공간을 다양하게 마련하였다.

박람회장은 크게 세계정원구역, 습지생태구역, 수목원구역, 습지구역으로 이루어졌다.

세계정원구역은 약 17만 평의 규모다. 수목원 구역에 있는 한국정원을 포함한 세계 정원 11곳과 테마 정원 그리고 세계의 도시, 작가, 기업이 조성하는 참여 정원으로 꾸며졌다

습지센터구역에 있는 순천만 국제습지센터는 도로와 옥상을 하나로 연결한 뒤 지붕에 잔디를 깐 건축 기법으로 만들었다. 태양열과 지열 등으로 난방하는 에너지 절약형 건물이다. 국내외 다양한 습지 형상을 보고 순천만식 환경과 철새, 야생 동물을 직접 체험할 수 있는 어울림 공간으로 꾸며졌다.

습지센터구역과 세계정원구역을 연결하는 '꿈의 다리'는 길이가 175m, 폭 7.5m로 박람회가 자랑하는 또 하나의 상징물이다. 다리 위에 컨테이너 30개를 설치하여 바깥에는 2010년 상해 엑스포 한국관을 디자인한 세계적인 설치 미술가 강익중 작가의 한글 디자인을 전시하고, 안에는 전 세계 어린이의 꿈이 담긴 그림 14만 5천여 점을 전시했다.

수목원 구역은 한국 정원과 편백 숲에 이르는 약 7만 6,500여 평의 면적에 박람회의 상징인 에코지오탑과 다양한 수목을 볼 수 있는 나무도감원, 순천의 대표 관목인 철쭉을 심은 철쭉 정원 등이 벚꽃, 억새, 개울 길 등 여러 산책길과 함께 조성되었다.

일행은 지구동문을 통해 들어가 탁 트인 호수와 여섯 개의 봉우리가 솟아 있는 순천호수정원을 먼저 관람했다. 지구동문은 땅에서 솟아오른 협곡의 이미지를 형상화하고 자연의 질감을 그대로 살려 디자인하여 역동적인 지구의 힘을 담아내었다.

평일인데도 수학여행 온 학생들과 국내외 관람객들로 붐빈다. 외국인 중에는 중국인들이 많이 보인다. 인구가 많은 중국에 홍보가 잘되면 많은 관람객을 유치할 수 있을 것이다.

세계 정원을 몇 개를 소개하면 한국 정원은 경복궁과 창덕궁의 후원을 연상하는 궁궐의 정원, 조선시대 선비의 풍류를 연상하는 선비의 정원, 서민의 정원이라 할 수 있는 소망 정원으로 꾸며져 있다.

프랑스 정원은 베르사유정원을 떠올리게 하는 화려하고 질서정연한 아름다움을 보여준다. 중국 정원은 중국판 로미오와 줄리엣이라고 할 수 있는 양산백과 축영대의 사랑이야기를 표현하여 어느 방향에서 보느냐에 따라 정원의 모습이 전혀 달라 보이도록 설계되었다.

네덜란드 정원은 그 나라의 상징인 풍차와 튤립이 어울려 화려한 색의 향연을 펼친다. 네덜란드 출신으로 우리나라 국가대표 축구팀을 지도하여 2002년 월드컵 4강 신화를 이끌었던 히딩크 감독이 한국을 사랑하는 마음을 담아 호두나무를 심었다.

테마 정원으로는 순천호수정원이 으뜸이다. 세계적 이름 난 영국의 찰스 젱스가 디자인한 공간으로 박람회장의 중심 정원이다. 산과 호수가 원래부터 그곳에 있었던 것처럼 자연스러운 형태로 중심에는 봉화언덕이 있고 난봉, 인제, 해룡, 앵무, 순천만 언덕이 둘러싸고 있다. 행군하는 군대처럼 줄지어 구경하는 관람객의 모습이 이채롭다.

잔잔한 호수를 바라보면 마음에 평화가 찾아온다. 세상에 찌든 마음을 맑고 투명한 물에 깨끗이 정화시키는 공간 같기만 하다.

이밖에 테마 정원으로는 야수의 장미정원, 흑두루미 미로정원, 도시 숲, 갯지렁이 다니는 길, 무궁화정원, 바위정원, 어린이놀이정원 등이 있다.

어울림 정원으로는 잔디마당, 허브카페, 소망언덕, 동천갯벌공연장, 한방체험관, 일지암 등이 다채롭게 설치됐다.

또 국제정원박람회 조직위원회가 구성한 기획 정원으로 원시정원, 정글정원, 초이스정원, 우리나라 전통정원과 실내정원, 조경산업관, 식물공장, 약용식물원 등이 있다.

일행은 대부분 연세가 많고 몸이 불편한 사람이 많아 모든 정원을 다 돌아보지 못하고 특색 있는 볼 곳만 선별하여 관람했다. 정원을 만든 각 나라들의 민속 공연 팀이 고유한 복장 차림으로 공연도 하고 특산물을 판매하고 있어 둘러볼 기회도 가졌다. 광활한 습지에 이처럼 좋은 정원을 만들어 낸 조직위원들과 순천시에 고마운 마음이 들었다. 앞으로 이 자연 경관을 영구적으로 잘 보존하고 가꾸면 좋은 관광지가 되리라 확신한다. 이곳을 본 받아 우리나라 곳곳에 있는 습지와 유휴지를 지역특색에 맞게 관광지로 개발하면 아시아는 물론 세계적인 관광국으로 발 돋음 할 날이 오리라 믿는다. 5월의 아름다운 녹색의 자연 경관을 차창 밖으로 감상하며 귀경한 보람된 여행이었다.

중국 정원

– 국제정원박람회 –

정원에 심은 수목 만복을 불러오고
자연의 힘 전달해 새 기운 가져온다
행복을 부르는 꽃밭 다채로운 진풍경

드러냄과 숨김을 적절히 조화시켜
양산백과 축영대 애절한 사랑표현
자연 속 생생히 살린 어울림의 전통미.

* 양산백과 축영대의 사랑은 중국판 로미오와 쥴리엣의 애절한 사랑 이야기다. 중국의 조경학자 '영파시'가 중국 정원에 표현했다.

한국 정원 1

– 궁궐의 정원 –

돌다리 건넌 후에 출입문 들어서니
부용지와 부용정 의젓이 나타난다
절제된 궁궐의 정원 차원이 달라진다

교태전 후원 문에 아미산의 꽃 계단
굴뚝의 부조 장식 다양한 각종 문양
불로문 의연히 서서 관람객을 맞는다

영제교 조각물엔 조상들 지혜 담고
정승 직 느티나무 판서 직 회화나무
향원지 원형섬 안에 향원정 우뚝하다.

한국정원 2

– 군자의 정원 –

자연과 벗하면서 학문을 연구하고
벼슬을 마다하고 은둔의 삶 즐기며
시 · 서 · 화 친구 삼아서 선비정신 키웠다

협문과 낮은 담장 정겹게 느껴지고
연못 위 단정하게 자리 잡은 광풍각(光風閣)
환선정(紈扇亭) 정자를 보니 충무공 떠오른다

매화의 고운 향기 사방에 풍겨나고
난초의 순결함이 마음을 정케한다
국죽(菊竹)의 곧은 절개가 정원에 가득 찼다.

한국정원 3

– 소망의 정원 –

가족의 행복 건강 손 모아 빌던 장소
맑은 물 솟아나는 신성한 큰 바위에
서민의 간절한 소원 절절히 떠오른다

소망과 기도 마음 가득담은 항아리
넉넉한 어머니 품 여기서 다시 본다
정화수 해맑은 소원 애틋하게 솟는다

비탈길 올라가는 전형적 한국정원
호젓한 숲길 걸어 전망대 올라서니
세검정 우뚝 선 정자 청량감을 더한다.

* 2013년 순천만 국제 정원박람회장의 한국 정원을 보고

세계전통시인협회 한국총회

제1차 세계전통시인협회 총회가 11월 24일 춘천 라데나 리조트 호텔 다이아몬드홀에서 열렸다. '국제화시대 전통시의 현재와 미래' 라는 주제로 한국을 비롯한 중국 · 일본 · 몽골 · 네팔 · 싱가포르 · 미국 · 영국 등 8개국의 전통 시(詩) 관계자 및 시인 250여 명이 참석한 가운데 성대히 개최되었다.

이번 행사로 우리 고유의 전통 시라고 할 수 있는 시조(時調)가 국제 문학행사의 주역으로 발돋움했음을 보여 주었다.

이번 총회에서 "정형시의 절대적 가치를 살려 인류 사회의 등불이 되자"라는 유성규 회장의 개회사가 있었다. 이어서 고건 전 총리는 "세계전통시인협회 집행위원회의 주관으로 한국총회가 개최됨으로 국제화시대의 전통 시 교류 및 발전에 큰 계기가 되었음을 축하한다" 라는 축사가 있었다. 또한 김동호 문화융성위원회 위원장이 "이번 총회 참가를 위해 한국을 찾아주신 각국 대표단 여러분을 진심으로 환영하며 체류하시는 동안 폭넓은 교류를 통해 즐겁고 유익한 일정을 보내기 바란다"라는 환영사가 있었다.

이어서 대한민국예술원회원 이근배 시인의 축사와 중국 대표 쒸에리민 고문, 네팔본부 빵데 회장의 답사가 있었다.

학술 발표는 중국의 궈웨이 회장, 일본의 이이지마 타게타로우 하이쿠 시인, 몽골의 처이수렝깅 다왁더르즈 회장, 네팔의 람 꾸마르 빵데 회장, 한국의 유성규 회장, 문복회 교수가 각기 자기 나라 전통시의 특징과 발전사에 대한 논문을 발표했다. 각국 전통문화의 교류와 이해증진을 위하여 한 · 중 · 일 · 싱가포르의 서화(書畵)예술대전과 한국 정가인 시조창, 가곡, 민요를 비롯한 축하 공연과 각국의 특색 있는 전통 문화 공연 등 다채로운 행사로 화기애애한 분위기 속에서 펼쳐졌다.

제2회 행사 개최국은 중국으로 결정되어 2년 후 공자의 유적이 있는 중국 산동성에서 열리기에 한국은 협회기를 전달했다.

이번 국제 행사에는 한국의 전통 시 관계자들의 관심이 매우 컸다. 장소 선정도 청정 도시 춘천과 화천을 택하고 계절도 단풍이 아름다운 가을로 잡았다. 춘천시장을 비롯한 강원도지사의 파격적인 협조와 한국의 전통 시 관계자들의 대거 참석과 격려로 각국 대표들은 인상에 남는 행사를 가졌으리라 생각되어 감사한 마음이 든다.

학술 발표회와 각국 전통문화 행사가 끝난 다음에도 각국의 대표들과 시인들이 밤늦게까지 호텔 회의장에 모여 전통 가곡을 부르고 흥겨운 춤을 추며 허물없는 교제를 나누다가 헤어졌다.

이튿날에는 아름다운 춘천의 호반 풍경을 둘러보고 현대시조의 메카인 월하 이태극 문학관을 방문했다. 하늘은 높고 푸른 전형적 가을 날씨에 문학관 가는 길가의 아름다운 단풍나무는 처음 온 외국인들의 감탄을 자아냈다. 강원도지사의 특명으로 강원도에서 제일가는 농악대를 선발하여 흥겨운 농악 퍼포먼스로 방문객들을 맞았다. 어찌나 신이 나든지 외국인들과 한국인들이 한데 어울려 농악대와 같이 한바탕 춤사위가 벌어져 넓은 잔디밭을 빙빙 돌며 신이 나서 같이 즐겼다. 마을 주민들이 찾아 온 손님들을 위해 정성껏 마련한 과일과 떡, 감주 등을 먹으며 기념관을 둘러보았다. 월하 선생의 생전 모습과 작품들, 제자들의 축하 시와 역대 시상자들의 사진과 작품들이 다채롭게 전시되어 손님들에게 깊은 인상을 주었다.

다음 일정으로 일행은 화천군수의 안내를 받아 '세계평화의 종' 공원을 관람하고 한 번에 열 명씩 한조가 되어 세계 평화와 각자 소원을 빌면서 평화의 종을 세 번씩 타종하였다. 주변의 아름다운 풍광을 배경으로 전체 기념 사진을 찍고 화천호로 가서 '물빛누리호' 관광유람선을 타고 화천호를 한 바퀴 둘러보았다. 주변 산들은 온통 단풍으로 치장하고 바람 한 점 없는 가을 날씨는 어느 곳이 하늘인지 어느 곳이 호수인지 분간 못할 정도로 푸르렀다. 물결을 가르며 유유히 달리는 유람선을 탄 국내외 시인들은 제각기 시상을 가다듬기에 바쁘고, 특히 외국인들은 자연 경관에 감탄하여 주변 풍광을 사진에 담기 바쁘다.

필자도 화천호 유람은 처음인지라 한국이 이처럼 아름다운 나라라는 자부심이 생겼다. 마지막으로 일행은 동양에 하나 뿐인 '한국수달연구센터'에 들려 사육하는 수달들을 구경하고 희귀한 수달을 연구, 보존하는 관계자들의 활동 상황과 수달의 생태를 영상으로 관람하고 일정을 마쳤다. 태어날 때부터 친숙히 지낸 사육사에게 친구와 같이 따르며 말을 알아듣는 귀여운 수달들을 보고 신기했다. 수달의 가죽과 털이 어느 동물보다 우수하고 귀하다는 사실도 알았다.

이번 행사를 계기로 전통시를 가진 민족들이 하나 되어 유기적인 관계를 맺고 전통 시 보존과 교육, 보급에 앞장서며 더욱 발전시키는 계기가 되기를 바라는 마음 간절했다. (2013. 11.24)

여수세계박람회 관람기

평택 서해수호관과 진도를 둘러본 문공회원들은 태풍의 영향으로 비가 부슬부슬 내리는 남해를 창밖으로 바라보며 여수세계박람회장으로 향했다.

박람회 주제는'살아 있는 바다 숨 쉬는 연안'으로 2012년 5월 12일부터 8월 12일까지 3개월이며 여수시 여수 신항 일대 271만㎡의 광대한 지역에서 개최했다.

우리는 오전 열한 시경 이곳에 도착하여 오후 한시까지 자유로 관광하고 단체관람은 오후 한시에 주제관 · 한국관 · 부제관을 관람키로 했다.

개학 날자가 아직 며칠 남았지만 광주, 전남지역 학생들은 현장수업의 일환으로 대거 몰려왔다. 태풍 소식에 일반 관람객은 적은 편이다. 비가 간간히 뿌리지만 대부분 실내에서 전시되기에 별 지장은 없었다.

바다 위에 지어진 주제관은 건축물 자체만으로도 큰 구경거리다. 바다 쪽에서 보면 연안의 작은 섬들 같고, 육지에서 보면 향유고래가 수면 위로 떠오르는 모습과 같아서 '살아 있는 바다 숨쉬는 연안' 이라는 주제를 그대로 연상시킨다.

고래의 입모양과 같이 생긴 입구를 통해 들어가면 로비에서부터 제1전시관, 제2전시관, 메인쇼관, 제3전시관까지 바다의 신비와 가치를 새롭게 보여주는 다양한 콘텐츠를 만날 수 있다. 특히 멸종 위기에 처한 바다 소 듀공과 듀공을 사랑하는 소년이 펼치는 환상적인 메인쇼는 관람객들의 뇌리에 감동으로 남게 했다.

로비는 주제관에 들어서자마자 마주치는 첫인상과 같은 곳이다. 전 세계의 해양기지 모습을 통해 지구 곳곳의 바다를 볼 수 있으며, 바다를 알고 지켜나가려는 인류의 노력도 엿볼 수 있다.

파도 소리를 들으며 들어선 제1전시관에서 벽면 영상과 중앙 반구영상을 통해 탁 트인 바다, 연안을 만난다. 시원한 바닷바람과 함께 펼쳐진 연안의 모습과 이를 터전으로 살아가는 각기 다른 바다, 다른 사람들의 모습을 통해 인류가 오랫동안 의지해온 바다를 느낀다.

제2전시관에 들어서면 천장이 낮아지면서 전체가 맹그로브 숲으로 연출된 아나로그적인 공간을 만난다. 관람객들은 마치 맹그로브 숲 아래 바다 속에 있는 듯 연출된 공간에서 멸종 위기종인 '아기 듀공'과의 대화를 통해 바다 생태계가 위협 받고 있음을 알게 된다. 마지막 장면에서는 듀공이 맹그로브 숲에 등장하여 메인 쇼 공간으로 관람객을 안내한다.

주제관 메인쇼 '생명의 샘'은 사라져가는 바다 포유류 듀공과 순수한 인류를 상징하는 소년의 우정을 통해 바다와 인류의 상생에 대한 메시지를 전달한다.

듀공은 새끼를 안고 젖을 먹이는 등 인간과 비슷한 행동을 보이며, 인어 탄생 신화와 관련된 신비하고 재미있는 얘깃거리를 연출한다. 이 때문에 주제관에서는 인간과 바다의 메시지로써 듀공을 선택했다.

제3전시관은 바다와 인류가 공존하는 미래 바다, 인류의 모습, 어린이가 상상해 본 바다 속 또는 바다 위 인류의 모습이 전시된다. 바다와 인류가 공존하는 희망찬 미래를 생각해 본다.

한국관은 우리나라의 해양 역사와 역량을 보여주고, 해양 연구의 현재와 미래까지 살펴보는 곳이다. 유려한 태극 모양을 형상화한 건축물은 육지와 바다, 채움과 비움의 조화를 상징하고, 한국 전통의 조형미와 색채를 가미해 아름다움을 극대화 하였다. 또한 탄소 배출이 없는 수소 전지 시스탬을 건물에 적용한 세계 최초 친환경 건축물이기도 하다. 바다와 더불어 사는 한국인의 삶과 문화, 정신, 그리고 한국 바다의 아름다움을 느낀다. 또한 해양 강국의 희망찬 미래는 대한민국의 발전을 넘어 자연과 인류가 함께하는 공존 · 공영으로 이루어진다는 비전을 제시한다.

부제관은 '살아 있는 바다, 숨 쉬는 연안'이라는 박람회 주제를 더욱 세분화하고 구체화한 전시관이다. 바다와 연안에서 펼쳐지는 인간 활동을 각각의 세부 주제에 맞는 내용으로 구현한다. 부제관은 기후환경관, 해양문명도시관, 해양산업기술관, 해양생물관 등의 4개 전시관으로 이루어졌다. 주제관을 에워싸는 형태로 부제관을 비치함으로써 해양박람회 주제와 밀접한 연관성을 강조했다.

국제관은 세계 각국의 최첨단 기술과 문화 전시공간이다. 박람회에 참가하는 100여 개 국가들이 직접 꾸미는 시설로, 박람회장의 중앙에 위치하며 박람회 시설 중 가장 넓은 면적을 차지한다. 참여국은 크게 개별국가관과 개도국공동관으로 나뉘며, 참여한 나라는 각각 50여 개국이다. 국제관에 참여하는 나라들은 각자의 특색이 잘 드러나는 전시와 전통을 엿볼 수 있는 문화 공연을 펼친다. 또한 기념품점을 운영하는 전시관, 전통 음식을 판매하는 곳도 있다. 비행기 타지 않고 떠나는 세계여행이라 하겠다.

나는 시간 관계로 중국, 일본, 미국, 인도 등의 국제관만 둘러보았다.

중국 전시관은 '하나의 바다, 하나의 가정'을 주제로 선정했다. 이것은 중국의 전통 사상을 반영한 것으로, 인간과 자연의 조화를 강조한 것이기도 하다. 이 주제를 중심으로 지속 가능한 개발에 초점을 두어 연안 개발 및 보존, 해양 과학기술, 해양 문화의 세

가지 측면에서 중국의 끊임없는 노력을 세계에 알리고자 했다. 첨단 기술을 활용한 해양 자원의 합리적 개발 경험과 성공적인 해결책을 세계 다른 나라들과 공유하며, 중국의 다채로운 해양 문화를 생동감 있게 소개했다.

일본 전시관은 일본은 바다로부터 식량과 자원 등을 얻지만 한편으로는 냉혹한 바다와 싸우고 타협해야 한다. 2011년 3월 11일, 일본은 엄청난 자연재해인 대지진과 해일을 겪었다. 전시관은 그러한 경험 및 관점을 자전거를 탄 소년 천사를 통해 세계에 알리고자 했다. 또한 바다와 연안의 지속 가능한 발전에 기여하고자 하는 노력도 엿본다.

미국 전시관은 다양성, 경이로움 그리고 해결책이 미국전시관의 통합 주제다. 미국 해양 및 연안 환경의 다양하고 역동적인 속성에 중점을 두고, 미국인들의 삶에 스며 있는 다채로운 단편들을 소개했다. 전시관에서 전달하는 메시지와 이야기, 체험에는 미국 정신을 규정하는 혁신, 협력, 희망의 핵심 가치가 담겼다.

인도 전시관에는 7500km 이상 뻗어 있는 인도 연안을 따라 약 700만 명의 사람들이 어업에 종사한다. 그러나 어류 자원이 줄어들어 점점 더 먼 바다에까지 나가 각종 장비를 이용해 고기를 잡을 수밖에 없는 상황이 되었으며 그에 따른 시간과 비용 노력이 증가한다. 바다는 항상 우리의 삶에 영향을 미쳐왔으며 인류 역사의 틀을 제공했다, 인류가 끊임없이 해양기술을 개발하는 목적은 지속 가능한 개발과 생계를 개선하고, 불시에 닥칠지도 모르는 연안 지역의 재해에 대비하기 위해서다. 이러한 상황에서 국민과 바다를 책임지는 모범적인 국가로 거듭나기 위한 노력을 보여준다.

또 오대양 육대주를 하나로 묶어주는 바다, 그 가치를 보존하기 위한 국제사회의 노력을 보여주는 국제기구관이 있었다. 여기에는 유엔, 경제협력개발기구(OECD). 유엔식량농업기구(FOA), 기후 변화에 관한 정부 간 패널, 동아시아해역환경관리협력기구, 생물다양성협약, 정부 간 해양학 위원회, 지구환경금융, 유엔세계식량계획, 국제해사기구 등 각자의 특성을 살려 전시했다.

국제박람회의 성공적인 개최를 지원하는 국제박람회기구관이 구역별로 전시되었고 우리나라 지자체의 특색과 자율성이 돋보이는 공간으로 지자체관이 시 · 도 · 군별로 각자의 특색을 살려 홍보와 함께 전시되고 있다.

또 한편으로는 우리나라 대표 글로벌 기업의 돋보이는 기술력을 보이는 기업관이 있다. 여기에는 현대자동차그룹관, 삼성관, SK텔레콤관, LG관, GS칼텍스에너지필드, 롯데관, 포스코관 등과 해양의 가치와 미래 비전을 제시하는 해양 베스트관, 한국해운항만산업이 걸어온 길, 바다의 새로운 길을 제시하는 한국해운항만관도 마련되었다.

인간과 로봇이 공존하는 미래로 대우조선 해양로봇관과 미래 첨단녹색 에너지 기술을 체험할 수 있는 에너지파크도 있다.

바다의 가치 인식을 통한 상생의 미래를 소개하는 원양어업체험장과 연안어업의 변천 과정을 체험할 수 있는 연안어업체험장도 마련해 놓았다.

그뿐 아니라 세계인과 함께 즐기는 축제 한마당으로 각종 문화, 체험 행사도 날자 별로 따로 마련했고, 화려한 개막식과 폐막식도 빼놓을 수없는 볼거리다. 그 밖에 박람회 참가국들이 자국의 문화와 발전상을 소개하는 '국가의 날' 행사와 특별 공연도 일정에 따라 마련했다. 박람회를 정밀히 관람하려면 최소한 3일은 걸려야 한다는 말이 맞는 것 같다. 문공회원들은 대부분 연로하고 관람객들이 많아 입장 순서를 기다리는 시간이 길어 중요한 곳만 관람했다. 몇몇 국가를 제외하고는 의자가 없어 맨바닥에 앉아 관람하는 불편도 겪었다. 그러나 바다의 주요성과 해양 자원의 개발과 보존 등 귀한 가치를 발견했다는 자부심을 가졌다.

우리는 각종 이벤트와 문화 행사, 쇼가 펼쳐지는 축제의 공간 '빅오'를 배경으로 기념 사진을 찍었다. 소통과 체험이 가능한 첨단 기술 현장인 엑스포 디지털갤러리를 관람하고, 역발상이 돋보이는 박람회의 상징탑 스카이타워에서도 기념 사진을 찍었다. 해양 문화의 다양성과 자원 보존의 필요성을 제시하는 아쿠아리움도 관람했다. 아쿠아리움은 바다 동물관, 바다 생태관, 바다 체험관 등으로 구성되었다. 특히 대형 아크릴 관람창과 아쿠아 돔 수조를 통해 바라보는 상어와 가오리 떼의 군무가 환상적이다. 태평양, 대서양 등 해양별 13개의 수조 안에 대형 상어, 대형 가오리, 정어리, 바다거북, 해파리 등 200여 종의 물고기가 헤엄치는 바다체험관은 시각 · 청각 · 촉각 · 후각이 살아 있는 오감자극형 공간이었다.

여수엑스포는 8월 12일 오후 9시, 93일 간의 대장정를 마쳤다. 누적 관람객 수는 목표 800만 명에서 20만 명을 초과한 820만 명이었고, 하루 최다 관람객은 27만 5천 명(7월30일), 식사류 판매 건수 460만 그릇, 자원봉사자 1만 3천 명 등으로 나타났다. 이날 오후 3시 열린 여수 선언 포럼에서는 해양의 주요성을 강조하는 '여수 선언'이 선포됐고 폐회식에 참석한 반기문 사무총장은"여수 엑스포는 해양이 직면한 환경 문제에 관심을 높이고, 해양을 현명하게 이용, 보존하는 국제적인 관심을 불러 모은 계기가 되었다"고 말했다.

여수엑스포는 기후 변화, 해양 자원개발, 해양 보존 등의 주제를 대중에게 쉽게 설명한 점이 장점으로 각인되었다. 문제점으로는 사전 예약제를 폐지했다가 복원하는 우여곡절을 겪었고, 관람객 유치를 위한 할인표에다 공짜표까지 발행해 형평성 논란을 빚었으며, 공연을 지나치게 강조하다 보니 해양 문제의 초점이 흐려졌고, 외국인 관광객도 40만 명 목표치보다 15만 명이 미달했다는 점 등이다. 그리고 거대한 각종 시설물의 향후 활용 문제도 깊이 생각해야 할 사안이 아닐 수 없다.

현재 해양 문제는 기후 문제를 포함하여 글로벌 중요 현안으로 자리 잡았다. 남중국해를 비롯하여 동아시아의 해양을 둘러싼 파도가 심상치 않다. 한국의 대선주자들도 해양 문제에 대한 미래 청사진을 내놓아야 한다. 바다를 제대로 챙기는 나라가 미래도 쟁취할 것이다. 특히 삼면이 바다인 우리나라는 바다의 중요성이 무엇보다 강조된다. 해양수산부의 부활과 해군력의 증강도 고려해야 할 관심사다.

우리는 어둠이 찾아올 때까지 여러 곳을 관람하다가 예약된 호텔에 여장을 풀고 바다를 바라보았다. 태풍의 영향으로 비바람이 창문을 세차게 몰아친다. 남해의 아름답고 작은 도시 여수에서 세계적인 큰 행사를 치른 감격에 우리나라의 국력을 가늠하는 기쁨으로 가슴이 벅찼다. 이번 여행은 내 생애에 겪는 감회가 새롭고 보람찬 여행이었다.

원자력 안전 체험학습

문공회는 한국원자력안전기술원이 주관하는 체험학습을 다녀왔다.

1박 2일 코스로 문공회원 40명은 2012년 5월 7일 오전 7시 안국동 수운회관 앞에서 원자력안전기술원에서 제공한 버스를 타고 대전으로 향했다. 아홉시 경 도착하여 기술원 강당에서 교육 배경과 주요 일정을 설명 들었다.

이날 우리와 함께 교육을 받은 다른 팀은 수출 전문회사인 '아이코리아' 직원 37명이다. 대부분 신입 사원으로 젊은이들이었다. 어버이날이 끼어 마치 자식들과 함께 교육을 받는 기분이었다. 그들은 우리를 부모처럼 친절하게 대해 주었다. 기술원의 넓은 정원은 아름다운 조경으로 철쭉과 영산홍 등 각가지 고운 꽃들이 무리지어 피어 화사한 계절에 선 우리를 들뜬 기분으로 만들었다. 우리는 강당에 모여 원자력 기초이론 및 안전규제 관련 홍보물을 한 시간 가량 시청하였다. 강의 내용을 들으니 원자란 어떤 물질을 더 이상 분해할 수 없는 상태의 작은 알맹이를 말한다. 원자 속에는 원자핵과 전자가 있다. 원자의 가운데는 양전자를 띤 원자핵이 있고 그 주위를 음전기를 띤 전자가 돌고 있다. 영국의 물리학자 채드윅은 원자핵을 쪼개어 양성자와 중성자로 뭉쳐 있다는 것을, 1938년 독일의 마이트너가 우라늄 원자핵에 중성자를 충돌시키면 원자핵이 둘로 쪼개지는 핵분열을, 1905년 아인스타인은 원자핵이 둘로 쪼개지면서 매우 빠른 속도로 중성자들이 밖으로 튀어나오면서 엄청난 에너지가 발생한다는 특수 상대성이론을 밝혔다. 이것을 '핵분열 연쇄반응' 이라고 부른다. 원자력 발전소의 원자로는 핵분열 연쇄반응을 일으키는 장치다. 여기에서 발생하는 에너지가 증기로 변화하면서 터빈을 돌려 전기가 발생한다.

원자력 발전을 하려면 핵 분열시 발생하는 엄청난 열을 식히기 위해 많은 물이 필요하기에 바닷가에 발전소를 짓는다. 발전소 위치 선정도 옛 역사 기록을 열람하여 지진 발생이 적은 곳과 지반이 단단하고 전략상 안전한 곳에 선정한다.

한국원자력연구원은 국민들의 삶의 질을 향상시키고 후손에게 밝은 미래를 물려주기 위한 초석으로서 국가 기반 연구용 원자로인 '하나로' 시설을 운영한다.

하나로는 핵분열 과정에서 생성되는 중성자를 이용하여 기초 과학 연구와 첨단 신소재 개발, 핵연료 및 원자로 재료 개발, 의료 · 산업용 방사성 동위원소 생산 등 다양한 연구 개발을 목적으로 활용한다.

하나로 시설 운전으로 생성되는 방사성 물질을 안전하게 관리하기 위해 심층 방호개념으로 설계 · 건설 · 운영하지만, 예기치 못한 사고로 방사성물질 누출로 인한 환경에 대한 다단계 방호의 일환으로 방사능 방재대책을 수립 운영한다.

하나로는 설계 기준 사고 시 노심 냉각 기능을 확보할 수 있도록 약 320톤의 물로 채워진 원자로 수조 내 약 12m 아래에 노심이 설치되어 있으며, 전원 상실 시에도 수조 내 냉각수의 자연 대류 냉각만으로도 안전한 상태를 유지할 수 있도록 설계되었다. 또 만일을 대비한 100톤의 비상 보충수를 보관한 탱크가 설치되어 수조 누수가 발생하더라도 펌프 없이 중력으로 충분한 안전성을 유지한다. 그리고 방사성물질이 임의로 방출되는 것을 막기 위해 원자로 건물의 내부 압력을 외부 압력보다 낮게 유지한 준 격납 건물 개념을 도입하고 있다.

원자력안전위원회는 첫째 원자력 안전 수준에 대한 국민의 믿음을 얻는 것을 정책비전으로 설정, 둘째 최상의 원자력 안전 수준 확보, 안전 규제 제도 및 체계의 지속발전, 셋째 안전 규제 기술력의 제고와 국제화, 넷째 안전 문화 창달과 국민 신뢰 정착 등 4대 안전 정책을 수립하여 추진한다. 또 한국원자력안전기술원은 원자력 안전법에 따라 하나로 시설에 대한 정기 검사 및 품질보증 검사, 안전 점검 및 운전 분석, 현안 발생 시 수시 검사 및 특별

검사, 방사선 방호와 환경 감시 등의 업무를 수행한다. 그뿐 아니라 하나로 시설은 24시간 상시로 고도의 숙련된 연구로 운전 요원에 의하여 안전하게 운전하고, 예기치 못한 방사선 물질의 유출에 대비하여 시설 및 환경 방사선 감시계통이 하나로 시설 내부와 연구원 부지 주변에 설치되어 24시간 상시 감시시스템을 운영, 유지한다. 이 밖에도 주민 체감 안전성을 위해 주민들을 초청하여 시설을 견학시켜 안전성을 홍보하고, 방사선 비상대응을 위한 각종 조치를 취한다.

우리는 위와 같은 내용의 안전 교육을 받고, 방제 센타, 케어시스템, 환경감시 시설 등을 견학한 후 경주로 내려갔다. 초여름의 해가 길어 양동마을에 들려 전통 한옥들과 양반들의 생활상을 둘러보고 보문단지에 있는 콩코드호텔에 숙박했다. 야간에는 안압지 야경을 관람했다. 이튿날 월성원자력발전소를 견학하고 관계자로부터 설명을 들었다. 여기는 국가보안시설이라 사진도 찍지 못하고 내부 시설도 함부로 보지 못하는 곳이다. 우리는 높은 곳에 마련한 홍보관에 들려 시설을 멀리서 바라보며 영상을 통하여 설명 듣고 중요한 시설이라는 것을 알았다.

원자력발전은 핵분열 반응에 의하여 발생하는 에너지를 이용한 것으로 원자로에서 발생한 열을 전기로 변환하기 위해서는 증기터빈을 사용한다. 따라서 오늘날의 원자력발전소는 화력발전소의 보일러 부분을 원자로로 대치하고, 여기에 방사성 폐기물의 처리

시설 등을 설치한 것으로 볼 수 있다. 그러나 재료의 개발, 기존 기술과의 결합, 냉각방식의 개선, 방사성 폐기물의 최종 처분 등 많은 기술적 문제를 안고 있다.

원자력발전은 1950년대 영국에서 처음 군사 기술의 전용이라는 형태로 출발했다. 즉 원자 폭탄용 플루토늄 생산과 발전이라는 2중의 목적을 갖고 원자로를 운영하였다.

한국은 1970년 9월에 경남 양산군 장안읍 고리에 원자력발전소가 처음 건설하기 시작하여 78년 4월에 고리 1호기 운전을 개시함으로써 세계에서 21번째의 원자력발전소 보유국이 되었다. 그 후 고리 2호기 및 월성 1호기, 고리 3 · 4호기 영광 1 · 2호기 월성 2 · 3호기 등 잇따라 각지에 원자력발전소가 건설되었다.

우리가 간 월성원자력발전소는 고리 1호기에 이어 두 번째로 세운 발전소다. 경북 경주시 양남면 나아리에 소재하며 총 시설 용량 67만 8,683kw로 1982년도에 준공하였다. 이 발전소의 설립으로 연간 약 45억kw의 전력을 생산함으로써 막대한 유류대체효과를 얻게 되었다. 또한 값싼 천연 우라늄을 연료로 사용하여 발전 원가를 낮출 수 있게 되었다.

산업 사회에 들면서 막대한 전기 소모량이 필요하게 되었다. 수력 발전, 화력 발전, 풍력 발전, 태양광 발전, 바닷물의 흐름을 이용한 조력 발전 등 에너지원 확보에 총력을 기울이고 있지만, 아직까지는 원자력을 이용하는 것이 가장 경제적이고 환경 문제를 해결할 수 있다. 그러나 원자력은 시설과 기계 설계에서부터 핵폐기물처리 등 안전 관리가 제일 큰 문제다.

특히 1979년 미국 스리마일 아일랜드원자력발전소 사고, 우크라이나 체로노빌 원자력 발전 사고와 최근에 지진과 해일로 일어난 일본의 후쿠시마 원자력 사고 등은 원자력 안전에 대한 경각심을 일으킨다. 원자력은 안전하게 잘 이용하면 에너지뿐만 아니라 다방면에서 생활에 필요한 첨단 신소재 생산과 의료용, 생명공학용으로 활용할 수 있다.

우리는 앞으로 에너지원 확보에 연구와 노력을 하는 한편 원자력 안전에 박차를 가하여 전 국민이 안전하게 생활할 수 있게 노력하는 관계 기관에 감사를 표하고 계속하여 전 국민이 원자력 안전 교육을 받고 원자력에 관심을 두었으면 하는 생각을 했다.

(2012. 5. 10)

지역위원회와 함께하는 문학투어

펜클럽 한국본부에서는 제1회 지역위원회와 함께하는 문학투어를 경남지역위원회와 지리산문학관 후원으로 6월 14일 경남 함양에서 열렸다.

이상문 이사장을 비롯한 80여 명의 회원이 오전 7시 30분에 서울을 출발하여 경부와 대전 통영 간 고속도로를 이용, 행사장인 함양으로 향했다. 차 안에서 이사장을 비롯한 회원들의 자기소개와 행사 개요에 대한 설명을 들었다. 회원들 대부분이 저명한 문학인들과 대학 교수 출신 학자들이 많았다.

함양은 지리산의 북쪽, 덕유산의 남쪽 지역으로 청정 함양의 브랜드를 갖고 있다. 언제부턴가 함양인 정체성의 상징인 '좌 안동 우 함양'이란 표어가 단적으로 말해준다. '좌 안동'이란 조선 성리학의 전성기에 양대 지주인 퇴계 이황 선생과 율곡 이이 선생 중 한 분인 퇴계 선생이 안동에 계시기로 생긴 말이고, '우 함양'은 동방 5현이며 동국 18현으로 조선 성리학 초기의 양대 지주인 한 우훤당 김굉필 선생과 일두 정여창 선생 중 일두 선생이 함양에 계셨기에 생긴 말이라 한다.

오전 11시에 거행한 함양 환영식에는 기다리고 있던 펜클럽 경남지역위원회 회원 50여 명이 합석하여 군청 회의실에서 지리산 문학관장 김윤승 시인의 사회로 김종호 함양 부군수, 이창규 경남지역 위원장의 환영사와 이상문 본부 이사장의 인사말에 이어 각 지역 위원들의 자기소개로 뜻 깊은 지역 행사를 가졌다. 이상문 이사장은 인사말에서 "앞으로는 지역을 우선으로 하는 문학기행을 기획하여 폭넓은 회원의 단합과 각 지역의 발전을 중점으로 하겠다"고 강조했다.

특별히 이날 행사는 함양의 대표적인 명소인 상림공원에서 문화거리 선포식 테이프 커팅과 거리 이름 명명식을 했다. 상림은 본디 대관림으로 함양 관아를 보호하는 숲이다.

함양읍을 관통하는 위천수, 옛 이름 뇌계수의 범람을 방지하는 방수림으로 조성되었다.

천연기념물 제154호로 지정되었으며 신라 말 최치원 선생이 함양군 태수로 재직하며 조성한 역사 깊은 장소다. 상림 숲 안에는 역대 함양 군수의 선정비를 모아놓은 선정비림과 함양의 대표인물 11인의 흉상을 세운 함양역사인물공원이 있고 고운(孤雲)을 사모한다는 뜻의 사운정(思雲亭)과 최치원 선생 신도비가 있다. 3

팀으로 나누어 호안림을 걸으며 해설사의 상세한 해설로 나무와 꽃등 곳곳을 둘러보았다.

6월의 싱그러운 녹색 공원은 신선함을 더했고 갓 피기 시작한 연꽃 봉오리는 순결하게 보였다. 일행은 기념사진을 찍고 다음 행선지인 지리산문학관으로 향했다.

지리산문학관은 사단법인 인산학연구원이 2009년에 죽염 발명가이며 한방 암의학 창시자인 인산 김일훈 선생의 탄신 100주년을 기념하여 세운 곳으로 옛 월평분교를 활용하여 개설했다. 저명 시조 시인 사봉 장순하 선생의 장서 2만 권을 기증받아 '사봉시조 기념관'을 부설했다.

지리산문학관은 지리산 지역의 한문학, 고전문학, 현대문학을 종합하는 문학관으로 자료수집과 전시 및 지리산 문학 연구와 선양 사업을 전개한다. 지리산 시인들의 시낭송 축제를 개최하고, 5년 주기의 공모 문학상으로 고운 · 점필재 · 연암창작관 문학상, 우적 · 물거 · 횡부가 문학상, 인산 · 죽염문학상, 사봉시조 문학상, 지리산문학관 수필대상, 지리산 함산 하구남 문학상 등을 제정했다. 지리산문학관을 지나 오도제를 향하여 오르면 인산 선생이 은거하며 학동을 가르치고 주변의 병자들을 고쳐주었던 인산 초당 터가 있다.

일행은 관장의 상세한 설명을 들은 후 관내를 둘러보았다. 사봉 선생 내외분이 고령임에도 불구하고 현장에 와서 인사하고 자기의 서재로 안내했다. 희귀본 고서들이 많았고 귀중한 도서들이 제습 장치가 잘되지 않은 곳에 방치되어 안타까웠다.

일행은 일두 정여창 고택이 있는 지곡면 개평리로 향했다. 이 집은 국가 문화재로 등록되었고 박경리 소설 『토지』의 TV 연속극 배경인 최 참판 댁으로 촬영된 장소이기도 하다.

하동 최참판 댁은 이곳을 모방하여 새로 지었다. 일두 고택은 전형적인 양반 사대부가의 모습을 지닌 주택으로 안채와 사랑채, 솟을대문과 행랑채, 가묘와 별당으로 이루어진 고택으로 사랑채는 넓은 마당을 내려다보는 양반의 권위를 잘 나타내는 구조다. 개평리는 배가 바다로 향하여 항해하는 지세로 마을 안에는 우물을 파지 못하게 했다는 전설이 내려온다.

일두 고택 맞은편 수동면 승안산에는 승안사 절터가 있고 이곳에 자리한 일두 선생 가족 묘지가 있다. 또 수동면에는 9개의 세계문화유산 잠정 목록에 오른 국내에서 두 번째로 지어졌고, 민립서원으론 첫 번째로 지어진 일두 선생을 모신 경남 유일의 남계서원이 있다. 이서원은 남명 조식 선생의 제자인 개암 강익 선생이 어려움을 극복하고 세웠다. 일행은 시간이 없어 대략 둘러보고 서둘러 상경했다. 차안에서는 자작시 낭송과 가곡열창 및 퀴즈풀이를 하면서 즐거운 시간을 보냈다. 필자는 6월 호국의 달을 맞아 동족상잔의 비극인 6 · 25 한국전쟁에 대하여 설명하고 '전우가'를 4절까지 불러 그때를 상기하며 숙연함을 더했다.

평화통일촉진문화인 선언대회

대한민국 평화통일촉진문화인연합회 회원들은 2013년 11월 21일 임진강 망배단 앞에서 선언 대회를 가졌다.

초겨울의 매서운 추위가 계속되더니 오늘은 좀 풀리는 것 같다. 원래는 전국에서 모이기로 했으나 각 시도 대표들만 하루 전날 와서 당일 참석키로 하고 서울과 경기도는 일정한 장소에 모여 임진강 망배단 앞에 모이기로 했다. 필자는 동서울 터미널에서 출발하는 차량에 탑승했다.

망배단에 도착하니 주차장에는 각지에서 온 차량들로 만원이다. 주최 측의 말로는 약 250여 명이 참석했다 한다.

식전 행사로 '이애라 글로벌찬양율동신학원'에서 애국가 춤, 난타 공연, 우리의 소원 등 무용과 음악으로 민족의 숙원인 통일을 염원하는 공연을 했다.

오늘 행사의 사회자는 KBS 코미디언 방일수가 맡았다. 구수하고 재치가 넘치는 사회로 인기를 사로잡았다.

변우택 공동 총재가 개회를 선언하고 참석자들이 모두 일어서서 국민의례와 애국가를 제창했다. 순국선열에 대한 묵념을 할 때는 조국을 위해 목숨 바친 선열들과 국군장병들이 떠올라 분위기가 숙연했다. 애국가는 4절까지 부르는데 대부분의 참석자들은 나누어준 악보를 보며 불렀다. 필자는 평소에도 애국가를 4절까지 암송하여 부른다. 식장 중간에 서서 목이 터져라 고음으로 악보를 보지 않고 부르니 주위 사람들이 따라 부르며 감동했다.

이어서 전덕기 공동 총재의 개회사에 이어 자기 소개와 오늘 행사의 취지 설명이 있었다. 순수 문화 활동을 통하여 남북평화통일을 모색하고 겨레공동문화 발전에 기여하자 라는 취지다.

이어서 김현기 국제교류국장이 경과를 보고하고 원로 시인 황금찬 씨가 자작시 「우리는 다시 한겨레가 되자」라는 통일시 낭독이 있었다. 93세의 시인은 고향이 강원도로 월남 작가다. 가족들을 북에 두고 홀로 월남하여 가정을 이루고 북에 두고 온 가족들을 생각하며 누구보다 통일을 염원했다. 부축을 받아가며 똑똑한 음성으로 자작시를 낭송하자 우레와 같은 박수가 쏟아졌다. 이어서 본회 오동춘 이사의 선언문 낭독이 있었다. 선언문 낭독에 이어 서울시립대학 교수 김영선이 가곡 「선구자」와 「새벽」을 힘차게 불렀다. 선구자는 필자가 가장 즐겨 부르는 가곡이라 조용하게 따라 불렀다. 일제 암흑시대에 만주 벌판에서 조국을 찾기 위해 방황하며 애쓰던 애국의 선구자들을 생각하니 우리 문인들이 오늘 이 행사를 통하여 통일의 선구자가 되었으면 하는 마음 간절하다.

다음으로 극작가 신봉승이 6 · 25 한국전쟁의 생생한 경험담과 군에서 겪은 사연들과 북한 공산당원들의 만행을 자세히 소개했다. 새삼스레 듣는 문인들은 북쪽 하늘을 쳐다보며 말이 없었다. 마침 북쪽에서 철새가 떼를 지어 행사장 상공을 날아온다. 새들은 자유롭게 철조망을 넘나드는데 같은 동포끼리 자유롭게 오도가도 못하는 현실을 생각하니 안타깝기만 하다. 이어서 김지향 시인의 「아름다운 기다림」 장충열 시인의 「녹슨 경의선」 (강인섭 작), 김정례 시인이 「남과북」 (전덕기 작) 등 통일의 염원이 담긴 시들을 낭송했다.

또 시 전문 낭송가 겸 시인인 오문옥이 작사한 평화통일 촉진기원시를 낭송했다. 70을 넘은 분인데도 고운 얼굴에 낭랑한 음성으로 낭송하는 모습을 보니 나이는 숫자에 불과하다고 생각했다. 이어서 유명한 가수 백석대학교 임청화 교수가 가곡 「그리운 금강산」 과 「촛불」 을 정열을 다하여 불러 관중을 감동시켰다. 애절한 마음으로 부르는 그리운 금강산은 통일을 더욱 갈망하게 했다.

예술원회원 소설가 정연희는 우리 민족 고난의 역사를 소개하며 애타는 심정으로 통일의 필수적인 조건들을 조목조목 들어가며 통일의 염원을 명문장으로 지어 애절하게 낭독하여 참석자들이 큰 감동을 받았다.

특이한 순서로 장창덕 공동 대표가 스마트폰으로 방송국 역할을 담당하는 '스마트방송국' 개국을 선포했다. 오늘 이 행사를 시작으로 스마트 폰이 보급되는 모든 나라에 방송을 할 수 있게 되어 감개무량했다. 마지막으로 참석자들이 나누어 준 태극기를 흔들며 통일의 노래를 합창하고 황금찬 시인의 선창으로 만세삼창을 하며 대회를 마쳤다.

늦가을 하늘은 구름 한 점 없이 맑고 청명하다.

오늘은 바람도 없어 야외에서 행사를 해도 통일을 염원하는 열기로 추운 줄 몰랐다.

나누어주는 도시락으로 점심을 먹고 기념사진을 촬영하고 주위 시설물들을 둘러보았다. 임진각 다리와 북으로 달리기를 기다리다 녹슨 기차를 보고 가까이 보이는 북한 땅을 바라보면서 다시 한 번 통일을 염원했다. 특히 북한에 가족을 둔 월남민들이 애타게 가족을 그리며 통일을 염원하는 글을 쓴 비단 천을 수없이 걸어놓은 시설물을 보니 가슴이 아프다.

우리가 살아서 통일을 보고 그리던 백두산과 금강산을 우리 땅을 통하여 가볼 수 있는 날이 어서 속히 오기를 간절히 기도하면서 귀경하는 차량에 몸을 실었다. (2013. 11. 21.)

우리는 다시 한겨레가 되자 (황금찬 작시)

나와 너 우리는
본래 한겨레였으니
잠든 바다에 물결이 일 듯
그 바람 탓으로
흩어지게 되었다
아 슬픈 그날이어

우리는 다시 하나가 되자
내가 징을 치리니 그대 피리를 불려나

은하수 강물이 되어 파도는 꽃잎을 접고
눈 뜬 별들이 내일 앞에 서더니

유엔의 꽃잎은 저하늘에 날리고
사랑하는 사람아 오늘은 웃고

내일은 둘이 하나가되어
꽃다운 날개를 펴리라.

선 언 문

반만년 역사와 전통에 빛나는 남북 칠천만 겨레의 소원은 자유 평화통일이다.

정전 60년이 지난 한반도 비무장 지대에는 각종 동식물들이 자라고 무수한 철새들이 남북을 자유로이 오가는데 우리의 발길은 철조망이 가로막고 세계 유일한 분단국가로 남아있다.

격동의 역사 속에 우리 민족은 상처를 치유하지 못한 채로 지속적인 갈등과 반목만을 일삼으며 분단의 고통은 날로 더해가고 있다.

평화통일은 우리 겨레가 기필코 이뤄야 할 당대의 최대 과제이다. 이를 달성함으로 자랑스러운 통일 국가를 후손들에게 물려줄 책임이 우리에게 있다.

오늘 여기 모인 대한민국 평화통일 촉진 문화인 연합회 회원들은 온 겨레의 한마음 한뜻을 한데 모아 통일의 염원을 다음과 같이 선언한다.

1. 우리는 순수 문화 활동을 통해 남북 평화통일을 모색하고 인류 문화 발전에 기여할 수 있는 초석을 마련한다.

1. 남과 북의 직접적인 문화 교류를 통해 이질감을 극복 해 나가며 겨레 공동 문화 형성에 기여할 것을 선언한다.

1. 우리는 세계 인류평화에 저해되는 침략 정신을 배격할 뿐 아니라 그 책동을 소멸하는데 문화인으로 앞장설 것을 다짐한다.

1. 우리는 세계 모든 나라가 '오직 인류는 하나이다' 라는 인류 공동체 정신으로 영원히 평화롭게 살아가는 토대를 만들 것을 선언한다.

2013. 11. 21.

대한민국 평화통일촉진 문화인 연합회 회원 일동

나를 늙은 때에 버리지 마시며 내
힘이 쇠약한 때에 떠나지 마소서

시편 칠십일편 구절 인송 박철구

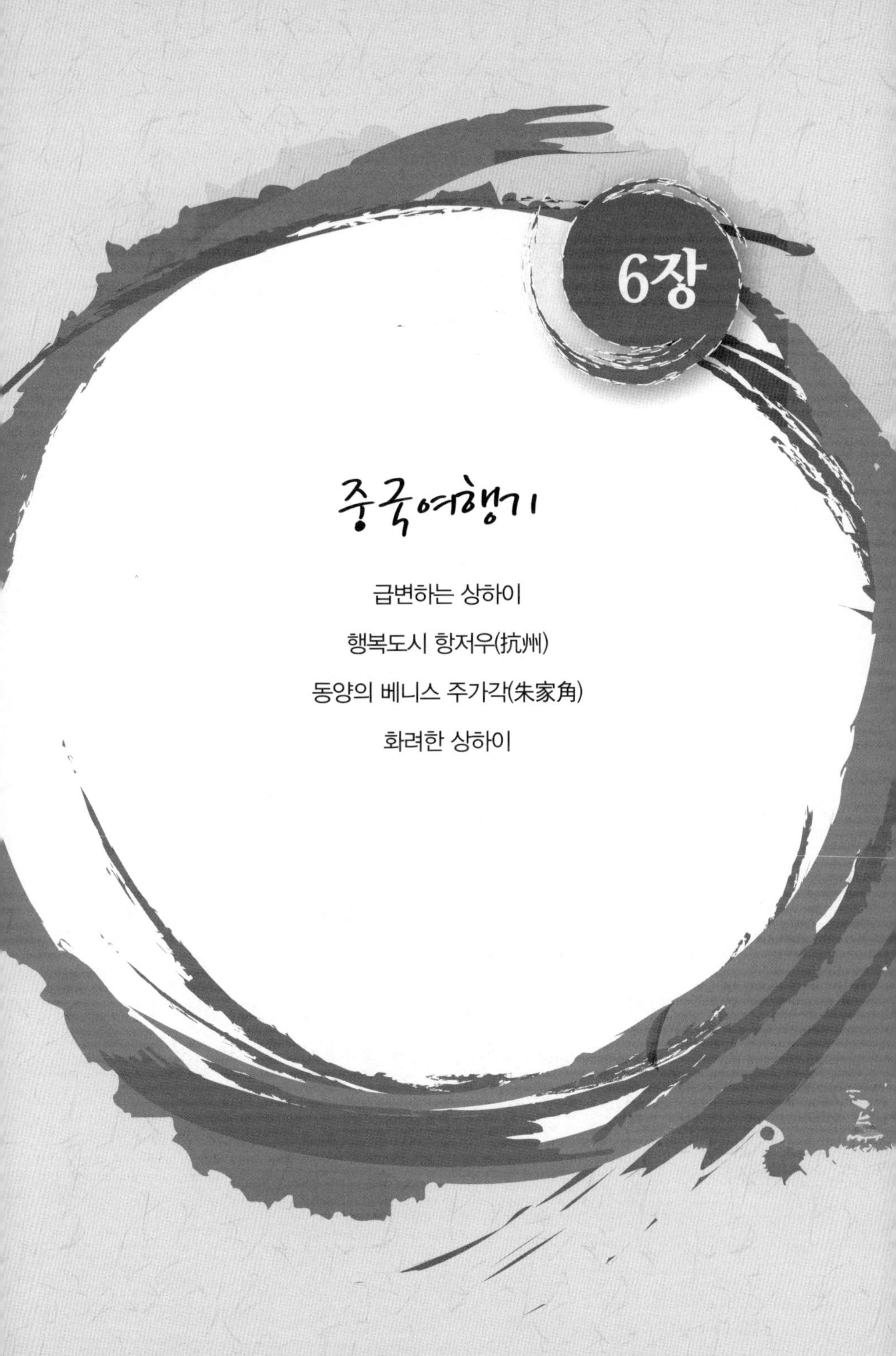

6장

중국여행기

급변하는 상하이

행복도시 항저우(抗州)

동양의 베니스 주가각(朱家角)

화려한 상하이

급변하는 상하이

문공회 여행분과위원회에서는 금년도 해외여행을 중국 상하이와 황저우, 주가각에 다녀오기로 했다. 2013년 10월 15일부터 3박 4일간 부인 4명을 포함한 20명이 출발했다. 아침 8시 40분 인천공항을 떠나 한 시간 사십분 만에 푸동공항에 도착했다. 현지에는 섭씨20도 가량의 기후로 여행하기에 적당한 날씨고 하늘에는 엷은 구름이 덮였다.

상하이는 중국 화동 지역에 있는 이 나라 최대 도시로 면적 6,186㎢, 인구 2천만의 정부 직할시다. 황푸 외 12시 직할구와 상하이현을 비롯한 10개 현으로 구성되어 '바다로 나간다' 뜻의 상하이(上海)라 불렀다. 양쯔강 하구 삼각주 상에 위치하며 동쪽은 황허강 및 중국 동해에 면하고 남서쪽은 저장성, 북서쪽은 장수성에 접해 있다. 황포강과 쑤저우강의 합류점 부근이 시의 중심지다.

중국의 4대 직할시 중 하나로 베이징보다 경제적 중요도가 높은 유일한 도시다.

오늘날 상하이는 화려함의 극치를 이루지만 160년 전만 해도 아주 작은 어촌에 불과했다.

1842년 체결된 난징조약으로 상하이의 운명은 바뀌게 된다. 상하이의 지리적 중요성을 간파한 서양 열강은 고깃배가 드나들던 상하이를 불과 20년 만에 기선이 입항하는 거대한 항구 도시로 변화시켰다. 황제의 도시 베이징에도 없던 전기와 전화가 제일 먼저 가설되어 중국에서 가장 밝은 도시가 되었다.

당시의 상하이는 동방의 파리이자 중국의 신천지였다. 1930년대에서 40년대 사이 일본의 중국 지배가 노골화되면서 이 도시의 황금시대는 주춤했다.

그 후 불어 닥친 중국의 공산화는 자본주의 극치를 달리던 상하이로서는 달갑지 않은 변화였다. 모든 구체제를 절대 악으로 규정한 40년의 암흑시대를 보내고 경제개발을 서두르던 중국 정부는 상하이의 지리적 이점을 간파했다.

1990년 푸동 지구의 대대적인 개발계획을 발표한 후 이 도시는 하루가 일 년 같다는 표현이 나올 만큼 가파르게 변화했다. 하늘을 찌를 듯 경쟁적으로 솟아오는 마천루는 건물 하나마다 특색을 살려 빌딩 박물관을 보는 것 같다. 지금도 123층의 최고층 건물의 마감 공사가 진행 중이다.

일행은 제일 먼저 우리나라 인사동 거리와 비슷한 타이강루(泰康路)를 찾았다. 상하이 예술가들이 모여 전시와 판매를 목적으로 조성된 복합예술단지로 아기자기한 골목에 공방, 화랑, 갤러리, 카페, 레스토랑이 옹기종기 모여 있다. 중국의 고색 문화를 볼 수 있는 곳이다. 건물이 오래되고 골목이 좁아 몰려온 관광객들이 불편을 겪기도 했다.

이어서 일행은 임시정부청사를 방문했다. 좁은 골목 안 낡은 건물에 초라하기 짝이 없다. 독립운동가들이 쓰던 물건들이 전시되었고 그들이 활동하던 모습의 사진들이 종류별로 전시되었다.

어려웠던 시절을 회상하면서 일행은 김구 선생 영정 앞에 묵념을 올리고 약간의 기부금도 내었다. 조그마한 숙소와 사무실, 회의장들을 둘러보고 영상물로 그들의 활동 상황을 관람했다. 도시개발을 하면 이것마저 없어질까 걱정이다. 국가 차원에서 지원하여 영구히 보존하는 방안을 강구했으면 하는 생각을 했다.

일행은 우리나라 명동거리와 비슷한 신천지(新天地)로 이동했다. 갑자기 바람이 불어 날씨가 싸늘해졌다. 유럽풍의 건물과 깔끔한 상점, 레스토랑, 노천 카페 등이 다양하게 즐비해 상하이의 젊은이들과 외국 젊은 관광객들이 즐겨 찾는 명소다. 지구촌 젊은이들이 단체로 찾아와서 즐기는 모습이 인상적이다. 나이가 많은 우리는 몸도 피곤하고 바람이 불어 젊은이들과 어울리지 않고 길가에 마련해 놓은 의자에 앉아 쉬면서 따뜻한 군밤을 사서 먹으며 물밀듯 몰려다니는 인파들의 모습을 지켜보며 우리나라 명동을 생각했다.

저녁이 되어 예약된 식당에서 중국식 저녁식사를 했다. 100평 넘는 식당이 만원이다. 세계 각처에서 온 관람객이 대부분이나 그 중에 한국인이 제일 많다. 음식은 기름기가 많고 대부분 삶아서 먹는다. 여기 주민들은 커피 대신 차를 많이 마신다.

석식 후에는 상해 서커스를 관람했다. 공연장도 비교적 넓은 곳이나 관객으로 가득 찼다. 상하이 서커스는 중국의 다양한 서커스 공연 중 최고로 손꼽히며 아름다운 음악과 예술이 가미된 종합예술로 세계인들로부터 극찬을 받는다. 어릴 때부터 갈고닦은 기예는 인간의 한계가 어디까지 인가를 생각하게 된다. 특히 큰 유리공 안에서 다섯 사람이 펼치는 오토바이 공연은 손에 땀을 쥐게 하고 감탄을 금할 수 없다. 공연 중 많이 다치고 심지어는 생명을 잃는다고 한다. 목숨을 건 공연이라 사례비도 제일 많이 받는다고 한다. 한 시간 동안의 긴장된 공연을 마치고 조용하고 깨끗한 '골든리치호텔'에 숙박했다. 대부분 80을 넘은 고령자들이라 피곤한 기색이 역력했다. 나머지 상하이 관람은 마지막 날 귀국할 때 하기로 하고 잠을 청했다.

행복도시 항저우(抗州)

상하이에서 일박한 문공회원들은 저장성의 성도, 쑤저우와 함께 중국에서 가장 아름답고 살기 좋은 도시로 명성을 떨치는 항저우로 갔다. 가는 길에는 2모작을 한 벼가 추수를 기다리고 기름진 땅에는 잘 자란 농작물들이 무성하게 자라고 있다.

곳곳에 작은 하천이 흘러 풍부한 물의 도시임을 짐작케 한다. 주변 집들은 대개가 2, 3층의 단독주택으로 모양도 비슷하고 제일 위 층에 있는 조상의 신위를 모신 탑들이 특이했다.

요즘도 중국인들은 '쑤저우에서 태어나 항저우에서 사는 것이 최상의 행복' 이라는 말을 입버릇처럼 한다.

베이징과 항저우 간 대운하의 시발점이 되는 항저우는 강남에서 강북으로 연결되는 모든 물류의 출발점이다. 육로 교통이 활발하지 못했던 5 · 6세기 당시에 운하는 물류 수송에 큰 역할을 했다. 지금도 상당량의 물량이 이 운하를 이용한다고 한다. 7세기 이후 중국 경제에서 중요한 도시로 발전을 거듭했고, 12세기에는 북방의 여진족에게 쫓겨온 남송 정부의 수도로도 지정되었다.

항저우를 대표하는 서호(西湖)가 본격적인 관광지로 꾸며진 것도 이 시기로 화려한 귀족 문화의 중심지로 전성기를 맞는다. 항저우의 영광은 남송이 멸망한 후 몽골족의 나라 원(元)이 건국되고도 변하지 않았다. 누구든 강남 지방의 쌀은 먹어야 하니, 한때 명성을 날리던 도시들이 어느 순간 나락으로 떨어지는 것이 역사의 과정이지만 항저우만큼은 예외였다.

1980년대 개혁, 개방의 성과를 독식하며 현대화에 성공한 대표적인 사례로도 손꼽힌다. 이 때문에 전통적인 중국의 분위기와 고풍스런 풍경을 기대하고 이 도시를 방문하는 여행자들은 깜짝 놀란다. 현대적인 도시 속에 오아시스처럼 반짝이는 명승지들이 여행객들을 즐겁게 한다.

항저우 여행의 중심은 서호(西湖) 10경이다. 서호는 크게 쑤티 방파제를 큰 기점으로 5개의 호수로 나누어진다. 호수는 강남 특유의 모습으로 관광객이 끊이지 않는다. 백낙천이나 소동파는 물론이고 한자 성어 와신상담(臥薪嘗膽)의 주인공인 월 왕 구천과 오 왕 부자, 중국 4대 미인의 하나인 서시(西施)의 추억이 서린 곳이다. 서호는 항저우 시 서쪽에 자리 잡아 삼면이 산으로 둘러싸였고 한 면이 도시와 접해 있다. 호수의 규모는 남북 3.3km, 동서 2.8km의 길이를 자랑하며, 자연과 인공이 결합된 정원 문화의 걸작이다. 호수를 중심으로 신 · 구(新舊) 서호(西湖) 10경을 비롯해 갖가지 특색 있는 볼거리들이 많다.

일행은 유람선을 타고 한 시간가량 호수를 왕복하며 주위 경치를 사진에 담고 감상했다. 낮은 산으로 둘러싸이고 늘어진 수양버들이 호수 주변에 심겨지고 풍부한 물이 넘실거리는 호수는 당시의 유명한 시인들이 즐겨 찾으며 많은 시를 남긴 사유를 알만했다. 중국의 전 시대를 통하여 수많은 시인과 화가들에게 창조적 영감을 불어넣은 곳이다. 특히 당나라 때 장한가(長恨歌)로 이루지 못한 사랑의 슬픔을 노래한 백거이와 당송 팔대가의 한사람인 소동파는 서호를 단지 호수가 아닌 중국 문화의 살아있는 보고로 만든 대표적인 인물이다. 이들은 항저우 지방관으로 재임기간에 두개의 제방인 백제(白堤)와 소제(蘇堤)를 쌓았다고 한다. 필자도 주변 경치를 보면서 많은 시상을 머리에 입력하였다.

중국의 많은 관광객뿐 아니라 지구촌 곳곳에서 찾아온 관광객들로 수많은 유람선이 운행하고 주변 공원에는 인파들로 붐빈다. 호수 주변에는 박물관, 호텔, 별장들이 울창한 숲속에 즐비하게 들어섰다. 항저우 주민들은 이 호수의 관광 수입으로 톡톡히 재미를 본다고 한다.

일행은 서호10경 중 하나인 화항공원(花港)을 관람했다. 서호 둑 남쪽에 있는 이곳은 화가산(花家山) 시냇물이 이곳을 거쳐 서호로 흘러 들어가서 생긴 이름으로 송나라 때 한 관료가 이곳에 누각을 짓고 고기를 기르며 풍경을 즐겼다 하여 '화상관위'(花床官位)라는 이름이 붙었다. 이곳은 붉은 잉어가 떼 지어 노는 홍어지(紅魚池), 수백 그루의 모란이 만발한 목단원, 희귀한 꽃들과 야생화로 꾸며진 신화항(新花港)으로 이루어져 있다. 일행은 구석구석을 관람하며 기념 사진을 찍고 휴식을 취했다. 큰 별장을 연상케 하는 이곳은 대국의 정원 솜씨를 유감없이 나타내었다.

우리는 오산(吳山) 성황각과 성황묘로 이동했다. 서호의 핵심 풍경구인 서호 10경의 하나로 성황각은 신선들이 노는 누각으로 불리울 정도로 특색 있고 매력적인 건물이다. 성황각 위에서 내려다보는 항저우와 서호의 풍경은 그야말로 장관이다. 오늘은 날씨가 좋아 모든 풍경이 선명하게 잘 보였다. 안내원은 우리가 복 많은 사람들이라 한다. 호수 주변에는 흐리거나 안개가 많아 오늘처럼 풍치를 잘 관람하는 날은 드물다고 한다.

일행은 남송의 명장 악비(岳飛)를 기리는 사당이 있는 악묘(岳廟)로 이동했다. 악비는 관우와 함께 중국인들이 가장 숭배하는 장군이다. 12세기 금(金)에 의해 수도 카이펑을 함락 당한 송은 항저우로 수도를 옮기고 남송 왕조를 건국한다. 평소 오랑캐라 얕보던 북방 민족에게 수도를 빼앗긴 중국인들은 자존심에 큰 상처를 입었는데 다행히 명장 악비의 활약으로 빼앗긴 땅의 일부를 찾는다. 이미 온 백성의 영웅이 된 악비는 여세를 몰아 금나라를 몰아내고자 주장했으나 강력한 현실론자인 재상 진회(秦檜)의 반대로 번번이 고배를 마신다. 주전파와 화의파의 정면 충돌은 병약한 황제에 의해 화의파의 승리로 끝나고 악비는 처형당한다. 세상의 모든 일들은 지나고 나면 아쉬움이 남기 마련인가 보다.

악묘 내부에는 악비를 기리는 기념관과 가묘가 조성되어 있다. 재미있는 것은 가묘 근처에 악비를 죽음으로 이끈 진회의 동상이 있는데, 거의 모든 중국인들이 침을 뱉고 지나간다.

문화재 당국에서 제발 침을 뱉지 말라는 간판을 붙여놓았지만 중국인들은 거들떠보지도 않는다. 악비에 대한 존경심이 얼마나 큰가를 보여준다.

일행은 항저우에서 이름난 식당으로 이동하여 석식을 했다. 100평이 넘는 큰 식당에 손님들로 만원이다. 뷔페식인데 중국인들은 음식을 푸짐하게 가져가 접시마다 음식이 수북하다. 오늘 저녁 특식은 유명한 시인 소동파가 즐겨먹었다는 항저우의 4대 특미 중 하나인 동파육(東坡肉)을 먹었다. 두툼한 돼지고기를 간장소스에 넣고 쩌낸 만두로 부드러운 맛과 향이 입맛을 사로잡았다. 식사를 마친 우리는 미리 예약한 송성가무 쇼를 관람했다.

서호가의 시내에 위치한 송성 가무단은 제작비 삼천만 위엔과 200여 명의 우수배우들이 매일 열연하는 항저우 최고의 문화예술 공연이다. 송성 그룹에서 우리 돈 80억 원을 투자하여 건립한 만 명을 수용할 수 있는 대형극장에 항저우의 역사와 신화 및 전설을 배경으로 세계적인 공연예술을 하나로 융합하고 첨단과학기술을 이용하여 환상적인 무대 효과를 선사했다. 특히 환상적인 가무 '천고의정'은 관객 500만 명을 돌파하면서 파리의 리도 쇼와 미국 라스베가스 쇼, 심천의 소수 민족 쇼 등과 함께 세계적인 쇼로 각광을 받고 있다.

두 시간 동안의 환상적인 쇼를 보며 관객들은 공연과 무대 효과에 도취되어 환호 했다. 관객들이 많아 빠져나올 때는 30분이 넘게 걸리고 중국인들뿐 아니라 한국인을 포함한 외국인도 절반이 넘었다. 일행은 휘황찬란한 시내를 거닐며 야경을 관광하다가 멀지 않은 호텔에 도착하여 여장을 풀었다. (2013. 11.8)

동파육(東坡肉)

태수로 부임하여 소호를 둘러보니
낡은 둑 여기저기 범람할 지경이라
제방을 수리하고서 선정을 베풀었다

어진 정치 감격하여 돼지고기 바치자
고기 채소 고와서 백성 함께 먹으니
동파육 명물이 되어 오늘까지 전한다

넘실되는 서호 보니 어진 태수 생각나고
만두 국 먹어보니 애민관(愛民官) 떠오른다
서호에 담긴 전설이 만대에 빛이 난다.

동양의 베니스 주가각(朱家角)

우리 일행은 항저우에서 숙박한 후 호텔 식당에서 간단한 아침 식사를 하고 한 시간 가량 이동하여 동양의 베니스라 자랑하는 '강남 수향' 주가각으로 이동했다.

상하이, 저지앙, 지양수 지역은 산이 많지 않고 평지에 가까워서 대부분의 도시들은 도시 중심가로 물길이 나 있다. 동양의 베니스라 불리는 마을은 수십 곳이 있지만 조우주앙이나 통리가 있는 지앙수 지역과 우전, 시탕 등이 있는 저지앙 지역에 많다. 일행은 시간관계로 조우주앙이라 불리는 주가각으로 갔다. 강남의 수향 가운데 가장 먼저 개발된 곳이다. 여행 자원이 잘 정비된 반면에 개발로 인한 인위적인 색채가 강한 곳이기도 하다. 중국에는 '중국 산천의 아름다움은 황산에 집결되어 있고, 중국 수향의 아름다움은 조우주왕에 집중되어 있다'는 말이 있을 정도다.

주가각은 우지앙(吳江)시와 상하이시의 칭푸(靑浦)현에 경계하며 개발 역사가 긴만큼 잘 정비된 곳이다. 도시를 흐르는 물과 고색창연한 집, 다리 등이 잘 어울리는 곳이다. 중국 공산당 지도자 주은래가 잠시 피난 왔던 곳이라 주가각이라 부른다고 한다.

이곳에서 유명한 곳은 보존이 잘 된 청나라 우정국, 가장 큰 개인 정원 과식원(課植園), 가장 길고 크며 오래된 돌로 만들어진 아치형 다리 방생교, 명 · 청(明靑) 시대 건축들이 늘어선 주가각 북대가 거리, 옛 운하를 따라 주가각의 특색 있는 건축물과 마을 풍경을 감상하는 운하 유람 등이 있다. 우리는 마을 중간을 따라 흐르는 운하 사이에 배를 타고 유람하면서 주변 경치를 감상하며 주가각의 정취를 느꼈다. 이곳에는 이름난 술집과 식당이 즐비하다. 그중 가장 유명한 곳은 심주가(沈酒家)이며, 유명한 요리로는 완산티가 있다.

이 요리는 돼지 족발, 특히 뒷다리를 이용한다. 먼저 센 불에 돼지 족발을 삶은 뒤 다시 약한 불에 천천히 오랜 시간 삶아낸다. 먹을 때는 자르지 않고 살에서 뼈를 추려낸 다음 먹는다. 느끼하지 않아 우리들의 입맛에도 맞았다.

또 우리는 명 · 청 시대 고건축의 아름다움을 보여주는 장청(張廳)과 심청(沈廳), 우아한 아치형 다리 쌍교(橋)와 전복사(全福寺)를 관람했다. 명대 유적으로 보호되는 장청은 집안으로 물길을 끌어들인 독특한 형태다. 배를 타고 집안으로 들어가는 구조로 건축적 독창미가 돋보인다. 심청은 이곳에 남아있는 전통 가옥 중 가장 큰 규모이다. 현재 이곳은 주가각의 역사를 보여주는 박물관으로 개조되었다.

쌍교는 주가각 23개 다리 중 제일의 아름다움을 뽐내는데 두 개의 다리가 기역 자 모습으로 놓여있다. 수로가 교차되는 지점에 건설된 탓에 시야가 탁 트이고 보는 각도에 따라 각기 다른 아름다움을 이룬다. 전복사는 시내 최남단에 있으며 이곳에서 가장 먼저 생긴 건물이다. 마치 물 위에 뜬 것 같은 착각을 불러일으키는 사원 배치로 인해 수중불국(水中佛國)으로 알려졌다. 사원 내부에는 21개의 금불상과 5m의 청동 불상이 있다.

일행은 인파에 밀려 서로 떨어지지 않도록 안내원의 깃발을 따라 이동했다. 중국인들도 관광을 좋아하는 탓으로 수많은 본국인들이 붐비는가 하면 한국을 비롯한 외국인들도 엄청나다. 인파에 밀려 관광도 제대로 못 할 지경이다. 안내원은 날치기를 조심하라며 경고하고 일행을 안전하게 인도하는데 온 신경을 기울였다.

우리는 상하이에서 남은 관광을 위해 이곳에서는 두 시간 가량 구경하고 상하이로 이동했다. (2013. 11. 8)

화려한 상하이

동양의 베니스 '강남 수향' 주가각 관람을 마친 일행은 상하이의 남은 관광 일정을 위해 이동했다. 먼저 상하이 제일의 볼거리인 예원(豫園)을 찾았다. 명 · 청대의 대표적인 강남 정원으로 쑤저우의 4대 정원과 함께 강남 명원(江南名園)으로 손꼽힌다. 정원이 처음 조성된 것은 1559년, 명나라의 관료였던 반윤단이 아버지 반은의 노후를 위해 무려 18년 동안 건설했다.

가장 인상적인 볼거리는 용 모양으로 조각된 담장이다. 용이 날아오를 것만 같은 곡선의 담장은 예원이 가진 파격적인 건축미의 상징이다. 그러나 황제만이 사용할 수 있었던 용 모양이 개인 정원에 활용한 것이 화근이 되어 반윤단은 역적의 위기에 몰리기도 했다. 그로부터 300년이 지난 후, 홍수전의 '태평천국난'이 발생했을 때는 반란군의 지휘 본부로 삼았다가 정부군에 의해 참담하게 파괴되었다. 현재의 건물은 50년대 중반 중국 정부에 의해 복원된 것이다. 이 정원 안에는 희귀한 식물들과 고대 장식품과 보석 병풍 등이 있다. 일행은 인파에 밀려 중요한 곳 몇 군데만 보고 상하이 전망을 한눈에 볼 수 있는 전망대인 동방명주(東方明珠)로 이동했다. 우리나라 남산 타워 비슷한 곳으로 468m의 높이를 자랑한다. 전망대는 세 곳으로 90m와 263m 그리고 350m지점에 있다. 엄청난 높이지만 내부의 고속 엘리베이터를 타면 40초 만에 263m의 전망대까지 올라간다.

이 엘리베이터는 세계에서 제일 빨라서 기네스북에도 올랐다고 한다. 267m 지점의 회전 레스토랑은 360도로 회전하며 와이탄(外灘)과 푸동(浦東)의 전경이 한눈에 들어온다. 국내외 관광객들이 전망대에 오르려고 기다리는 인파 길이가 300m나 된다. 공간을 잘 이용하여 각종 광고물이 휘황찬란하게 전시되었고 온갖 종류의 먹을거리들이 관광객을 유인한다. 우리는 회전 레스토랑에 올라가 상해의 전경을 둘러보았다. 하늘을 찌를 듯한 고층 빌딩들이 제각기 독특한 아름다움을 자랑하며 빌딩숲을 이룬다. 황푸강(黃浦江)이 시내를 굽이치며 흘러가고 수많은 유람선이 각기 특색을 자랑하며 운행하고 있었다.

일행은 날이 저물어 한국인이 경영하는 식당에 들려 불고기를 비롯한 푸짐한 저녁을 먹었다. 황푸강 야간 유람선 탑승 시간이 남아 와이탄의 밤거리를 걸었다. 1845년 남경조약으로 강제 개항된 상하이의 외국인 거주 지역이다. 현대적 화려함의 극치를 이루는 푸동 지구와 황푸강 사이로 마주하고 있어 200여 년이라는 시간차를 느낄 수 있었다. 흔히 '근대 건축 박물관'이란 애칭으로 유명하다.

우리는 황푸강의 유람선을 타고 와이탄의 야경을 구경했다. 주변 건물들은 제각기 특색 있는 색깔로 조명하고 유람선도 모양이 제각각이다. 유명 상품들의 광고문과 선전탑으로 장식한 배들도 왕래한다. 서울의 한강처럼 황푸강이 시내를 굽이치며 흐르고 있어 야경은 황홀했다. 그러나 고층 빌딩이 둘러싸고 있어 전도시의 전망을 관광하는 것은 동방명주나 주변의 빌딩 옥상을 이용하는 것이 좋다고 한다. 일행은 한 시간가량 배를 타고 관광을 마친 후 예약된 호텔에 들어가 휴식을 취했다.

여행 4일차 오늘은 귀국해야 하는 날이다. 일행은 호텔에서 조식 후 상해 옛 거리로 (上海老街)이동했다. 중국 전통적인 골동품부터 식욕을 자극하는 먹거리 시장, 상해 최고의 찻집이라 불리는 호심정을 둘러보았다. 마치 중국 명 · 청 시대에 와 있는 착각을 불러 일으켰다. 이어서 인민광장 중심에 위풍당당하게 자리 잡은 상하이 박물관으로 갔다. 건물의 규모가 연면적 3만 8천㎡의 지상 5층 지하 2층이다. 유물 12만 3천여 점으로 중국 4대 박물관의 하나로 손꼽힌다. 중국 고대 청동관부터 소수 민족 공예관까지 21개의 전시관이 있다.

우리는 여기서 시간이 많아 두 시간 가량 관람하며 마침 유럽에서 온 유명한 미술품들의 특별전이 있어 세계적인 희귀 명작 그림들을 감상할 수 있었다.

박물관 관광을 마친 일행은 중국 최고의 번화가이자 현대화의 상징인 남경로를 산책했다. 깨끗한 건물에 최신 유행하는 유명 상품들이 질서정연하게 진열되어 있었다. 뒷골목에는 중국 특유의 먹을거리들이 냄새를 풍기며 관광객들을 유혹한다.

우리는 특이한 맛의 만두류와 육포를 구입하여 나누어먹으며 휴식을 취했다. 지구촌 각지에서 몰려온 관광객들이 안내원의 깃발에 따라 줄지어 가는 모습이 인상적이다.

마지막으로 일행은 중국 전통 발마사지 하는 곳으로 갔다. 중국 한방에서는 발이 신체의 모든 기관과 통하는 관문이라 여긴다. 하나의 발은 총 26개의 뼈와 112개의 인대로 이루어졌다. 발마사지는 반수구(伴隨口)를 지압함으로써 혈액 순환을 촉진시키고 피로해소에도 효과를 준다고 한다. 관광객이 많아 미리 예약을 해야만 할 수 있었다. 요사이는 3D 산업에 들어가 마사지 전문 인력을 구하기 힘든다고 한다. 대개 농촌에서 올라온 20대 전후의 여성들이나 손님이 많을 때는 남자들도 동원된다고 한다.

큰 방안에 50명 정도 수용하고 40분간 익숙한 솜씨로 똑같은 동작으로 마사지를 한다. 신기하게도 몸 전체의 피로가 확 풀리는 기분이다.

모든 일정을 마치고 우리는 상해 포동공항으로 가서 귀국하는 비행기에 탑승했다.

꼭 한번 오고 싶었던 중국 상하이 지역 여행을 할 수 있도록 주선해준 문공회에 고마움을 느끼며 앞으로도 여건이 허락하는 대로 해외여행을 많이 해야겠다는 생각을 했다. (2013. 11. 8.)

상하이 임시정부 청사에서

좁은 골목 한 구석 초라한 낡은 건물
조국을 찾겠다고 이국 하늘 지붕삼고
섬 아닌 섬 속에 살며 외로움을 달랬다

임들이 거처한 곳 외롭게 남아있고
임들이 남긴 유물 옛 일을 말하건만
임들은 아니 계시고 찬바람 스산하다

열강의 비호아래 광복을 노렸건만
적들의 방해공작 신변을 위협받고
떠도는 별이 되어서 어둠속을 헤맸다.

노송의 추억

인송 박철구 지음

발행처 | 도서출판 국보
발행인 | 임수홍
편 집 | 맹신형
디자인 | 박미영
등 록 | 제 324-2006-0023호

인쇄 2014년 5월 21일
발행 2014년 5월 28일

주 소 | 서울시 강동구 양재대로 114길 32
전 화 | 02-476-2757 / 476-7260
팩 스 | 02-476-2759
이메일 | kbmh11@hanmail.net
홈페이지 | http://cafe.daum.net/lsh19577

값 12,000원
ISBN 978-89-93533-73-6 03800

「이 도서의 국립중앙도서관 출판시도서목록(CIP)은 서지정보유통지원시스템 홈페이지(http://seoji.nl.go.kr)와 국가자료공동목록시스템(http://www.nl.go.kr/kolisnet)에서 이용하실 수 있습니다.(CIP제어번호: CIP2014015811)」